信
风
————
trade wind

春风有信，吹向认知彼岸

卢征良 著

DUMPING AND COUNTERACT:
THE SINO-JAPAN TRADE WAR OF CEMENT (1927-1937)

东洋之灰

中日水泥战 1927~1937

社会科学文献出版社
SOCIAL SCIENCES ACADEMIC PRESS (CHINA)

本书得到西南民族大学中央高校基本科研业务费专项资金资助（Supported by the Fundamental Research Funds for the Central Universities, Southwest Minzu University），项目编号：3300219388。

序　言

复旦大学历史学系　朱荫贵

卢征良博士的著作《东洋之灰：中日水泥战（1927～1937）》即将在社会科学文献出版社出版，我对此感到由衷高兴！"板凳要坐十年冷，文章不说一句空"，这部著作实际上是在作者的博士论文基础上增加了相关内容后修订出版，经过了若干年的反复锤炼，内容更显充实和完整。

本书的特点在于：作者并非以近代中国水泥业的发生发展为重点和中心着眼点，而是围绕中国水泥业如何应对外国（主要是日本）水泥业在华的倾销行为而展开论述。

近代中国经济不发达，列强向中国倾销商品自然不奇怪，尤其是20世纪20～30年代世界经济危机爆发前后更是如此。但是引人注目的是，近代中国社会却出现了反倾销并取得成功的事例。倾销和反倾销，是此前学术界关注不多且一般人了解更少的领域。卢征良博士的这部著作，就是少有的一本通过描述此时期日本水泥业对近代中国进行倾销，而中国进行反倾销并取得成功的著作。通过此书有效而全面的分析，读者能够清楚地了解为何作者选择近代水泥业为例来分析和研究此一问题、近代中国水泥市场上倾销和反倾销的时间段、倾销和反倾销展开的主要地区、近代日本水泥业倾销的方式和中国水泥业反倾销的措施及其做法等方面的问题。作者以专章的方式对行业、社会和国家在反倾销斗争中的做法和成效分别进行了分析，同时指出：在当时严峻的形势下，近代中国民族水泥业之所以能够战胜日本同业的经济压迫并获取反倾销的胜利，是和民族产业本身市场竞争意识的增强、社会团体力量的支持以及这一时期南京国民政府运用政权的力量维护近代工商业发展的政策导向分不开的。

在这里，作者展开了更进一层次的分析：通过对近代日本水泥工业对华倾销行为的研究，来探讨近代中国市场体系的建立与逐步完善的过程。

作者认为，市场体系问题不仅是近年来学术研究的热点，而且实际上也是当前我国政治社会的热点之一。2022 年 4 月 10 日，中共中央、国务院发布《关于加快建设全国统一大市场的意见》（简称《意见》），《意见》明确了建立全国统一大市场的工作原则，并从六个方面提出加快建设全国统一大市场的重点任务。什么是"全国统一大市场"？为什么需要建设"全国统一大市场"？建设"全国统一大市场"又有哪些具体的方向和措施？最重要的是对我们的生活和行业有哪些影响？较为正式的解答是，建设全国统一大市场是在全国范围内实现市场的基础制度规则统一、市场的设施高标准联通、要素和资源市场以及商品和服务市场高水平统一；同时，市场的监管要公平统一，进一步减少不当市场竞争和市场干预。《意见》的发布，引起了全国人民广泛的关注。

当然，实际上我国的市场建设举措有清晰的历史脉络：1992 年我国正式确定经济体制改革的方向是建立社会主义市场经济体制；2013 年党的十八届三中全会提出要"建设统一开放、竞争有序的市场体系"，"十三五"规划建议进一步提出"形成全国统一市场"；2019 年 8 月中央财经委员会第五次会议做出了三点影响深远的重要表述：一是中心城市和城市群正成为承载发展要素的主要空间形式；二是要打好产业基础高级化、产业链现代化的攻坚战；三是要形成全国统一开放、竞争有序的商品和要素市场；2021 年 12 月，中央全面深化改革委员会第二十三次会议审议通过了《关于加快建设全国统一大市场的意见》。

由此可见，统一市场问题一直以来是我国政府高度重视的问题之一。我国改革开放在经历过多种探索试验之后，最终目标指向也确定为建设社会主义市场经济。可如果有人问，中国的历史上是否存在过市场经济，中国的市场经济是从 1992 年以后才开始出现的吗？估计对此进行过认真思考并能够一下子就做出确定回答的人不会多。

当然，市场经济的本质，是以市场为中心配置资源。但是要做到这一点并确保其正常运行，则需要某些前提条件，这些前提条件能够保障市场经济正常运转，同时必须是可见和可计量的，否则就很难确定其是不是市场经济。例如，是否有法律法规规范市场配置资源的行为和参与经济活动的各种利益主体的行为？是否有安全迅速地实现大规模物资移动的运输条件？是否有为市场经济服务的金融结算体系？还有，是否有一定规模的以市场为目标进行生产的生产力，特别是规模庞大的大机器生产力？而且这些生产力的目标得是通过市场获取利润，并在社会总生产体系中占有一定的比重。

近代以来，特别是辛亥革命以后，法律法规初成体系，制造业、交通运输业和金融业快速发展，以这些骨干行业为主的近代经济体系，是打破清王朝经济体系"旧房子"、摸索和建立共和国"新房子"阶段中取得的成效。这些变化大大推进了近代中国国内商品市场的扩大和发展，各种要素市场得以出现，通过市场方式得到配置的资源的比例大大增加，使得近代中国的市场经济得以发展并初步成形。根据著名经济史学家吴承明先生的研究，19 世纪 70 ~ 80 年代，中国国内市场的发展还很慢，19世纪90年代起开始显著加速发展，迅速发展是在20世纪，尤其是20世纪20～30年代。

辛亥革命后经济领域中出现的这些变化并非一般性的变化，而是一种质变。也就是说，这一时期的经济已经不是此前完整意义上的传统经济，不是在封建王朝体系下，以维护和巩固"清朝"统治为中心而运转，而是以"市场"为中心进行运转的经济体系。显然，辛亥革命后，通过市场进行交换和配置资源的经济成分大大增长，并不断发展完善。此时，经济法律法规为市场经济的发展提供了框架和边界；交通运输业的演进和发展为商品流通提供了运量大、范围广、速度快的运输工具；电报邮政等领域的发展提供了商品市场所需的便捷信息；新式金融体系和传统金融体系配合，共同为市场经济资金结算和资金融通、汇兑提供了便利。可以说这些变化，已经成为近代中国市场经济的基础，并已初步形成了体系。那么近代中国市场经济体系的发展水准如何？哪些因素阻碍着市场经济体系的发展？中国民族企业及政府又该如何应对？卢征良博士以1927～1937年世界经济发展为主要背景，以日本水泥行业的倾销行为为对象进行重点的考察，对以上这些问题进行了有针对性的回答，并重点探讨了近代中国市场经济保护体系的建立与完善问题。

1929年世界经济危机爆发后，中外企业间的竞争更加激烈，中国民族工商业的生存环境也因此愈加恶化。资本主义国家为了自身的经济稳定、充分就业和"民族生存"，不惜一切手段争夺世界市场。国家间争夺市场的商战已超越商品对商品、资本对资本、技术对技术的自由竞争范围，各国竞相动用了关税壁垒、商品倾销和货币贬值等攻击性商战武器。由于与列强之间存在协定关税的关系，而中国产品缺少关税保护，于是成为资本主义国家的倾销尾闾。在这股倾销浪潮中，日本水泥业以政府为后盾，以补助津贴及汇兑倾销为手段，肆意在中国市场进行倾销，因此对中国民族企业的打击也最大。日本水泥倾销的企图不仅仅是转嫁其过剩危机，更重要的是它要通过倾销的方式打倒中国的民族产业，谋求在中国市场的垄断地位，从而获取更多的利益。对于这种以国家为后盾的经济侵略，中国民族企业及政府又该如何应对呢？

首先，民族企业是反倾销的主体，其经营理念直接关乎反倾销的成败。近代民族企业在残酷的市场竞争中日趋走向成熟，民族企业家已经超越了传统的工商业者，有着很好的现代企业经营理念，在经营中注重提高产品质量并改进企业内部的管理体制，这是他们取得反倾销胜利的前提条件。为了在激烈的市场竞争中获得生存和发展，近代民族企业非常注重引进国际上的先进技术，通过提高质量的方式确保在同业中的领先地位并在市场竞争中占有主动权。近代中国水泥企业还通过结成同业联营的方式来避免行业内部竞争并达到共同抵制外货倾销的效果。

其次，社会各界力量的积极配合与参与是近代水泥行业反倾销胜利的基础。这一时期中华民族自强御侮、救亡图存的民族意识开始逐步觉醒，民族主义成为近代中国工业发展的强大推动力。当时的整个社会都非常重视民族工业的发展，"实业救国""发展民族产业"等成为时代的主旋律，反对外国经济侵略的舆论呼声从道义上激发了中国民众的爱国心，"爱用国货"成为中国民众的共同选择，正是这种爱国思潮为近代中国水泥业的反倾销胜利提供了深厚的力量源泉。

水泥同业组织在近代反倾销中发挥了主导作用。近代以来特别是五四运动以后，西方的民主思想日益影响商人的旧式思维，"在商言商"的传统观念逐渐削弱，自觉维护商权意识日渐加强。其中发挥了最大作用的当数水泥同业联合会。该会在反映商情、促进政府进行反倾销的执行及提倡国货运动诸方面发挥了重要的主体作用，其活动是近代水泥业反倾销胜利不可或缺的重要因素。

近代中国的国货运动对日本水泥倾销也有重要的影响。国货运动的发生和发展是中国近代社会特殊经济状况下的产物，它以推广国货销售、抵制外货倾销为目的，对民族资本主义产业的发展有积极的促进作用。为了提倡国货，南京国民政府还以各种命令的形式要求国内建筑工程必须采用国产水泥。

近代中国抵货运动更是直接打击了日本帝国主义的商品侵略。近代中国发起过多次抵制日货运动，对外国商品的进口起到了一定的限制，抵货运动对民族企业发展的促进作用是很明显的。民族企业在生存艰难的状态下，正是借助城乡社会群体自发掀起的这种爱国运动，达到了维持生产与恢复市场销售的目的。

最后，国家力量的引导与干预对近代中国反倾销胜利有着决定性的作用。"现代经济发展离不开市场机制的作用，但市场不发达和发育不足导致发展中国家寻找替代机制，更加强调政府的作用。对于经济落后的发展中国家，要实现工业化和经济起飞，的确离不开政府的积极参与和有效作用。"① 近代以来，中国经历了由自然经济向市场经济的转型，市场经济在各个经济领域得以确立。市场经济必须由法

---

① 张培刚、张建华：《发展经济学》，北京大学出版社，2009 年，第 123 页。

律来引导、规范、保障和约束，以鼓励和保护公平竞争、制止不正当行为。但是由于种种方面的原因，当时规范市场经济的相关法规体系却还没有完全建立起来。因此，在当时的形势下，反对外国的经济侵略不能仅仅局限于单纯的经济上的救济方法，还要与政治问题联系起来，依靠和借助国家政权的力量，这样才能取得最好的效果。近代中外企业的商业竞争，其实质是民族企业在不平等条约的框架内争取国内商品市场及反对外来经济侵略的过程。在这种形势下，国家政权的干预力量对反经济侵略结果起着决定性作用，这也是近代中国民族企业成功进行反倾销的最重要保证。

透过南京国民政府时期的反倾销实践，卢征良博士认为，近代民族产业发展的根本问题，是如何在政府的主导下建立健康的市场经济保护体系，以达到抵御外国经济侵略的目的。近代以来，民族资本主义的力量虽有所增强，中国的市场经济也取得了一定的进步，但真正意义上的市场经济体制还远未达到完善的程度，更谈不上保护产业发展，不平等条约仍然是束缚民族经济健康发展的桎梏。在这样的形势下，民族资本主义要想战胜帝国主义的经济压迫，就只有整合国家、社会、同业组织及自身的力量，来完善市场经济保护体系，才能达到反对外国经济侵略和促进自身发展壮大的目的。

综观这部专著，其最大的特点，在于将视野集中于此前很少有人关注的倾销问题上，并在此基础上探讨近代中国市场经济体系的发展与演变，从而达到"解剖麻雀"、以小见大的目的。作者以 1927～1937 年世界的经济发展为主要背景，以国际贸易相关理论为基础，对水泥行业的倾销行为进行了重点考察，由点到面，由具体行业到整个国民经济体系，揭示了近代外货在华倾销的侵略本质及中国民族资产阶级反倾销成功的经验，并尝试对近代中国市场的倾销与反倾销问题进行定量与定性的规范分析。这方面的研究弥补了近代中国经济史研究领域中反倾销方面成果基本空白的状况，推动和丰富了我国经济史领域的研究。当然，本书如果能在日文史料搜集和运用上有更多的努力，当能增加相关研究的深度，这从另一方面说明了语言作为工具在近代史研究中的重要性。

"历史是画上句号的过去，史学是永无止境的远航。"（章开沅语）这本书是卢征良博士在学术研究上的初航，我希望他在以后学术研究的道路上能够持之以恒、不断耕耘，继续推出新的作品。

是为序。

目　录

导　论

　　20 世纪 20～30 年代，世界经济陷入困境，特别是世界经济危机发生后，主要资本主义国家为了实现经济稳定、充分就业和"民族生存"，不惜一切手段争夺世界市场。这一时期的国际商战日趋激烈，争夺市场的活动超越商品对商品、资本对资本、技术对技术的自由竞争，各国竞相动用了关税壁垒、商品倾销和货币贬值等攻击性商战武器。

　　日本水泥业在政府的支持下，向中国市场进行了大量的倾销，这种经济侵略对中国水泥业的发展造成了很大的威胁，使得中国民族水泥业销量减少、利润降低，市场份额也日渐减少。面对这种非正当的市场竞争行为，中国民族水泥业采取了一系列有效的反倾销措施，有效地抵制了日本水泥的在华倾销，这种抗争的过程主要体现在三个层面。

　　第一，民族企业是市场经营中的主体，是外国商品倾销行为的直接受害者，正因为如此，民族企业采取何种方式来反对外国商品的倾销就具有非常重要的意义。近代中国民族水泥业一方面尽力提高产品的质量并降低生产成本，另一方面通过水泥业内的联营来抵制日本水泥倾销。

　　第二，近代社会的各种力量在反对日本水泥业的倾销方面也起了很大的作用。民族水泥业一方面利用其同业组织的合法性向南京国民政府建言献策，希望政府制定倾销税法并以法律规范的形式来抵制倾销；另一方面充分利用全国民众的抵货运动和国货运动来遏制日本水泥的倾销。

　　第三，南京国民政府也是反对外国商品倾销的重要力量。为了挽救濒于破产的国内产业，南京国民政府在多个方面做出了积极的反应。先是积极制定反倾销法规，希图以法律的形式达到抵制外国商品倾销的目的；后来又多次颁布新海关税则，提高进口产品（包括水泥）的进口税率，特别是日本产品的进口税率，这成为遏制外国商品倾销的一把利剑。地方政府中，广东省以水泥"统制经营"的方法成功地抵制了外国水泥特别是日本水泥在该地区的倾销。可以说，中央和地方政府在反倾销方面的努力是近代中国水泥业取得反倾销成功的重要因素。

在当时严峻的形势下，近代中国民族水泥业之所以能战胜日本同业的经济压迫并获得反倾销的胜利，是和民族产业本身市场竞争意识的增强、社会团体力量的支持以及这一时期南京国民政府用政权的力量维护近代工商业发展的政策导向分不开的。

一　以垄断反抗垄断的近代中国水泥业

这本书的研究对象是近代中国水泥市场中存在的倾销与反倾销。日本水泥业在中国市场的倾销是中国进行反倾销的直接原因，中国民族水泥业实行反倾销则是日本水泥业发起倾销行为的必然反应，这是一个问题的两个方面。近代，很多外国商品都在中国市场进行倾销（中国民族工业也进行了反倾销），为什么独独选择近代水泥业作为研究对象？水泥业发生倾销与反倾销的时间是什么时候（也就是说研究的时间段）？近代水泥业发生倾销与反倾销主要发生在哪些地方？

选择近代中国水泥行业为重点考察对象，主要出于三个原因。

第一，水泥业的倾销与反倾销案例具有非常典型的特征，水泥业是仅有的被南京国民政府认定为存在倾销的两个行业之一。

20世纪30年代世界性的经济危机爆发，对世界经济的发展造成了重大影响：大批银行倒闭，产品大量积压，企业纷纷破产，市场萧条，生产大幅度下降，失业人数剧增，信用关系被严重破坏，人民生活水平骤降，农民收入锐减，很多人濒临破产，整个社会经济生活陷于混乱乃至瘫痪。各主要资本主义国家为了解决经济危机，一方面加强了对本国劳动人民的榨取，另一方面对殖民地、半殖民地国家进行疯狂的掠夺。经济危机使资本主义制度固有的矛盾凸显，引起了资本主义各国的政局动荡，经济危机也使资本主义国家之间的矛盾激化，引发一连串的关税战、倾销战和货币战。

由于经济危机造成了主要资本主义国家工业的大量生产过剩，为了转嫁这种生产过剩危机，各国开始不断地向殖民地、半殖民地市场大量倾销商品，而缺少关税自主权保护的中国市场更是成为外国商品倾销的尾闾。在这股商品倾销浪潮中，中国的民族水泥业首当其冲，成为日本水泥业倾销的对象，日本水泥潮水般地涌入中国市场，以低于成本的价格在中国市场大量销售，使中国民族水泥业受到了无情的打击，许多民族水泥企业处于减产、停产甚至破产的境地。处于绝境中的中国民族水泥企业向南京国民政府多方申诉，最后倾销货物审查委员会通过多方调查取证，认为日本水泥业在中国市场确实存在倾销行为（另一个被认定存在市场倾销行为的行业是煤业）。可以说，近代水泥工业领域的倾销与反倾销行为具有非常典型的特征。

第二，近代中国水泥业具有很强的竞争力，是败于不正当竞争而非先天不足。

近代中国的经济发展水平不高，绝大部分产品国际竞争力很低。但是水泥工业作为一门新兴的产业，其发展状况还是不错的：企业利润稳定，水泥质量优秀，价格低廉，同进口水泥相比有一定竞争优势。那么这样的水泥业为何会受到日本水泥业的沉重打击呢？主要原因是日本水泥企业得到日本政府的各种支持，采取了不计成本的倾销策略。这种以国家实力为后盾的经济侵略行为对中国企业的压迫甚至掠夺，绝不是用正常的市场竞争可以解释的，这也是近代中国水泥业面对日本水泥倾销而力不能支的重要原因。如果说近代中国的一些工业本身不具有市场竞争力（即属于被保护的幼稚行业），如近代丝业等，其本身质量和价格与外国产品相比缺乏竞争力，也就不存在倾销的说法。

第三，近代中国民族水泥业对日本水泥业的市场倾销行为做出了强有力的反制措施，这在其他行业是少见的。

近代日本水泥倾销行为是以政府为后盾、以补助津贴及汇兑倾销等为手段的一种经济侵略行为，不是正常的商业竞争。近代中国民族水泥企业为了反倾销做出了多方面的努力，包括由水泥同业组织呼吁政府颁布反倾销税法及施行细则、倡议提高关税、组织水泥同业联营等。而从最后反倾销的效果看，水泥业取得了较理想的成绩：水泥价格趋于稳定，国内企业水泥销量稳步上升。水泥业取得的反倾销效果是近代中国其他行业所不能比拟的，这是和水泥业在反倾销方面的努力分不开的。而反观国内其他行业，反倾销效果就不那么理想，所以说，近代民族水泥业的反倾销实践为我们的研究提供了经典案例，这也是本书选择水泥业作为研究对象的重要原因。

本书研究的时间范围限定在 1927～1937 年，兼顾 1927 年之前行业的早期发展。近代，外国商品在华的倾销无处不在，区别只是程度上的差异。考诸史料，外国商品在华倾销最严重时期是 20 世纪 30 年代，因此本书分析以 1929 年世界经济危机爆发至 1934 年海关税则颁布这一期间日本水泥在中国市场的倾销为重点。

研究地域方面，近代日本水泥的倾销行为在中国各地都曾发生，但由于中国地域广大，所以各地的倾销价格也不尽相同。而近代日本水泥在华销售的最重要区域是以上海、厦门及广州为中心的沿海城市。因此本书的研究也以这些地区为主。

新黑格尔主义的代表人物克罗齐（Benedetto Croce）曾说，"一切真正的历史都是当代史"，"唯有当前活生生的兴趣才能推动我们去寻求对过去事实的知识；因此，那种过去的事实，就其是被当前的兴趣所引发出来的而言，就是在响应着一种对当前的兴趣，而非对过去的兴趣"。① 在 20 世纪 30 年代曾经发生的这场民族企业与外国企业间的倾销与反倾销之战，如今又在中国的市场上出现，并有愈演愈烈之势。

改革开放以前，中国和世界上大多数资本主义国家缺乏贸易往来，所以还谈不上倾销和反倾销的贸易冲突。改革开放以后，我国经济和世界交往日益密切，1978 年，中国进出口贸易额为 355 亿元人民币；2017 年，根据海关总署的统计，中国外贸进出口总值已经达到 27.79 万亿元人民币，是 1978 年的 782.82 倍。其中，进口额由 1978 年的 187.4 亿元人民币上升至 2017 年的 12.5 万亿元人民币；出口额由 1978 年

① 转引自何兆武、陈启能主编《当代西方史学理论》，上海社会科学院出版社，2003，第 138、140 页。

的 167. 6 亿元人民币上升至 2017 年的 15. 3 万亿元人民币。[①]
然而随着贸易的增长，中国所处的外部贸易环境日趋紧张，
与世界各国的贸易摩擦日益严重。自 1978 年中国企业在海
外遇到第一起倾销诉讼案件以来，中国产品被诉倾销的次数
急剧上升。特别是进入 21 世纪以后，以欧盟和美国为首的
发达资本主义国家不断对中国的出口产品发动反倾销诉讼，
使中国的出口贸易遭受重大打击。

据统计，1995 年至 2016 年 6 月，对中国发起的反倾销
案一共 1170 起，其中 1995 年 20 起，2009 年 78 起，2015 年
71 起，占同期世界该类案件总数的 22. 80%；对中国发起的
反倾销案占世界总数的比例从 1995 年的 12. 74% 上升到 2015
年的 30. 87%，远远超过其他任何国家。[②] 尤其值得一提的
是，在发达国家对我国产品频频发动反倾销调查的同时，发
展中国家也开始加大对我国出口产品的反倾销调查力度。面
对此种局面，我国的很多出口产品企业不是主动积极应诉，
而是放弃自己的权利，使自己的利益受到很大的损失。因
此，面对国际贸易摩擦加剧的现实，我们一方面要考虑对外
贸易发展战略的转型，另一方面也要加强对国际通用规则特
别是 WTO 有关反倾销规则的深入研究，在推进高水平对外
开放的同时注重对国际规则的理解、驾驭和利用。

中国产品在遭受反倾销调查的同时，中国市场也面临着外
国商品倾销的威胁。2019 年我国外贸进出口总值达 45778. 9 亿
美元（其中出口总额 24994. 8 亿美元，进口总额 20784. 1 美
元，贸易顺差 4210. 7 亿美元）。中国在全球出口中的地位不

---

① 张福俭：《将改革开放进行到底》，东方出版社，2019，第 124 页。
② 罗观树：《反倾销中国际公允价值确定的新视角》，中国商务出版社，
　　2018，第 70～71 页。

断上升，2001～2015 年中国每年出口增长率均高于全球平均值，2016～2019 年略低于全球出口贸易平均增速；除 2016 年以外，2001～2018 年中国出口增速均高于美国。2001～2017 年中国出口平均增速为 14.85%，高于全球平均值，也高于美国、欧盟、日本、韩国、俄罗斯和印度。中国出口额占世界出口额比重基本呈逐年增大趋势。① 与此同时，中国进出口贸易以 2000 年的 2492.03 亿美元增加到 2017 年的 22635.22 亿美元。② 与进口额增加相伴的是外国商品在中国市场的倾销，这种低价倾销造成了国内产品大量的积压甚至企业的破产，对民族企业的打击很大。而且对于外国企业的倾销行为，民族企业很少利用反倾销法来保护自己。这种状况需要引起我们的高度重视，国内贸易主管机构亟须借鉴国际上的和我国历史上的反倾销经验，运用反倾销法律手段来合法保护国内产业，合理地维护国内相关产业的利益。国内产业在面对倾销的时候，不能再期望通过传统的行政手段以求得到照顾和保护，而应当合法地运用反倾销法律制度，维护自己的合法权益。

　　总的看来，今天的中国不但屡屡遭遇他国的反倾销调查，而且国内产业也遭受进口产品倾销竞争之苦，倾销和反倾销已经成为我们经济生活中不可忽视的重要问题。因此，深入研究 WTO 的有关反倾销的规则、借鉴发达国家及中国近代民族企业自己的反倾销措施、总结出有益的经验教训是当务之急。研究近代中国企业的反倾销之路，可以为今天中

---

① 巴曙松：《竞争中性原则的形成及其在中国的实施》，厦门大学出版社，2021，第 190 页。
② 陈争平、郭旭红：《中国对外贸易发展研究》，华中科技大学出版社，2019，第 274 页。

国企业维护自身利益提供有益的借鉴与启迪。

二　民国经济思想史中的倾销

　　民国时期介绍倾销与反倾销方面的著作不多，普及性的有刘秉麟、潘源来合著的《世界倾销问题》（1935），该书对倾销的定义、起源与发展、原因、种类、影响及其后果、倾销者所获得的利益、倾销与各方面的关系、倾销的抵制和各国货物在中国倾销的状况与中国农工商业衰落之原因等诸多方面进行了阐述，从内容上看基本是以讲解倾销相关知识为主。民国学者查士骥译自日本的著作《关税政策与倾销》（1933）对世界关税壁垒的形成、倾销的本质、关税运动的一般经过及国际贸易的进口限制及禁止等问题进行了较大篇幅的介绍。

　　在分析日货在华倾销原因上，赵兰坪在《日货何以低廉》（《日本评论》第 7 卷第 1 期，1935 年 1 月）中认为日元汇率的低落、日本政府的补贴、日本产业实行生产合理化及日本工人的工资低下是主要方面。该文还进一步指出日货得以在中国倾销的真正原因是中国缺少关税保护。《社会探并与日本劳动阶级》（《东方杂志》第 31 卷第 18 期，1934 年 9 月）从社会倾销的角度进行了论述，认为日货的倾销很大程度上得益于对日本劳动阶级的残酷压榨，从而降低了日本商品的生产成本，这是日货倾销的重要条件。

　　马寅初在《中国与倾销问题》[①] 中对倾销问题做了多方面的研究：倾销分为非恶意倾销和预定倾销两种；对于被倾

---

① 马寅初：《中国经济改造》（上），商务印书馆，1935。

销国的利害可以从消费者的利害和生产者的利害两个方面来观察；中国针对俄、日两国的倾销应采取不同的政策：应容许俄国的倾销而坚决抵制日货的倾销。最后马寅初指出，解决日货倾销的关键办法是尽量用国货来替代日货，促进民族工业的发展。王逢辛在《日货倾销问题》（《银行周报》第16卷第47号，1932年12月6日）一文中则论述了日货在中国倾销概况、倾销与国民消费的关系、日货倾销对中国生产事业的影响及中国对日倾销所应采取的办法，政府方面要制定相关法律保护民族产业，在国民方面则要求团结一致对外；从生产企业本身来说，必须力求进步，提高产品质量。

马寅初在其另一篇文章《抵抗洋货倾销及提倡国货之方策》[①]中点明了中国抵抗洋货倾销的必要性及困难，认为对于中国这样的国家来说，关税权、租界和领事裁判权的束缚是中国难以达成理想的反倾销效果的最重要的几个方面。他还指出了中国在当时情况下反倾销的途径：由各省自行制定抵抗办法、由中央统一办理及借助各省商会及工商同业公会的折中办法等。马寅初还希望加强中央政府对工商业界的监督和国货在全国的流通，并要加强抵制洋货、提倡国货，认为唯有如此才能促进民族产业的发展。许涤新在《日货倾销与海关进口新税则》（《东方杂志》第31卷第18号，1934年9月）中，从新海关进口税则对外货倾销的影响角度进行了研究，认为日货的倾销并没有受制于国内新税则的施行，很多需要保护的民族企业却因为新税则受到很大的冲击。

此外，仲廉在《日煤倾销问题》（《银行周报》第16卷第47号，1932年12月6日）一文中对中国煤业所受到的倾

---

①　马寅初：《中国经济改造》（上），商务印书馆，1935。

销进行了论述，认为中国煤业不振并非完全因为日本煤倾销的影响，还有其本身的原因，如交通不便、铁路运费过高及地方捐税太重等原因。作者提出了具体的解决办法：实行倾销税法，降低铁路运费，统一中外煤业缴纳的捐税税率，禁止国煤出口，奖励小公司合并及用新式方法开采煤等。

总的来看，这些论文或专著都是当时的经济学家或知识分子对倾销问题的初步看法，带有鲜明的时代印记。他们介绍了倾销的基本知识并对当时中国存在的倾销事实提出个人观点，基本上没有对近代中国存在的倾销与反倾销做出全面的分析，更谈不上分析当时倾销的本质和揭露倾销背后的帝国主义侵略本质。

三　经济学和法学意义上的倾销

历史地看，倾销自重商主义时代就已经出现。重商主义在贸易上追求的目标是奖励出口、限制进口，以实现本国贸易盈余。从其发展的历程来看，早期的倾销可以分为几个发展阶段。

倾销行为随着资本主义经济发展而产生，早在第一次产业革命时期，欧洲各国之间就存在倾销行为。16世纪至18世纪中叶，西欧各国均实行重商主义的贸易政策，这种对外贸易政策是导致倾销产生的根本原因。英国在完成产业革命后，由于技术进步和劳动生产率的提高，大量物美价廉的工业制成品被销往世界各地，英国在这一时期成为世界上唯一的产品出口倾销国。

美国在南北战争以后，国内资本主义获得迅速的发展，本国的市场已容纳不下本国生产的工业品，于是美国产业资本家在政府的支持下开始将本国的产品向近邻加拿大倾销。1880年，美国私营企业开始补贴出口商，以便与外国商人在海外竞争。

1890年以后，世界范围内的资本主义获得了飞速的发展，无论是产品的生产总额还是各国海外市场份额都有了显著的增长。很多主要资本主义国家都将倾销作为其开拓市场的重要工具。特别是美国和德国，国内工业制造部门卡特尔等垄断组织大量出现，这为大规模的对外倾销提供了组织保证。同时，第二次产业革命也加剧了资本主义世界经济、政治格局的变化，在19世纪下半叶，欧洲国家及美国等的资本主义工业化加速完成，世界资本主义生产迅速增长，资本主义工业国家所生产的大量商品不能被本国市场消纳，那些过剩商品势必要向国外寻求出路并设法输往工业落后的国家，从而形成了世界范围内的第一次倾销高峰。当时世界主要的资本主义国家如德国、比利时、法国、英国、美国、日本、加拿大等都曾以倾销作为其拓展海外市场份额的主要经济手段。在这种背景下，倾销成为经济学中的重要主题。

新古典经济学中，对倾销有明确的定义和分析。倾销一词的英语是"dumping"，该词的原义是倾倒、抛弃，《牛津英语词典》对该词的解释是"将大宗货物或其他东西翻倒、倾泻及抛弃"。该词源于北欧国家，如挪威语中的"dumpa"和丹麦语中的"dumpe"，意为"抛弃物"。《布莱克法律词典》从一般法律意义上对倾销解释为：以低于国内市场的价格在海外市场大量销售商品。实际上，倾销行为在法学和经济学角度有着不同的解释。

从法学角度看，倾销的背后是不公平竞争行为，竞争的结果损害了他人的合法权益，应通过法律予以调整和规范。

在国际贸易活动中，倾销者实施低价出口的行为，造成了损害竞争对手合法利益的后果。透过这个概念可以看出，法学语境下的倾销，并没有关注低价出口的经济合理性，而是强调了这种低价或价格歧视给进口国产业造成的损害，以及对造成损害的倾销予以抵制和对受到损害的产业给予救济的法律后果。

（一）法学意义上的倾销

从法学意义上说，产品在不同的市场以不同的价格销售，所涉及的不是市场策略的问题，而是损害同类产业的不公平竞争秩序问题，倾销的构成必须具备下列几个要件。

1. 与反倾销有关的行为主体

倾销的主体是具有倾销行为的出口经营者。从表面上看，法学意义上的倾销所针对的是产品，并未指向经营者，但从反倾销的结果看，出口经营者是实施倾销行为的人；反倾销的主体是代表受倾销损害的国内产业的具有申请人资格的公司、企业、经济组织和协会等等。

2. 行为人具有低价出口的行为

产品以低于正常价值的价格进入他国市场是倾销的主要表现形式，出口价格低于正常价值是倾销的外在表现，只要具备这个形式，就部分符合法律意义上的倾销。

正常价值通常就是指同类产品在出口国国内市场上的可比价格，在特定情况下也可指该国向第三国出口的同类产品价格或结构价格等。出口价格一般是指出口商销售给进口商的价格。出口价格低于正常价值是指同一产品在不同市场以不同的价格进行销售。在这种不同的销售关系中，产品的价格不是以市场的供求关系和产品成本为基础，而是人为压低价格，造成了对市场价格的扭曲，破坏了正常的市场竞争秩序。

3. 低价倾销给进口国相关产业造成了损害

法学意义上的倾销必须具有损害的后果，如果倾销的目的国不存在同类产品或没有造成对生产同类产品产业的损害，则不必使用法律的救济行为和进行抵制。倾销造成的损害是对进口国整个产业的损害，包括对进口国相关产业造成了实质损害、实质损害威胁及对新产业的建立产生实质阻碍。

4. 倾销与损害应该具有因果关系

反倾销强调事实与结果之间的因果关系并需要充分的证据。根据这个原则，对受损的产业给予救济、对倾销予以抵制的前提是倾销与国内产业受损害之间应该有因果关系。

总之，反倾销是进口国单方面限制进口行为，因此必须符合法律上的条件才可以实施。存在反倾销的行为主体、倾销行为、损害的后果及二者之间的因果关系是反倾销的四个要件，否则反倾销的行为应当受到质疑。

（二）经济学意义上的倾销

从经济学角度讲，倾销是经济活动，是价格竞争的结果，而价格竞争是所有经济竞争手段中最常用、最重要的手段。作为经济现象，倾销早在资本主义发展初期就出现了，如英国在开发海外市场时曾竭力鼓动低价出口本国商品，以倾销作为殖民掠夺的重要手段。1776 年，亚当·斯密在《国富论》中将当时各国鼓励出口和对贸易实行政府奖励的做法视为倾销。19 世纪末，倾销一词开始在国际贸易中被广泛使用，当时的含义主要是指出口商在海外市场廉价抛售产品的行为。

美国新古典主义经济学家雅各布·温纳尔在《倾销——

国际贸易问题》一书中指出，倾销是一种价格歧视。价格歧视是指同一种产品在不同国家市场上的售价不同，即在出口国或原产国市场上以高价出售，在进口国市场上以低价出售。同一产品的不同售价，不是基于不同的成本，而是基于国内与国外的人为的价格差，这是价格歧视；同一产品以不同的价格向相互竞争或相互不存在竞争的买主出售，也是价格歧视。这种歧视背离了公平竞争原则，是一种不公平的贸易做法，有损进口国产业，应当受到谴责和抵制。

国际贸易中的倾销行为在本质上是价格歧视，这种价格歧视扭曲了自由竞争机制下的价格公平，违背了公平竞争原则，损害了倾销产品进口国国内产业，因此通过反倾销调查和征收倾销税等形式限制该产品的进口以救济国内受到损害的产业是被允许和可接受的。

总体来看，无论法学意义上的倾销还是经济学意义上的倾销，都强调倾销是以低于产品成本的价格向他国销售，并对他国产业的发展造成了一定的损害。我们可以说，只要倾销对进口国国内产业造成了损害，就可以采取反倾销措施。

（三）倾销的分类

倾销有多种分类方式，按照倾销的时间持续性来分是最常见的，可以分为以下三种。

1. 持久性倾销（persistent dumping）

持久性倾销是指较长期地以低于正常价值的价格出口产品。这种倾销的原因主要是过量生产和产品大量积压，出口国将国内市场的竞争和压力转移到国际市场。由于国内市场的长期饱和，倾销者不得不在国际市场上长期维持低价，以在两个市场上生存。

2. 突发倾销（sporadic dumping）

突发倾销并不是指突然发生的一次倾销，而是指短期内出口商低价销售大量的积压商品，这种销售在国内会影响其正常的贸易秩序，在国外则会对进口国的市场产生重要影响。因为突发倾销会快速打击进口国的市场，对过于依赖国内市场的生产者造成灾难性后果，因此突发倾销是非常有害的。

3. 短期倾销（short-run dumping）

短期倾销并不是指固定的某一时间段内的倾销，而是指在一定时间内连续低价销售产品，低价销售不是为了处理积压品，而是人为地有意压低产品价格，目的是挤垮竞争对手、占领更大的市场份额。鉴于这种倾销对进口国同类产业的攻击性，也称之为"掠夺性"倾销。

短期倾销的特点是，在国内市场维持一定的价格甚至高价，以国内市场的利润平衡海外市场的低价销售，低价销售的时间长短取决于竞争对手的情况和市场份额的扩大速度。一般而言，短期倾销者不会较长时间地赔本销售，一旦竞争对手被挤出市场，倾销者会很快恢复甚至提高产品价格，并从此持续维持海外的垄断高价。

短期倾销是反倾销法的主要实施对象，这不仅因为出口商的倾销具有掠夺的目的，更是由于这种倾销对进口国产业造成了严重损害。而且，从经济学角度看，短期倾销会对进口国造成资源上的浪费，大量投资会因企业退出竞争而浪费，对于进口国企业来说，它们也会面临更激烈的成本竞争。

（四）倾销的界定

不是所有的低价销售都是倾销。对倾销行为的界定在不同时期、不同国家存在不同的法律依据。在当代中国对外贸易中，倾销是指一国的出口商以不正常的低价向另一国出售其产品，从而对相对的进口国造成利益损害的行为。倾销的成立必须满足两个基本条件：第一，商品的销售价格低于正常价格；第二，这种低价销售对进口国造成了损害。倾销价格的确定通常以正常价格或公平价格为参照，正常价格或公平价格通常指三种价格：（1）国内价格，即在出口国国内市场上供消费用的同类商品的正常销售价格；（2）第三国价格，同类产品经正常交易出口到第三国的价格，这种方法通常在国内价格不存在或不能作为依据时采用；（3）构成价格，由销售产品在原产地的生产成本费用及利润所构成的价格。[①]

另外，根据王垂芳主编《中国对外经济贸易法律大辞典》中对倾销的定义，倾销是指同一产品在国际市场的销售价格低于其在国内市场的销售价格。它的基本特征是：（1）在国外市场的销售价格低廉，甚至低于商品成本；（2）短期内同一商品的出口量大幅增加。倾销一般可分为偶然的倾销、短期的倾销、长期的倾销三种形式。

从以上两种对倾销概念的定义可以看出，倾销的本质是以低于成本价在他国销售，并对这个国家的产业造成了实质性的损害。

本书以南京国民政府对反倾销行为的界定为基础。在近代中国，爱国热情驱使中国的民众将很多外国商品在中国市场的低价销售行为都看作是倾销，这种看法不无偏激之处。

实际上，近代发达资本主义国家的产品质量较高，生产成本也较低，所以价格水平比同时期国产商品价格低，这种

---

① 董璠舆、赵相林主编《中国涉外法律实务大辞典》，北京工业大学出版社，1993，第 675 页。

低价销售不应被看作倾销。另外，有的外国商品在中国市场确实以低于成本价格销售，但是中国并不生产该种商品或生产量极少，这也不属于倾销行为。最典型的案例是20世纪30年代美国和苏联为争夺中国煤油市场而进行的恶性竞争，双方均采取了低价倾销的方式，试图压垮对方。但我们知道，近代中国的石油产能几乎为零，所以这种倾销对中国工业并没有什么危害，中国民众反而能从中受益（获得低价的石油产品），这自然不能认定为倾销。所以对外国商品倾销行为的认定是一个需要谨慎对待的问题，并非所有的低价销售行为都是倾销。

1931年2月9日，为抵制外国商品的倾销和保护民族工业的利益，南京国民政府颁布了《倾销货物税法》，将倾销定义为"凡外国货物在中国市场之菆售价格有左列情事之一者视为倾销：（1）较其相同货物在出口国主要之市场菆售价格为低者；（2）较其相同货物运销中国以外任何国家之菆售价格为低者；（3）较该项货物之制造成本为低者。凡外国货物向中国出口时之出口价格，有前项第一款或第三款之情事时，亦视为倾销。第二项出口价格及菆售价格之计算，均应除去运输保险税捐及其他必需费用"。

从南京国民政府对倾销行为的定义中，可以看到倾销有两个特点：（1）国外公司以低于其本国的价格在中国市场销售商品；（2）国外公司以低于成本的价格在中国市场销售商品。只要符合这两个基本条件之一，即可视为倾销。本书研究的对象水泥业就具有上述几个倾销特征，当时反倾销的权威机构——倾销货物审查委员会据此认定水泥业存在倾销。

虽然近年来，学界对当代中国社会经济生活中存在的倾销与反倾销问题的研究获得了较快的发展，但对近代中国社会存在的倾销与反倾销现象则缺乏研究。本书以 1927～1937 年世界的经济发展为背景，以水泥业的倾销与反倾销为切入点，由点到面，由具体行业到整个国民经济体系，还原了水泥业在近代中国工业发展中的地位，揭示了近代外货在华倾销的侵略本质，填补了近代中国反倾销研究的空白。

近代的倾销与当代的倾销在内容及实质上存在很大的不同：近代的倾销法规作为国内法颁布与实施，其实际实施情况与一国的经济、军事乃至政治实力都存在很大的关联；当代的反倾销法则属于国际法体系，是一种国际社会的法律规范，认定倾销行为的依据是国际反倾销法相关规定，其实际执行则由 WTO 专门的仲裁机构来负责。法律规范上的区别也决定了两者在反倾销途径与方式上的不同。

在结合经济史以及有关经济学、法学理论的基础上，本书通过对近代中国的反倾销实践进行了归纳和总结。研究发现，在南京国民政府执政时期，政府和民族工商业之间的关系日趋融洽，二者在促进民族产业发展的目标上是一致的。南京国民政府尤其是实业部、财政部通过制定相关法规来促进工商业的发展，在主观上有发展民族产业的良好愿望。随着近代工商业集团的发展壮大，民族工商业者的地位也得到了提高，他们开始参与政府的决策，以自己的方式影响政府的经济政策。南京国民政府时期，近代中国的政企关系进入一个良性循环阶段，双方共同努力促进了近代民族工商业的发展。另外，在近代中国，当民族企业面临帝国主义的经济压迫时，只要能很好地利用自身优势，有效地整合国家、民间和企业的力量，团结一致，必定能够战胜外国经济侵略，这也是中国近代民族企业在反倾销贸易战中留给我们的宝贵历史经验。

第一章　山雨欲来风满楼

欧战告终以来，阅十有三载，吾人又回到了战事初停的混乱状态。

——国际联盟经济部部长阿瑟·索尔特

一　经济危机与世界统一经济体系的崩溃

大西洋彼岸的蝴蝶

列宁认为，"资本主义如果不经常扩大其统治范围，若不开发新的地方并把非资本主义的古老国家卷入世界经济的漩涡，它就不能存在与发展"。[①] 18 世纪中叶，西方进行工业革命后，由于生产力的巨大提升，本国的市场根本无法消纳其巨大的生产力，资产阶级谋求更广阔的海外市场和原料产地。以大机器生产为标志的工业革命敲开了一个个闭关自守的农本国家的大门，这也直接推动了西方列强向世界的急剧扩张，资本主义世界体系最终形成。人类社会的历史也因而越来越紧密地联系在一起，所谓"一只南美洲亚马孙河流域热带雨林中的蝴蝶，偶尔扇动几下翅膀，可以在两周以后引起美国得克萨斯州的一场龙卷风"。1929 年美国发生的人类历史上空前的经济危机就是这样的导火线，这次危机迅速席卷全球，掀起了一场空前的世界性经济危机。

---

① 《列宁全集》第 3 卷，人民出版社，1959，第 545 页。

1929 年 10 月 24 日，纽约交易所股票价格出现了大幅度的跳水，30 种工业股票价格从平均每股 364.9 美元跌到 62.7 美元，20 种公用事业股票价格从平均每股 141.9 美元跌到 28 美元，20 种铁路股票价格从平均每股 180 美元跌到 28.1 美元。从 1929 年 9 月到危机末期的 1933 年 7 月，美国股票市值总共蒸发了 740 亿美元，跌去了 5/6；大批企业破产，银行倒闭，工业生产连续 3 年下降。1932 年，美国全国工业生产指数与危机前的 1929 年相比下降了 47.3%，工业生产总值下降了 55.6%，其中钢铁产量下降了近 80%，汽车产量下降 95%，破产企业达 13 万多家。[①]

其他欧美各主要资本主义国家也没有逃脱股指狂跌的命运。危机很快扩散到加拿大、德国、日本、英国、法国，并波及许多殖民地、半殖民地国家，迅速席卷了整个资本主义世界。随着纽约股票市场的崩溃，商品价格也开始不断下跌，大多数主要资本主义国家的批发价格下跌了 1/3～2/5，只有英国的批发价格跌幅低于 3/10。农产品和原料的价格下跌更加剧烈，下跌幅度大都在 40%～50%。世界各国农业遭受严重打击，棉花被埋在土里，咖啡豆被烧掉，母牛被屠杀，羊被烧死。

在这次世界性经济危机中，各主要资本主义国家商品的批发价格、工矿业产量以及工人的失业率都出现了急剧的变化。比如以 1929 年美国工矿业生产指数为 100，1932 年美国工矿业生产指数下降到 54。根据同样的计算方法，英国的这一数字下降到 84，德国下降到 53，法国下降到 72。同时，

---

① 高德步主编《世界经济通史》（下卷），高等教育出版社，2005，第 10～13 页。

失业率急剧上升。1931 年，美、英、德等国的失业率都飙升到了 10% 以上，整个资本主义世界的失业人数一度高达 3000 万人。在最严重的时候，美国每 3 个人中就约有 1 个人失业（见附表 1 - 1）。德国由于失业人数增多，社会混乱现象加剧，这使得该国纳粹势力得以迅速发展。英国则因失业津贴增加，财政负担加重，导致工党内阁垮台。

经济危机也使不少公司的利润减少。1929 ~ 1932 年，英国工业公司利润减少 28.6%。1932 年，美国钢铁、机器制造、汽车、建材和采矿业的 202 家公司亏损 2.7 亿美元。企业破产现象更是比比皆是：1929 ~ 1932 年，美国破产的企业超过 14 万家，德国约 6 万家，法国 5.7 万家，英国 3.2 万家。美国农业经济收入总额由 1929 年的 113 亿美元减少到 1932 的 47.4 亿美元，大批农场破产或濒临破产边缘。银行业在危机中遭受的打击更大，1930 ~ 1933 年，美国有 8812 家银行被迫暂停营业。[①] 经济危机使这一时期世界经济的衰退达到空前的地步。当时的国际联盟经济部部长阿瑟·索尔特曾感叹说："欧战告终以来，阅十有三载，吾人又回到了战事初停的混乱状态。"[②]

金本位的瓦解

世界经济危机前各国货币体系普遍实行金本位制[③]。1810

[①]　高德步、王珏主编《世界经济史》，中国人民大学出版社，2001，第 319 ~ 337 页。

[②]　上田贞次郎：《最近各国关税政策》，陈诚译，商务印书馆，1935，第 1 页。

[③]　金本位制是以黄金作为本位币的货币制度，具体表现为三种形式。(1) 金币本位制度，这是典型的金本位制度。其基本特征有：金币可以自由铸造、自由熔毁，金币的价值与其包含黄金的价值保持一致；金币的代替物可以自由兑换金币；金币具有无限法偿能力；金币可以自由输出输入。(2) 金块本位制，指流通中没有金币流通，只有银行券，银行券仅（转下页注）

年，英国率先向金本位制过渡。19 世纪 70 年代，德国、法国也开始实行金本位制（或单本位制①）。从 19 世纪 90 年代后半期到 20 世纪的头 10 年，金本位制扩散到美国、俄国、日本（日本的大部分黄金储备在伦敦，因此是接近金汇兑本位制的金本位制）等国。此外，世界上一些不发达地区也开始逐渐采用金汇兑本位制，加强了同金本位制国家的联系。从 19 世纪 90 年代到 20 世纪的头 10 年，亚洲的印度、菲律宾、台湾等殖民地和地区，拉丁美洲的阿根廷、墨西哥、秘鲁等国都相继采用金汇兑本位制。② 至 20 世纪 30 年代国际金本位制体系全面崩溃之时，全球累计有 59 个国家和地区实行过金本位制。金本位制为何会在这么短的时间内盛行于世界各国呢？

首先，英国的经济霸权地位是国际金本位制形成的主导因素。国际金本位制是在英国一国货币制度的基础上，通过各国的自发选择，逐步在世界范围内确立起来的一种国际货

（接上页注③）可与金块兑换，但有一定的限制。（3）金汇兑本位制，又称虚金本位制，是指流通中没有金币流通，只有银行券，银行券在国内不能兑换为黄金，只能兑换为可转换成金块的外币。见赵林如主编《中国市场经济学大辞典》，中国经济出版社，2019，第 351 页。

① 单本位制是以一种金属为本位货币的货币制度，有"金本位制"和"银本位制"。单本位制是金属货币制度的主要类型，这种货币制度的主要特点有：只有单一的金币或银币具有无限法偿的效力；主币具有一定的含金量和形状；流通中的货币除本位币以外，还有用于零星交易和找补的辅币，在单本位制下，国家规定一种贵金属作为货币流通的基础，商品在市场上不会像复本位制那样出现双重的价值尺度，不容易引起市场交易的混乱，适应资本主义商品生产高度发展的需要。19 世纪初，英国首先实行以金为本位的单本位制，各主要资本主义国家也陆续实行这种货币制度。见王儒化、张新安主编《马克思主义政治经济学辞典》，中国经济出版社，1992，第 124 页。

② 〔日〕西川俊作、山本有造编《日本经济史：产业化的时代》（下），裴有洪译，生活·读书·新知三联书店，1998，第 107～108 页。

币制度，它伴随着英国经济地位的提高而在全球扩散。

其次，国际金本位制在当时被认为是最稳定的国际货币体系。从过去到现在，国际金本位制一直被一些经济学家、政治家和银行家所青睐。其原因在于以黄金作为各国货币的定值标准，在黄金价值稳定的前提下，保证了各国货币币值的稳定。

最后，黄金的自由流动保证了各国货币之间汇率的相对稳定。由于国际金本位制要求固定汇率，各国的国际收支实现了相对平衡。这种平衡不仅促进了国际贸易的发展，还为国际投资和国际金融市场的发展提供了有利条件。英国作为"世界工厂"，大量出口工业品，从而积累了巨额的贸易顺差；同时英国又通过海外投资将这些资本投入其他国家，在世界范围内形成了经常项目与资本项目之间的互补，这一趋势为国际金本位制的平稳运行提供了环境。

总的来看，这一时期的金本位制给世界市场上各种货币的价值提供了一个互相比较的尺度（按含金量），使同一种商品在各国的价格能保持一致，这样各国的价格体系就能被联系在一起。而世界货币（黄金）的确立及金融网络的形成，标志着世界已形成了一个统一的国际经济体系。由于世界市场范围不断扩大，任何一国脱离世界经济而孤立存在都已不可能。

但是，1929年爆发的世界经济危机改变了这种统一的经济体系。爆发于美国的经济大危机席卷其他主要资本主义国家。危机之下，各国为了刺激出口、改善国际收支，纷纷主动贬值本币，美国总统罗斯福更是直接宣布废除金本位制。如此一来，世界货币市场汇率大乱，各国运行了十余年的金本位制难以为继。1939年，著名的伦敦金市被迫关闭，全球黄金交易完全停止，这也标志着国际金本位制的彻底解体。

货币集团的形成

金本位制解体后各国的货币政策又该何去何从？主要资本主义国家开始发行本国信用纸币，并以纸币为基础组成货币集团，形成了以一些重要国家为核心的地区性货币集团：英镑集团（以英国和英联邦国家为基础，加上历史上与伦敦有密切金融联系的一些国家）、美元集团、法郎集团、马克集团、日元集团等。[①] 这种经济集团"结合成一个紧固的堡垒，对敌人发动经济进攻，实行资源封锁。它可以随时宣布拒绝敌国或假想敌国的流通纸币，实行经济绝交"，"经济集团在……资源战和军事竞争上，发挥了很大的威力"。[②]

英镑集团。1932年，根据《渥太华协定》，英联邦国家一致同意扩大相互间的进口优惠，削减英联邦国家之间的关税，提高对英联邦以外国家的关税，这就是"帝国特惠制"。帝国特惠制一方面增加了英联邦国家之间的贸易，如1929年英国出口货物的42%都是销往英联邦国家和英镑集团国家，1938年这个比例则提高到62%。另一方面，帝国特惠制提高了英国在英联邦国家贸易中所占的份额。英国放弃金本位制后，与英国有贸易联系的国家，如英联邦国家、瑞典、

---

① 各个货币集团的运行规则大致可以描述为：集团内部有一个核心的国家和货币（英镑集团的英国和英镑、美元集团的美国和美元、法郎集团的法国和法郎）；集团内所有成员国的货币必须和核心货币保持固定的比价，随核心货币汇率的变动而变动；集团内部结算使用核心货币，核心货币为集团内部各国的储备货币，储备货币必须集中存放于核心国；集团内各国之间资金流动不受限制，对于货币集团之间的经济金融交易则实行严格的外汇管制。见李海燕《经济全球化下的国际货币协调》，冶金工业出版社，2008，第70页。

② 《杨杰文集》（第一卷），云南大学出版社，2018，第41页。

丹麦、挪威、葡萄牙和拉丁美洲的几个国家，使自己的货币与英镑保持一定的比例关系，各国以英镑作为主要的外汇储备，在国际结算中也以英镑作为清算手段，从而形成了以英国为首的货币集团，即英镑集团。这虽然是一个松散的非正式组织，但在当时是势力最大的货币集团，而且具有强烈的排他性。

美元集团。美元集团是以美国为中心的货币联盟。1933年，在经济大危机冲击下，美国被迫放弃了金本位制。1934年，美国联合一些中美洲国家及菲律宾、利比里亚组成美元集团，以抗衡英镑集团和法郎集团（也称金集团）等，1939年该集团进一步发展成"美元区"。美元集团不像英镑集团和法郎集团那样有法律约束力，它是一个比较松散的非正式组织，其主要特征是：（1）集团内各国货币对美元保持固定比价，并以美元作为发行纸币的准备；（2）集团内各国一般不实行外汇管制，资金可以自由流动；（3）贸易和非贸易结算通过美元办理；（4）各国的黄金和大部分外汇储备在美国。美元集团包括美国及其属地、玻利维亚、加拿大、哥伦比亚、哥斯达黎加、多米尼加、厄瓜多尔、萨尔瓦多、危地马拉、海地、洪都拉斯、利比里亚、墨西哥、尼加拉瓜、巴拿马、菲律宾、委内瑞拉等国家和地区。[①]

法郎集团（也称金集团）。20世纪30年代英国放弃金本位制，以英镑作为国际清算手段，并随即采取了英镑贬值的方法来促进商品出口。法国凭借其雄厚的黄金储备、巨大的贸易和预算盈余，联合比利时、瑞士、荷兰、意大利等欧洲国家结成了法郎集团。它们企图继续维持金本位制，面对其

---

① 郭振乾主编《金融大辞典》，四川人民出版社，1992，第973页。

他集团的货币贬值，它们希望通过通货紧缩来维持贸易平衡和保存黄金储备。

马克集团。德国在第一次世界大战中战败，签订了《凡尔赛和约》，和约中巨额的战争赔款给德国经济带来沉重的负担。一战后，德国失去了所有的海外殖民地，不能进行海外投资；连年战争又使国内的工业生产受到极大消耗，短期之内难以恢复。外界的经济压力和内部的经济紊乱，使德国民不聊生。1929～1933 年的经济危机更令德国经济雪上加霜。偏偏这个时候，世界主要资本主义国家如英、美、法等纷纷成立了货币集团。德国趁机拉拢东南欧国家结成马克集团。东南欧国家是欧洲重要的农产品和原料供应国，它们的产品被英国（英镑集团）和法国（法郎集团）拒之门外，它们急需市场来销售农产品和原料。德国利用抵偿贸易协定和清算贸易协定与它们互通有无，从而在东南欧市场上占据了垄断地位。20 世纪 30 年代，在东南欧国家的进出口贸易中，德国所占的比例全都成倍增长。德国还用同样的办法与南美洲若干国家开展贸易，1929～1938 年，在南美 20 个国家的进出口贸易中，英、美两国的比重在下降，德国的比重显著上升，进口占比由 10.6% 上升到 17.8%，出口占比从 8.1% 上升到 10.3%，德国同南美洲的贸易额几乎回升到 20 世纪 20 年代的水平。虽然德国通过这些方式提升了自己的对外贸易额，但总体来看，德国马克集团的实力仍相对弱小。

日元集团。所谓日元集团，是指由日本本土及其所占领的朝鲜、中国台湾以及中国东北地区结成的经济集团。日本试图通过这种方式促进集团内人、财、物的流动。日元集团成立后，日本与日元集团其他地区之间的贸易发生了显著的变化，日本对集团内其他地区的出口从占日本出口总额的

24%上升到55%，进口从占比20%上升到41%。随着日本对华侵略的升级，日元经济区扩展为"日满支经济区"，后来更进一步扩展为"大东亚共荣圈"。

区域性货币集团的影响

货币集团限制了资本在国际上的流动。各货币集团成立后，纷纷划定范围，仅向特定的集团成员进行贷款。例如，英国规定，只有英联邦国家和某些英镑区国家才能在伦敦发行债券。瑞典仅向斯堪的纳维亚国家贷款。在法郎集团内部，比利时、荷兰和瑞士可以向法国贷款。可以看到，区域性货币集团妨碍了资本在国际上的流动，这对20世纪30年代迫切需要资本应付危机的世界经济来讲是致命的。

货币集团加快了世界贸易壁垒的形成。经济危机后，英国放弃了传统的自由贸易政策，规定只有英联邦自治领和殖民地的商品仍可享受自由进口或低关税优惠（即所谓的帝国特惠制），而将英国和英联邦以外的广大国家排斥在低关税优惠之外，这就形成了事实上的关税壁垒，等于向其他国家宣布了以关税为武器的商战，从而引发了一场世界范围的关税大战。自此以后，欧洲各国的关税壁垒逐年加高：1937～1938年，农业国对工业国的关税税率方面，匈牙利由31.8%增至42.6%，保加利亚由75%增至90%，西班牙由62.7%增至75.5%。罗马尼亚由48.5%增至35%。工业国对农业国的关税税率方面，德国由27%增至82.5%，法国由19.1%增至53%，意大利由24%增至66%，捷克斯洛伐克从36.3%增至84%。

货币集团催生了进口管制的泛滥。有些国家除了用关税保护本国市场以外，还采用进口配额制和其他贸易数量控制形式，对其他国家的商品进入本国市场的数量进行限制。法国是第一个大规模使用进口配额作为反危机手段的国家，其他国家很快群起效仿。到1939年，有28个国家（其中19个是欧洲国家）对大多数商品实行配额或许可证制度。控制输出（入）商品数量对实行金本位制的国家具有非常重要的意义，因为这些国家坚持黄金不能贬值，而外汇管制对其本国商品输出（入）贸易起不到应有的刺激作用。在其他没有实行金本位制的国家和地区，货币贬值会导致该国商品实际价格下降，从而达到鼓励本国商品出口占领他国市场的目的。所以，那些没有实行金本位制的国家与坚持金本位制的国家进行贸易时，金本位制国家往往会吃亏，导致其商品贸易出现逆差。如何改变这种状况呢？实行金本位制的国家只有实施严格的进口管制，才能达到贸易平衡。而对放弃金本位制的国家来说，达成贸易平衡的手段就比较多，比如可以通过数量管制与外汇管制相结合的方式等。

总体来看，20世纪30年代世界上货币集团林立，这是在原有国际经济秩序崩溃后各方寻求经济合作的尝试。但是，由于霸权主义和国家之间的矛盾，每个集团都只追求自身的利益，反而加剧了经济危机。各国为了自己的生存和民族利益，竞相采用各种经济手段如关税战、倾销战、货币战等，加紧争夺有限的世界市场。

一时间，世界市场硝烟弥漫，愈演愈烈的商战最终演变成为世界大战。

二 处在十字路口的日本

在世界大多数国家都实行"集团经济"、采取"以邻为鑿"政策的时候，身处亚洲的新兴资本主义强国日本又是如何应对这种形势的呢？

作为一个岛国，日本矿产资源极为匮乏。据日本通产省资源厅数据，日本有储量的矿种仅 12 种。除石灰岩、叶蜡石、硅砂这三种极普通矿产的储量较大外（日本煤炭储量较大，但开采成本极高，不具经济利用价值），其他重要矿产的储量均极少，特别是油气、黑色和有色金属等几乎全靠进口。日本对石油的进口依赖程度为 99.7%，煤为 92.7%，多种有色金属平均在 95% 以上。[①]

虽然日本本国几乎没有矿产，但作为一个经济大国，其大多数矿产品的需求量却居世界前几位。比如，石油需求居第二位（第一位是美国）；铜、铅、锌、铝、镍这些主要金属需求占全球的比例分别为 12.7%、7.9%、12%、13.1% 和 19.8%。因此从某种意义上说，如果日本脱离其他国家或地区矿产原材料的供应，它的经济就会陷入瘫痪。[②]

日本的自然资源如此贫乏，它的经济发展有何路径可以依赖呢？它又是如何一步步地发展成为极具侵略性的资本主义帝国的呢？

日俄战争与日本垄断资本的形成

明治维新后，日本提出了向西方资本主义国家学习的口号，加速发展本国经济。1870 年 12 月，日本成立工部省，以英、德为榜样，强力推进国内的各种改革和殖产兴业政策。从 1880 年代中期起，日本开始出现早期产业革命的浪

① 宋健坤：《资源空间学》，国防大学出版社，2011，第 163 页。
② 宋健坤：《资源空间学》，国防大学出版社，2011，第 163 页。

潮，大约经过 10 年左右的时间，近代化的大工业体系初步形成，使日本初步实现了资本主义工业化。

1904～1905 年，日本帝国主义与俄国为了争夺中国辽东半岛和朝鲜半岛的控制权，在中国东北的土地上进行了一场帝国主义列强之间的非正义战争，日本最终获胜。1905 年 9 月 5 日，日俄双方签署了《朴次茅斯条约》；同年 12 月 22 日，日本政府又强迫清政府签署了《中日满洲协约》及其《附约》，攫取了不少关于通商、免税、设厂投资等方面的特权。这些条约为日本帝国主义向亚洲大陆的扩张打开了方便之门，特别是为后来日本帝国主义侵华埋下了祸根。①

日俄战争以后，日本经济全面进入了向垄断阶段过渡的大转变时期。在战争期间日本大资产阶级即已取得了巨大的经济利益，战争的胜利又带来了广大的海外市场；战后的军备扩张增加了国内市场需求，这一切都为日本资本主义经济的迅速发展创造了良好的条件。

日本国内掀起了投资热潮。1906 年是战后日本经济发展的"黄金时代"，该年日本企业资本总额突破了 10 亿日元大关；同年 3 月，日本政府颁布了《铁道国有法》和《京釜铁道收买法》，宣布将全国 32 家私营铁路公司所属的铁路，以相当于原投资 2 倍的高价（总计 4.7 亿日元），用公债的形式（年利 5 厘）由国家收买。②

这一措施使私营铁路资本家获得了巨额收买金和利息，并使原来的固定资本变成了可以流动的金融资本，并促使日本股票市场进一步繁荣。日俄战争期间，日本官方和民间团

---

① 吴廷璆：《日本史》，南开大学出版社，1993，第 524 页。
② 吴廷璆：《日本史》，南开大学出版社，1993，第 525 页。

体所借的外债合计 10.7 亿日元，除战争中已耗用部分外，其余部分以硬通货的形式流入国内。这些流入资金刺激了国内金融市场。1906 年，日本国内有价证券发行量比战前增加 10.09 亿日元，加上政府推行财政扩张政策，通过扩大政府开支刺激社会需求，这更加助长了战后出现的投机性投资热潮。①

股票市场的繁荣和投资热促进了日本资本主义经济的大发展。1903~1914 年，日本的公司年纳税资本从 8.87 亿日元增至 19.83 亿日元，公司数从 9218 个增至 16858 个，几乎翻番。工厂数也从 8274 家增至 17062 家，其中使用动力的工厂从 3741 家增至 10334 家。工厂的工人数从 48.5 万人增至 108.6 万人，机械动力从约 10 万马力增至 100 万马力。②

日俄战争后，日本以纺织工业为核心的轻工业又取得了新的发展。1903 年，日本日平均运转纱锭为 129 万枚，1914 年增至 241 万枚；纱锭产量从 80 万捆增至 1914 年的 167 万捆。同期日本制丝业的机械化产量增加了 2 倍，基本实现了机械化生产。

与此同时，日本重工业现代化也开始启动。日俄战争后日本掌握了高压远距离输电技术，从 1907 年开始在工业动力电气化方面取得了迅速发展。1907 年，日本工业动力电气化程度为 8.8%，蒸汽动力占比为 81.1%。1914 年，日本工业动力电气化程度提高到 30.1%，到第一次世界大战后已超过 60%。工业动力电气化是垄断资本主义阶段生产力方面的重要特征。③

① 吴廷璆：《日本史》，南开大学出版社，1993，第 525 页。
② 吴廷璆：《日本史》，南开大学出版社，1993，第 526 页。
③ 吴廷璆：《日本史》，南开大学出版社，1993，第 526 页。

　　由于日俄战争后日本获得中国东北矿石的供应，日本钢铁工业大规模发展具备了可能性。这一时期的日本钢铁工业，除升级原有公司的生产设备外，还陆续创办了神户制钢所、日本制钢所、轮西制铁所、土桥电气制钢所、安东制钢所、本溪湖煤铁公司、户畑铸物、日本钢管、兼二浦制铁所等新公司。1906～1910年，日本国产生铁已超过进口，自给率达到59％。1913年，日本国内的生铁产量已达24万吨，钢材产量达25万吨。日本制钢所是1907年由日本海军与三井、英国资本合资在室兰建立的，全国生铁产量的70％及钢产量的90％以上，来自日本制钢所及八幡制铁所[①]。

　　机械工业受到日本政府的重点保护和扶植，从而发展成独立的工业部门。在战后工业投资热潮中，除创办一批机械制造公司外，还以1909年东京芝浦制作所引进美国通用电气公司的技术和资本为开端，大量引进外国资本和先进技术，大量生产工作母机、纺织机械及其他工业机械。

　　造船工业以建造军舰为核心，受到日本海军的指导与扶植，1905年，三菱神户造船厂创办。日俄战争前，日本轮船吨位的31％由国内建造，其余69％从国外订购。日俄战争后，这一比例则发生了反转，国内建造占60％，国外订购占40％。到1911年，日本拥有轮船吨位已超过137万吨，居世界第六位。机车车辆工业也发展很快，从1913年开始，日本国内铁路的机车已全部由国内生产，基本实现了机车车辆国产化。

　　工业生产大发展的同时，日本的对外贸易也取得了巨大的进展。1909年，日本向中国东北出口的棉布已与英美持

---

①　吴廷璆：《日本史》，南开大学出版社，1993，第526页。

平，次年便超过了这两国。至 1911 年，日本棉布占中国东北棉布市场份额的 72%。1911 年 7 月，日本政府宣布了新关税税率，并实施了差别关税政策，开始对本国工业和对外贸易实行保护，为国内工业和对外贸易的发展提供了更为有利的条件。此后，对外贸易的商品结构开始发生重大变化，即进口品逐渐从制成品变成工业原料和工业原料半成品，出口品逐渐从原料变成工业制成品。1914 年，日本的进口品中原料占 55%，而工业制成品仅占 15%。[①]

在工业蓬勃发展的同时，日俄战争后，日本资本集中的速度加快。1914 年，日本 16858 个企业中，资本在 100 万日元以上的仅占 2.1%，资本在 100 万日元及以下的中小企业占 97.9%。然而，仅占全国企业总数 2.1% 的少数企业的资本却占全国企业资本总额的 63%。如果把资本在 500 万日元以上的公司称为大企业，那么这类企业为数更少，仅占全国企业总数的 0.37%，而这类极少数的大企业却占有全国企业资本总额的 38.5%，上述简单对比足以说明战后日本金融资本和生产集中的一般情况。[②]"生产集中引起垄断，则是资本主义发展现阶段一般的和基本的规律"，日俄战后日本经济发展正是沿着列宁所指出的这一基本规律前进的。受政府保护的特权财阀和资金雄厚的大企业，在工业蓬勃发展时期不断扩大资本，在经济危机时又乘机兼并经营困难或破产的中小企业，使资本更加迅速膨胀起来，并向垄断阶段急速发展。日俄战争后，特别是 1907 年经济危机后，垄断已逐渐成为日本经济的核心特征。

---

① 吴廷璆：《日本史》，南开大学出版社，1993，第 527 页。
② 吴廷璆：《日本史》，南开大学出版社，1993，第 527 页。

轻工业方面，1913年以三井系的钟渊纺织公司和三菱系
的富士瓦斯纺织公司为首的七家大公司的资本，占参加纺织
联合会44家公司总资本的57.4%，纱锭占58.7%。制麻业
中，仅1907年成立的帝国制麻托拉斯一个公司的投资总额
就占全行业的96.4%。各大公司和垄断组织之间相互订立价
格协定、生产协定、销售协定，共同垄断市场、原料、劳动
力和技术发明等，在一个部门或若干个经济领域里确立自己
的垄断势力。食品工业中，1908年大日本、神户、横滨三家
精糖公司订立了生产及销售协定，并设立了共同销售办事
处，从而垄断了糖的生产与销售。其他如啤酒、火柴、纸、
面粉等部门，也都在这一时期陆续结成了卡特尔或托拉斯。[①]

重工业方面的垄断化也在急速进行。煤炭工业中，这一
时期茨城无烟煤煤矿等三家公司设立了共同销售办事处。石
油工业中，1910年，日本石油、室田石油与两家外国石油公
司订立了共同销售、供应、价格协定。钢铁业中，八幡制铁
所持续扩大生产，1913年民间钢铁公司的纳税资本总额为
4500万日元，而八幡制铁所一家就有3800万日元，占压倒
性优势。机械工业中，1909年，火车机车制造、日本车辆、
川崎造船三家公司缔结了铁路用品订购分配协定，完全垄断
了铁路交通工具的生产与销售。[②]

这一时期，原有财阀也进行了经营改组，相继采取家族
康采恩的经营方式。三井财阀在1909年将原来的"三井同
族会"改组成三井合名公司，将原三井同族会经营的各公司
变成股份公司，各行业采取独立核算体制。三菱财阀从1908

① 吴廷璆：《日本史》，南开大学出版社，1993，第528页。
② 吴廷璆：《日本史》，南开大学出版社，1993，第528页。

年到1911年之间也对原有企业进行了改组，将原设在三菱
合资公司里的各事业部从公司分离出去，使之成为独立核算
的经营单位。[①]

在日俄战争后的日本经济蓬勃发展时期，银行业的竞争
十分激烈。1912年，东京第一银行合并了20家小银行，中
井银行合并了城北银行及日本通商银行。此外，大银行还以
掌握中小银行股份的方式对中小银行进行控制。明治末年，
安田保险公司已控制或掌握了17家小银行的股份和实权，
其预备资金总计在2亿日元以上，相当于当时全国普通银行
预备资金总额的1/8。其他如第15银行对丁西银行的控制、
三菱银行对土佐银行、第110银行的控制，也都采取类似
办法。[②]

随着银行集中趋势的迅速发展，日本金融资本对国家财
政和工业发挥了越来越大的作用，实际上两者的关系已经密
不可分了。日俄战争期间，日本政府为了募资，曾屡次与金
融资本家和实业家集团磋商；1910年日本发行转期公债，日
本银行、横滨正金银行、日本兴业银行等三家国家金融机构
与三井银行等十三家民间银行建立了认购国家转期公债的银
行团，从而确立了财阀金融资本对国家财政的直接影响，并
使财阀金融资本得以通过国家财政对整个国民经济发挥指导
作用。[③]

与此同时，日本金融资本在政府支持下开始大规模对外
投资。以1912年大仓组对汉阳钢铁厂贷款及1913年横滨正
金银行参加对华善后大借款为开端，日本开始了大规模对外

---

①　吴廷璆：《日本史》，南开大学出版社，1993，第528页。
②　吴廷璆：《日本史》，南开大学出版社，1993，第529页。
③　池建新：《日本金融体系研究》，陕西师范大学出版社，2006，第10页。

投资。为夺取更多海外投资场所，日本直接参加了帝国主义重新瓜分世界的第一次世界大战。[1]

大资产阶级经济势力的迅速膨胀和战后日本经济的大发展，使寄生地主得以获取稳定的利息。日本的经营地主在日俄战争后几乎全部变成了寄生地主，而寄生地主又是专制主义天皇制在农村的阶级支柱，地方议会议员、村吏、警察、军队的下级军官等，大都由来自中小地主阶层的人充任。另外，寄生地主将从农民手中剥削来的地租转手投资于工业和金融业，又成了工业、金融资本在农村的代表。此外，由于他们对农民实行高地租剥削，使农民处于半饥饿状态，这又为产业资本家对工人实行低工资乃至超经济剥削创造了必要条件。[2]

日俄战争前后，日本经济的发展带有浓厚的军事色彩。日本的军事工业在整个国民经济中占很大比重。日本政府不仅把创办近代工业的重点始终放在军事工业方面，而且民间资本经营的钢铁、机械、造船、化工等工业部门，也都在政府的指导与监督下，优先实现军事目的。甚至纯属民用的生丝、棉纺制品等的生产与出口，也在很大程度上是为了获得用于购买军火和军工设备的外汇。尽管这一时期，日本资本主义经济发展存在着严重的资金不足问题，但为了军事目的，政府宁肯举借外债也要以政府的财政资本为骨干，并千方百计地动员民间资本参与海外投资，使资本输出也带上了浓重的军事色彩。[3]

---

① 池建新：《日本金融体系研究》，陕西师范大学出版社，2006，第10页。
② 吴廷璆：《日本史》，南开大学出版社，1993，第529页。
③ 吴廷璆：《日本史》，南开大学出版社，1993，第530页。

一战期间日本经济的高速发展

1914～1920 年是日本经济快速增长期。第一次世界大战期间，欧洲国家忙于战争，不仅不能向远东地区大规模出口商品，还向日本订购了大量战争物资。发达资本主义国家开始逐步淡出其在亚洲的市场。而与此相反，日本则渐渐占领了这些市场，在中国、印度、东南亚等地，全面地排挤了欧美国家的商品。第一次世界大战为日本的发展提供了千载难逢的机会，日本利用这次机会大力发展重工业、轻工业及国际贸易，日本的国力得到了快速的提升。

在第一次世界大战期间，欧美各国同亚洲的贸易几乎断绝，再加上协约国需要军需品，因此日本利用这个千载难逢的机会，向欧洲参战国提供军需物资，日本的出口贸易以这种方式取得了飞速的发展，出口量大增：1915～1918 年日本对欧洲的出口贸易增加 60%，对亚洲增加 125%，对南美洲增加 629%，对非洲增加 1002%，日本的对外贸易出现了大规模的顺差。[①] 在这 4 年中，日本对外贸易额共增长了 3 倍，顺差额总计 14 亿日元。[②]

对外贸易的快速发展带来了日本经济的空前繁荣：1913～1918 年，日本生铁年产量从 24 万吨增至 53.7 万吨；造船厂由 5 家增至 53 家，纳税资本约增长 6.5 倍，职工人数增长约 4 倍；日本纺织业对亚洲的出口也超过了占据垄断地位的英国；日本企业的利润率增长很快，从一战前的 10% 提高到 30% 左右，八幡制铁所的利润率从 1913 年的 11.4% 增至

---

① 高德步主编《世界经济通史》（下卷），高等教育出版社，2005，第 8 页。
② 高德步主编《世界经济通史》（下卷），高等教育出版社，2005，第 8 页。

1918 年的 112.6%。[1]

快速的贸易增长保证了日本财政的稳定。日本在第一次世界大战前为资本输入国、债务国，对外负债达 19 亿日元，政府始终为此焦虑不安；一战后，日本转为资本输出国、债权国，1919 年，日本的黄金储备超过 20 亿日元，日本开始有条件大规模地对其他国家投资放债，实行资本输出。[2]

日本商品出口增长伴随着日本贸易范围的不断扩大。日本在 19 世纪的主要贸易伙伴是美国；20 世纪初，日本对东亚、东南亚以及南亚国家的产品出口不断增加，在 1920 年占到日本出口总额的 51%。[3] 日本的对外经济扩张刺激了国内的工业投资，加速了其工业的发展。1914～1919 年日本农业、水产业、矿业、工业生产分别增长 301.5%、289.8%、327.3% 和 491.1%，6 年间农工矿业总值增长了 387.1%。

1920～1930 年日本的经济困境

然而好景不长，日本很快就遭遇了经济危机。第一次世界大战结束以后，欧美国家的经济开始逐渐恢复，这些发达资本主义国家的商品开始卷土重来，并加紧排斥日本商品，以图夺回在欧战期间被侵占的市场。欧美等发达资本主义国家商品的压迫，使日本商品在亚洲的市场份额急剧减少。日本的国际贸易又开始出现逆差，国际收支也出现了赤字，日本经济重新陷入危机之中。关东大地震使这一矛盾进一步激化，结果引起物价下跌、贸易赤字、金融混乱，日本经济陷

---

[1] 吴廷璆：《日本史》，南开大学出版社，1993，第 552 页。

[2] 池建新：《日本金融体系研究》，陕西师范大学出版社，2006，第 11 页。

[3] 〔日〕中村隆英、尾高煌之助编《双重结构》，生活·读书·新知三联书店，1997，第 22 页。

入长期危机和慢性萧条。

1918 年 11 月，随着一战的结束，日本经济一度走向低迷。然而从 1919 年中开始，伴随欧洲复兴出现的世界贸易扩大以及日本国内需求活跃，日本经济再次繁荣，出口贸易增加，国内物价也大幅回升，第一次世界大战给日本带来的经济繁荣达到顶点。

但是，日本在一战后的繁荣与大战期间的繁荣存在重大差别。战后日本不仅出口贸易大量增加，而且一战期间一直被压制的进口贸易也显著增加。但是 1919 年以后日本贸易开始转为逆差，金融状况也开始日趋紧张。很多新兴事业计划相继出台，对股份公司的实缴资金需求加大，商品、股票投机活动日益加剧，造成对资金的需求增加，股份公司实缴资金的增加、股票交易量的激增，使得日本金融立刻陷入困境，市场利率猛涨，日本银行于 1919 年先后两次提高政府贴现率，市场利率达到 2 钱 2 厘（8.03%）。日本银行总裁于 1919 年和 1920 年 1 月对银行业发表演说，对过度的投机行为提出警告，然而投机狂热却愈演愈烈。[①]

1920 年 3 月 15 日，日本股市暴跌，成为终结经济繁荣的导火线。除生丝价格以及部分批发物价自 1920 年初就开始回落外，大部分商品价格保持坚挺。突如其来的股票暴跌造成棉纱等商品市场同时崩溃，证券市场、商品市场也陷入混乱。东京、大阪的股票交易所停止交易 30 天以上，大阪商品交易所也停业 12 天，交易被频频中止。[②]

---

① 〔日〕中村隆英、尾高煌之助编《双重结构》，生活·读书·新知三联书店，1997，第 314 ~ 315 页。

② 〔日〕中村隆英、尾高煌之助编《双重结构》，生活·读书·新知三联书店，1997，第 316 页。

这是资本市场和物价的全面崩塌。日本棉纱公司的股票由 1920 年 3 月的每股 628 日元降到 1920 年 10 月的 250 日元，日本生丝价格由 1920 年 1 月的每捆 3958 日元下降到 1920 年 8 月的 1195 日元，大米的牌价从 1920 年 3 月的每担 52 日元降到 1920 年 12 月的 23 日元，批发物价指数从 1920 年 3 月的最高点 338 日元下降到 1920 年 12 月的 216 日元，股市指数由 1920 年 1 月的 250.84 跌到 1920 年 6 月的 113.11（见附表 1－2）。

从 1920 年 4 月开始，日本的中小银行反复遭受挤兑冲击。1920 年 5 月 24 日，以横滨的生丝出口商茂木商店及其机关银行七十四银行出现问题为起点，21 家银行被迫关闭。股票市场、棉纱市场出现大量期货买卖，交易所只得紧急解除买卖合同。此后政府通过限制生产、设立库存品购入机构力图缓解危机。同年下半年，经济恢复平稳，但经济基调已与过去截然不同了。[1] 生产过剩下，大宗商品交易陷入萎靡。

金融危机引起生产下降，工业总产值由 1919 年的 67.5 亿日元减少到 1921 年的 55 亿日元。一战时发展较快的纺织工业生产额在同一时期减少了 30%～40%。靠垄断航运而取得暴利的海运业在危机中遭受了更严重的打击，造船量减少了 88%，这种生产萎缩严重地影响了其他重工业部门。对外贸易也随之受到影响，1921 年全国的出口总额比 1920 年减少 40%。[2] 1920 年日本政府虽然以对工商界放贷的形式企图

---

[1] 〔日〕中村隆英、尾高煌之助编《双重结构》，生活·读书·新知三联书店，1997，第 317 页。

[2] 四川大学经济系五六级同学集体编著《外国国民经济史讲稿（近代、现代部分）》（上册），高等教育出版社，1959，第 581 页。

减缓危机的发生，但这只是起到了部分减缓作用，并没能使日本经济从危机中走出来。

1923 年 9 月，日本东京、横滨、神奈川县一带发生了 7.9 级的强烈地震（关东大地震）。据不完全统计，在震灾中共有 9.5 万余户的房屋倒塌，3.8 万余人失踪，5 万余人受伤，9 万余人死亡，受灾人数达 307 万多人，造成国民经济损失达 5 亿日元。① 横滨、东京的大部分货栈、工厂遭到了破坏。地震除直接造成物质财富的损失外，也使金融状况进一步恶化。因为银行贷款多半依赖建筑物和工厂作实物抵押，而震灾造成的建筑物损失很大，因此有 24 亿日元贷款（占全国贷款的 29%）在震后很难收回。这种情况使尚未恢复元气的日本金融业状况更加恶化，债权债务关系发生了严重混乱，信用也被迫停止。经日本政府发布"震灾票据折扣损失令"，由日本银行收回了震灾地的期票，向其他 105 家银行融通了 4.3 亿日元，这样才使信用流通恢复。但日本的国际收支直到 1931 年也没有改变逆差的情况。

全面的"昭和经济危机"

20 世纪 20 年代末，日本发生了悲惨的"昭和经济危机"。这一危机由国内黄金出口解禁和国际上 1929 年世界经济大危机两方面因素所引发。

1929 年 7 月发生了关东军暗杀张作霖事件（即皇姑屯事件），日本政友会总裁田中义一内阁因此事件而倒台，接替田中义一的为民政党滨口雄幸。滨口担任首相后，开始实施民政党纲领——黄金出口解禁、以原货币比价恢复金本位制

① 吴廷璆：《日本史》，南开大学出版社，1993，第 632 页。

等。为此，滨口内阁特别从党外邀请井上准之助作为大藏大臣，负责实施这一计划。井上曾两次担任日本银行总裁，并历任大藏相等职务，金融经验丰富，在财界声望很高，因此被视为最佳人选。①

一方面，为了补充当时缺乏的在外本位货币，井上准之助命令横滨正金银行暗中购入外汇，并在伦敦和纽约市场借入1亿日元的信用贷款，补充本位货币，以备解除出口禁令后黄金大量流出。另一方面，日本政府还大量削减公共投资，制定实际执行预算②，在国内大力倡导消费节约和购买国货运动，削减内需以降低物价、减少进口。③

当日本政府表明黄金解禁意图后，日元对美元的市场汇率由6月的100日元兑换44.05美元攀升到11月的100日元兑换48.535美元。于是，井上准之助于1929年11月21日发布大藏省令，宣布自翌年1月11日起解除黄金出口禁令，并于当月恢复了金本位制。④ 20世纪20年代，日本贸易收支状况恶化，在此情况下恢复金本位制，应该维持一战前的币

① 〔日〕中村隆英、尾高煌之助编《双重结构》，生活·读书·新知三联书店，1997，第59页。
② 1929年度一般会计预算为17.74亿日元，节约、延期之后降为16.81亿日元；特别会计预算也节约了5700万元。1930年度一般会计预算为16.02亿日元，1931年度为14.88亿日元。井上制定的1932年度预算为14.79亿日元。见大藏省百年史编纂室《大藏省百年史》（下卷），大藏财务协会，1969，第16～21页；〔日〕中村隆英、尾高煌之助编《双重结构》，生活·读书·新知三联书店，1997，第59页。
③ 〔日〕中村隆英、尾高煌之助编《双重结构》，生活·读书·新知三联书店，1997，第59页。
④ 第一次世界大战后，美国于1919年、英国于1925年按照战前的货币比价恢复了金本位制。德国于1924年、意大利于1927年、法国于1928年调低货币比价，恢复了金本位制，只有日本落后于世界潮流。

值还是进行贬值成为一大问题。[①] 但是日本最终还是义无反顾地采用了战前币值。究其原因，其中不仅有国际间信誉问题，还包含给财界泼冷水以期促进产业调整和产业合理化的意图。[②]

但是让日本政府意想不到的是，黄金出口解禁政策公布后，日本经济立刻出现衰退气氛：股市和物价开始下跌，国内经济一片萧条。以若松至东京的煤炭运费为例，1929 年 6 月为每千吨 1700 日元，到 10 月跌到每千吨 1075 日元，到了 12 月则暴跌到每千吨 750 日元。[③]

1930～1932 年日本经济处于危机中。"屋漏偏逢连夜雨，船迟又遇打头风"，1929 年 10 月 24 日，纽约股票市场崩溃，最终发展成为世界范围内的严重经济危机。日本无力干预世界经济危机的过程，在黄金解禁引起萧条的国内因素和世界经济危机的国外因素双重打击下，日本经济陷入了艰难的境地。

日本的这次经济危机首先是从商品和股票市场开始的，几种主要商品价格大幅下跌，100 斤生丝的价格从 1929 年 12 月的 1171 日元跌至 1931 年 6 月的 527 日元；每捆棉纱的价

---

① 当时只有石桥湛三、高桥龟吉、小汀利得、山崎靖纯等四名经济记者与钟纺总经理武藤山治等人根据凯恩斯的《货币改革论》，主张按新比价（100 日元兑 44～45 美元）解禁，他们认为应该避免汇兑行情上扬，应追求汇率稳定。其他经济学者一边倒地支持按原比价（100 日元兑 49.85 美元）解禁，他们认为汇兑行情的上升自然不可避免地会对出口产业造成打击，只有原比价解禁才会促进产业合理化，整顿竞争力弱的企业。产业界出于对国际竞争力的担心，对按新比价解禁汇兑这项政策并非全无疑虑，但这种想法势单力薄。转引自〔日〕中村隆英、尾高煌之助编《双重结构》，生活·读书·新知三联书店，1997，第 59 页、第 329～330 页。

② 〔日〕中村隆英、尾高煌之助编《双重结构》，生活·读书·新知三联书店，1997，第 60 页。

③ 〔日〕中村隆英、尾高煌之助编《双重结构》，生活·读书·新知三联书店，1997，第 60 页。

格从 1929 年 12 月的 193.18 日元跌至 1931 年 6 月的 136.42 日元；每吨铁的价格从 1929 年 12 月的 50.50 日元跌至 1931 年 6 月的 37.25 日元（见附表 1-3）。

1929 年世界经济危机爆发后，日本商品批发价格自秋天开始一落千丈。但是不同部门价格下跌情况也不尽相同：反映海外市场行情的生丝、棉纱等纺织品以及受到设备投资影响的金属制品、建材等产品的价格迅速下跌，而食品、燃料等产品的价格跌幅则较小（见附表 1-4）。

日本的股票价格指数如以 1914 年 1 月为 100，1929 年 6 月为 104，1930 年 6 月降为 74，1931 年 9 月再降为 69。其中钟渊纺织品公司的股票，1929 年 6 月的平均价格为每股 257.5 日元，日本邮船公司的股票价格为每股 638 日元，东京股票交易所的股票价格为每股 135.5 日元；而到 1930 年 6 月，钟渊纺织品公司的股票价格降至每股 129.8 日元，日本邮船公司股票价格降至每股 36.3 日元，东京股票交易所的股票价格降至每股 101.7 日元。[1]

日本的对外贸易也受到经济危机的影响。1929 年的外贸总额为 43.6 亿日元，1930 年猛降为 30.1 亿日元，1931 年又降至 23.8 亿日元。1931 年进口与 1929 年相比下降 44%，出口下降 47%。[2]

由于物价暴跌、对外贸易锐减、商品滞销，工业生产急剧下降。1929 年日本的工业生产总值为 77.2 亿日元，1930 年降为 59.6 亿日元，下降 23%，1931 年再降为 51.7 亿日元。其中造船业产值下降 88.9%，钢业产值下降 47.2%，煤

---

① 吴廷璆：《日本史》，南开大学出版社，1993，第 665～666 页。

② 吴廷璆：《日本史》，南开大学出版社，1993，第 665～666 页。

业产值下降 36.7%。[1]

在危机下，许多中小企业相继破产或减资。1930 年破产的公司达 823 家，减资的达 310 家。金融业也受到经济危机的严重影响，1931 年 3 月全日本 774 家普通银行中，陷于破产和停业状态的达 58 家。[2]

经济危机还使农业受到强烈冲击。日本这次经济危机的重要特点是农业危机表现得特别严重。日本农业是处于地主、垄断资本双重压榨下的半封建小农经济，生产技术落后，生产力很低，危机四伏，矛盾本来就很尖锐。此次危机爆发后，垄断资本用垄断价格、限制生产等办法，尽量控制危机所造成的损失。但分散落后的农业经济是无力抵抗的，因此农产品价格比工业品跌落得更为严重，形成巨大的剪刀差，使农业经济长期陷于危机之中。[3] 农业经济的两项主要物产大米和蚕茧的价格都大幅度下降。1930 年 4 月，每担大米价格为 26.9 日元，1930 年 12 月降为 17.7 日元。虽然 1930 年大米丰收，但因米价猛跌，造成所谓的"丰收饥馑"。1929 年春茧每贯（3.75 公斤）价格为 7.57 日元，1930 年跌至 4 日元，1931 年又跌至 3.08 日元。这使占日本农户数 40% 的养蚕户遭受巨大损失，直到 1935 年仍没有恢复到危机前的水平。[4]

日本全国农户平均所得在 1929 年后的两年中减半，养蚕收入仅为之前的约 30%（见附表 1-5）。与此同时，农户还受到平均每个家庭 900 日元债务负担的困扰。1931 年发生

---

[1]　吴廷璆：《日本史》，南开大学出版社，1993，第 665~666 页。
[2]　吴廷璆：《日本史》，南开大学出版社，1993，第 665~666 页。
[3]　吴廷璆：《日本史》，南开大学出版社，1993，第 665~666 页。
[4]　吴廷璆：《日本史》，南开大学出版社，1993，第 665~666 页。

的农业危机，给以养蚕为主要产业的长野县以及地主势力强大的东北单季稻产区造成的后果尤为惨重，达到了农户被迫卖儿鬻女的程度。左翼农民运动此起彼伏，右翼势力也开始向农民阶层浸透，最终发展成为伴随恐怖行动的政治运动。[1]

这次经济危机的另一个特点是持续时间长、涉及面广、影响深远。这次危机从 1930 年 1 月持续至 1932 年，延续近三年之久。危机涉及工业、农业和金融，多种危机并发，相互交错，来势凶猛，破坏性比以往任何一次危机都大。1920～1921 年经济危机期间，日本工业总产值下降 19.9%，而这次危机中工业产值下降超过 30%。[2]

"限产运动"

为应对大危机，日本政府发起了"限产运动"，以图通过限制企业生产来达到减轻产品过剩危机的目的。

众所周知，日本国内市场小，产品销量有限，这种局面在经济危机期间进一步恶化。大量的日本商品原本依赖出口，现在出口贸易受阻，同时国内市场需求又严重不足，国际、国内经济环境的恶化使它无法消纳这些过剩的产品。

危机期间日本的消费能力日渐萎缩，日本各种社会矛盾急剧激化。中小企业纷纷倒闭，企业成批地解雇工人、降低工人工资并加强了在职工人的劳动强度，失业人数剧增。据日本内务省社会局的统计，1930 年 5 月，日本有 378515 名失业者，而据日本《经济学家》杂志的推算，1930 年上半年的失业人数为 120 万～130 万人；据日本权威社会学家估算，

---

① 〔日〕中村隆英、尾高煌之助编《双重结构》，生活·读书·新知三联书店，1997，第 61 页。
② 吴廷璆：《日本史》，南开大学出版社，1993，第 667 页。

当时的失业人数为 200 万 ~ 300 万人。虽然这些数据由于统计口径的关系，存在很大的差异，但至少表明了当时日本失业问题的严重。此外由于当时有将近一半的工人集中在纺织部门，其中大多数为从农村外出挣钱的女工，一旦失掉工作，她们就回到农村去了；其余的女工有的被农业部门吸收，还有的被零售业、家庭手工业和勤杂工行业所吸收，勉强度日，她们实际上成了隐性失业者。[①] 失业工人增多，使工人更加贫困化，从而降低了他们的消费能力。

即使是在职工人，他们的工资下降也是非常明显的，而且工资还不能按期如数付给工人。1931 年至 1932 年 4 月，有 805 家工厂付不出工资，受影响工人总数达 100090 人。[②]

经济危机还造成了农民生活水平的下降。日本农业在 20 世纪 20 年代长期处于慢性危机状态，在 1930 ~ 1932 年的经济危机中农产品价格下降到此前 10 年来的最低点。农产品价格降低，农民的收入大幅度减少，1930 年仅为 1920 年的一半，广大农民债台高筑，纷纷破产。据日本政府调查，1932 年农户平均负债 837 日元，比 1912 年增加了 5 倍多。[③] 处在这样的境况下，广大农户已经没有什么消费能力了。

由于出口贸易的衰退和国内民众购买力的降低，日本工业产品普遍出现生产过剩。在这种经济形势下，日本的一些主要产业开始了减少工作时间的限产运动。

日本主要产业执行了激进的限产：水泥、钢等行业的限产率较高，达到 50% 及以上，面粉业也达到 45%，其他的许多行业也多在 20% ~ 40%（见附表 1 - 6）。实际上，日本产业的

---

① 陈本善主编《日本侵略中国东北史》，吉林大学出版社，1989，第 241 页。
② 王敦书：《贻书堂史集》，中华书局，2003，第 63 页。
③ 王敦书：《贻书堂史集》，中华书局，2003，第 63 页。

生产过剩并非个别现象，而是整个社会经济中存在的问题。

这就是产业过剩危机时期日本经济的发展悖论：日本产业界为了维持企业的生产规模，只能维持原有的生产能力；生产能力过大，生产的产品过多，就会形成激烈的市场竞争，从而导致商品价格不断下跌，形成恶性循环。但是如果厂家削减生产量，受规模经济的影响，企业生产成本就会提高，企业销售利润下滑，从而导致企业可能难以维持经营。而在这种情况下，有些生产厂家只能降价甩卖以维持生产，有的厂家为了应付这种产品过剩，只能向海外低价倾销。

"产业合理化运动"

"产业合理化"一词并非日本的发明，其作为一种产业政策，也并不是日本首先开始的。产业合理化发端于 20 世纪初的美国，美国一些企业为了提高生产效率，相继采用了泰勒制、福特制等制度。1927 年的国际经济会议对产业合理化的定义为"减少劳力及原料的浪费至最小限度而涉及的技术及工作的方法。产业合理化，包含劳动的科学的组织，原料、生产品的标准化，工作过程的单纯化，及运输市场搬运制度的改良"。[①] 日本对产业合理化的实际应用最早可追溯到 1920 年，当时产业界即已开始应用在美国甚为流行的"科学管理法"；[②] 但将产业合理化运动作为政府推行的核心产业政策，在日本始于 20 世纪 20 年代末。

20 世纪 20 年代，德国为了在战败后的混乱中重建资本

---

① 高桥龟吉等：《六十年来日本经济发达史》，查士骥译，上海华通书局，1931，第 216 页。

② 日本三菱经济研究所编《日本之产业》（一），郑君平译，商务印书馆，1936，第 229 页。

主义，积极地引进美国的生产制度。德国在凡尔赛－华盛顿体系的束缚下，卧薪尝胆，专心于经济建设，率先在德国开展了全民性的产业合理化运动；到 20 年代末，尽管德国社会内部孕育着种种不稳定因素，但还是完成了新一轮工业技术设备的更新改造，奇迹般地实现了战后经济复兴。德国实行的产业合理化运动及其成果，很快便引起欧美各国的注意，它们纷纷效仿，到 20 年代后半期，产业合理化已成为资本主义世界最时髦的口号和运动。

1927 年日本金融危机后，产业合理化被提到了日本政府议事日程上。1929 年 7 月，滨口雄幸内阁上台，为了尽快恢复经济，滨口首相上台后即提出了产业合理化的政策设想。同年 9 月，商工大臣兼商工审议会（1929 年 5 月成立）议长俵孙一向商工审议会提出咨询——《为使企业经济合理化、提高投资效率，应采取哪些适当有效的具体方策?》，这一咨询标志着战前日本产业合理化运动的开始。

1929 年 12 月，滨口首相在民政党关东大会的演讲中就表达了对日本产业合理化运动的期望："金解禁使财界安定后，关于国力之培养的设备，重要的当是产业合理化，原来产业合理化运动的目的，厥在生产优良齐一的商品，并生产多量而廉价的商品，贯通国内外的市场，贩卖给多数的需要者，达到这个目的的手段，必当采用科学的管理与经营方法，奖励技术的发明，应用优良的机械，以图生产能率之增进，并共同促进其他事业之合同与协定；对于资本之浪费及无用之竞争，更有排除之必要。"①

---

① 曾广勋编《世界经济与产业合理化》（下编），上海社会书店，1932，第 69 页。

1930 年 1 月，产业合理化的最高领导决策机构 "临时产业审议会" 成立，该会的职责主要是调查审议产业的合理化和振兴产业。临时产业审议会成员由首相滨口雄幸担任会长，农林、商工两大臣任副会长，委员由大藏相等内阁成员与数名财界巨头担任，干事会成员则由各省选派 1 名局长组成。临时产业审议会是个典型的官员主导、政财结合的机构。

1930 年 6 月，商工省增设专门掌管产业合理化行政事务的临时产业合理局，商工大臣兼任该局长官，事务官由商工省局级官员兼任，并聘请大河内正敏、中岛久万吉等财、学界名人担任顾问。商工省各局长和有关课长都兼任临时产业合理局的职务，为的是在必要时能够动员起整个商工省的行政力量。当时日本商工省工务局长吉野信次和临时产业合理局的事务官岸信介负责此项运动的组织与策划工作。临时产业合理局机构为 2 课、2 部制，两个课分管庶务和财务，第 1 部负责企业统制、科学管理法的实施、产业金融的改善以及其他有关产业合理化的事项，第 2 部负责工业品的规格统一、产品的单纯化以及试验研究机构的联系与整顿等事项。①

临时产业合理局通过与商工审议会的紧密合作，宣传、推行产业合理化政策，以期掀起一场全民运动，运动包括以下内容。（1）以倡导购买国货运动、统一商品规格为开端，推出了大力促进造船业、钢铁业大合并等政策。（2）日本政府紧接着制定了意在通过卡特尔强化产业自主规制的《重要

---

① 杨栋梁：《国家权力与经济发展：日本战后产业合理化政策研究》，天津人民出版社，1998，第 15 页。

产业统制法》①，其中第 2 条就是被称为"强制卡特尔"的条款，即政府有权命令卡特尔以外的同行业者遵循卡特尔协定；第 3 条则是所谓的"公益条款"，即对于"违反公益"以及有损于"该产业及关系密切产业公正利益"的规定，政府有权令其更改或取消，这一立法的直接契机是经济萧条。1931 年 12 月，日本政府强行要求棉纺、人造纤维、电石、西洋纸、水泥、白糖、条形钢、工字钢、啤酒、煤炭等 24 个行业内部必须建立卡特尔组织，很明显设立这项法律的目的是为了适应当时日本经济萧条形势，强令相关企业缔结卡特尔协定。卡特尔的建立，不只意味着同业企业在生产、销售等领域建立了妥协、协调与合作关系，而且因其是伴随着剧烈的企业合并、兼并的资本集中过程展开的，财阀的实力在此过程中急剧膨胀，成为政府推行产业合理化政策及危机对策的最大受益者。总体来看，鼓励企业合并组成卡特尔的产业组织政策，加速了企业合并、兼并的资本集中过程。它一方面使大批中小企业没落甚至破产；另一方面使财阀资本迅速膨胀。这种资本的集中无疑提高了日本企业组织化的效率，为其提高国际市场竞争力打下了基础，也对减缓日本工业制品的价格下跌起到了某种程度的作用。（3）政府还通过修改《重要出口产品工业组合法》，促进了以棉纺企业为代表

---

① 《重要产业统制法》主要内容有：重要产业须按国家要求组成卡特尔，其前提条件是保证同行业有三分之二以上企业加入，或加入卡特尔企业的生产、销售额在同行业中的比例超过三分之二。对加入卡特尔的企业，政府在融资斡旋、原料进口等方面予以关照，同时有权审查、批准或否决卡特尔内企业在追加投资、生产减量、市场分配、价格垄断等诸方面的共同行为，并可强制未加入卡特尔的同业企业服从卡特尔的协议。见杨栋梁《国家权力与经济发展：日本战后产业合理化政策研究》，天津人民出版社，1998，第 19 页。

的中小企业的卡特尔化，这也是合理化运动的一大成果。①
（4）企业内部的合理化。20 世纪 30 年代初期，在日本政府
的倡导下，企业内部的合理化也在快速推进。为了应付经济
危机下空前残酷的竞争，企业普遍采取增加劳动强度、裁员
减资的方法，向劳动者转嫁危机，以求降低生产成本。据日
本官方测算，1929～1935 年，工业劳动生产率约增加 10%，
而工资指数却下降了约 10%。（5）宣传国货，这是比较有特
色的，日本经济处于慢性危机当中，出口不振、贸易收支出
现逆差，为了尽量控制进口，必须千方百计地扫除"崇拜舶
来品"的风气。为此，日本政府采取了各种奖励使用国货的
政策，如悬赏募集宣传标语等。与此同时，日本政府还通过
召开讲演会、讲习会、展览会甚至利用飞机散发传单等手
段，大张旗鼓地开展"国民运动"，并取得了一定的成效。

总体来看，日本这一期间的产业合理化运动虽然由于经
济危机的影响，部分偏离了以前拟定的轨道，没有达到预想
的效果，但我们不能因此否认日本的产业合理化运动的作
用。通过产业合理化运动，日本企业在很大程度上降低了产
品的生产成本，这也是日本商品得以在中国市场大肆倾销的
一个重要原因。

三 日本走上海外市场扩张之路

昭和经济危机爆发后，当时的日本政府试图努力改变不
利局面，先后发起了限产运动和产业合理化运动，但这些政

---

① 〔日〕中村隆英、尾高煌之助编《双重结构》，生活·读书·新知三联书
店，1997，第 63～64 页。

策成了此后日本政府介入经济运行的开端，是日本"国家垄断资本主义"（或"现代资本主义"）的肇始。随着经济萧条的加剧，日本军部与右翼势力开始抬头，合法、非法的左翼运动也日趋活跃。不解决日本国内商品生产过剩危机，日本国内的政治、经济状况就会日益恶化。为克服危机，日本选择了海外市场扩张之路。

摇摇欲坠的三角贸易

日本商品出口具有"三角贸易"的特征：第一个环节是对美贸易，日本出口农副产品如生丝等，以换取美国的机械与棉花；第二个环节是对英贸易，日本出口农副产品并换取英国的机械和英属殖民地的工业原料；第三个环节是对华贸易，日本出口棉织品及其他工业制成品以换取中国的原料、燃料及食品。

日本的这种外贸结构具有鲜明的双重性和两面性。就其对美、英等工业强国的贸易而言，它有着落后国家对先进国家的从属性；就其对印、中等殖民地半殖民地国家的贸易而言，又有着工业国家对农业国家所具有的掠夺性。事实上，日本正是依靠对落后的农业国家的掠夺来弥补它与先进的工业强国贸易时遭到的损失。任何一个环节出现问题，都会影响到日本整个出口经济，导致经济危机。

而 1929 年的世界经济危机改变了日本对外贸易格局。世界性的经济危机使国际市场上物价猛跌、商品滞销、竞争加剧，严重依赖对外贸易的日本经济受到沉重的打击。危机期间，日本对外贸易总额从 1929 年的 43.6 亿日元降到 1931 年的 23.8 亿日元，其中进口下降了 44%，出口下降了47%。①

1929～1933年，日本出口总额日益萎缩。从月度数据来看，1930年平均每月的出口额为1.19亿日元，只有1929年的68%，1931年更是跌到0.93亿日元。虽然从1932年开始有所回升，但直至1933年，其出口额也只有1929年的61.14%（见附表1-7）。从年度数据来看，1930年日本出口总额跌到14.7亿日元，差不多只有1929年的69%；1931年更是跌到11.5亿日元，只有1929年的53%了。②

商品进出口萎缩体现在工农业各个方面，以当时日本支柱行业生丝和棉纺织业为例，世界经济危机爆发后，美国对作为奢侈品的丝绸的需求减少，国际生丝价格暴跌。1929年9月，100斤生丝的价格是1320日元，1930年10月即跌至540日元。受丝价暴跌影响，自1930年开始日本缫丝工厂利润急剧下跌，很多工厂发不出工资，导致了严重的社会问题。丝价下跌后，同年上市的新茧价格也跌到历史最低水平，缫丝厂及蚕农也遭受巨大的损失。日本的棉纺织品出口额也大幅萎缩。日本棉纺织品出口国主要为中国和印度，中国市场因购买力降低，加上银价大幅下跌（相当于中国货币贬值，抑制外国商品进口），出口中国市场的棉布销量大减。而印度则通过提高棉纺织品进口关税的形式抵制日本棉纺织品。结果是日本棉布出口价格下跌了40%左右。作为日本重要经济支柱的丝绸和棉纺织业都出现出口价格暴跌，这表明日本的经济已开始全面恶化。

从1931年和1929年的比较来看，日本的商品出口总额、

① 孙礼榆：《日本的纸币膨胀政策》，《东方杂志》第31卷第3期，1934，第13～15页，转引自吴廷璆《日本史》，南开大学出版社，1993，第666页。
② 刘百闵：《日本国际贸易之分析》，日本评论社，1933，第6页。

股票价格都遭到了腰斩，日本 GDP、个人消费支出以及设备投资分别下降了18%、17%和31%；民营企业的工人数量减少了18%，幸免失业的工人的实际工资也下降了13%；制造业的利润率（扣除税金的纯利润与总资本的比率）从1929年上半年的5%下降到1930年下半年的1%；股票价格（以1921年1月东京股票市场的指数为基准）由1929年6月的90.5下降到1930年10月的44.6；继茧价格下跌后，日本国内米价暴跌（在日本粮食严重歉收的情况下），1931年日本农林水产业的产值只有1929年的57%。

除了日益恶化的世界经济形势外，世界各国为抵制日本商品的倾销而筑起高关税的贸易壁垒，也是促使日本的贸易环境恶化的外部原因。大量日本商品出口，使世界各资本主义国家如英、美、法、德、意、荷诸国无不感受到日货冲击：不仅它们的殖民地成了日本商品的销售市场，就连其本国市场也遭受到日本商品的入侵；日本"汗衫袜子可以销到号称棉业王国的英国，丝织物可以销到素来以丝织品独霸欧洲的法国，电灯泡可以销到电气器具发明家所在的美国"，以至在英、日两国召开的棉业会议上，英国代表说："日本商品现下对世界市场的活动，威胁着各国的产业组织，万一这种情势，老是这样继续下去，那末其结局，日本恐将成为世界共同的敌人"。[1] 正因为日本商品在全世界无孔不入的销售威胁到世界各国的产业组织，为了保证本国的经济利益、维持原有市场，各国纷纷筑高关税壁垒，限制日本商品的进口。不仅日本的贸易顺差国如此，贸易逆差国也采取了同样的手段，这使得日本的对外贸易雪上加霜。

---

① 叶作舟:《日货倾销问题》,《世界知识》第6期,1934,第242～247页。

不可避免的对外商品倾销

日本处在了艰难的十字路口：不加强商品对外出口，会导致经济衰退；强制发展出口，又会遭遇其他国家的抵制。

在 1914～1929 年的 16 年中，日本经济虽然受到多次经济危机的影响，其经济发展速度及生产能力还是得到了很大的提高。但我们必须注意到这样的事实，即日本经济发展并不是建立在扩大人民消费、增加生产投资、扩大国内市场（即扩大内需）的基础上，而是在加强对国内人民的压榨并使得国内市场相对收缩的情况下，利用各国忙于战争的特殊时期，靠海外市场的扩大（特别是中国市场）而取得。

日本这种生产能力的无限扩大和有限需求之间的矛盾终于在 1929 年世界经济危机爆发后完全暴露出来：世界经济危机使日本国内经济供需失衡的矛盾格外突出，商品生产过剩与市场内需不足的矛盾制约着日本经济的正常发展，并给予日本经济以致命的打击。处在此经济发展矛盾状态中的日本，只有集中全力向海外市场扩张，以低价手段倾销其过剩产品。

日本产品的倾销主要依托两方面的政策，一是汇兑倾销政策，即通过日元汇价大幅下跌的方式加强日本商品在国际市场上的竞争力；二是日本产业界通过一系列的措施，如降低工人工资、延长工人劳动时间、大量使用女工等方式加强对劳动人民的剥削，实施产业合理化政策来提高工厂的生产效率，从而达到降低生产成本的目的。日本正是利用这些金融和产业上的优势开始了海外市场扩张。

这是一幅令世界先进资本主义国家和落后的殖民地国家都瞠目结舌的景象：印有"Made in Japan"标志的廉价生丝、

人造丝、纤维制品、食品、玩具、陶瓷器、鞋类、帽子及棉纱等日本产品出现在从亚洲到欧洲及美洲的每一个角落。价格只有德国产品1/8甚至1/10的日制铅笔、木梳、瓷器、牙刷等摆放在南斯拉夫、希腊及土耳其等国的大大小小商场柜台上。由于价格只及德国最便宜产品的一半，[①] 各种肤色的儿童骑着日本造的自行车游走在大街小巷。铺天盖地的日本商品广告充斥着人们的视听。此情此景让一班德国实业家惊呼"黄祸"的来临，认为任其发展下去，将会导致全欧洲的毁灭。[②] 德国人的危机感有点杞人忧天的味道，但是日本商品充斥着世界市场，并对既有的市场经济秩序造成了冲击，这是不可否认的事实。

1927年，日本棉纺制品出口额尚只有英国的33%，到1935年竟已是英国的140%。几年的光景，英国棉纺制品在其主要的海外市场上迅速溃败。[③]

潮水般涌入的日本廉价商品使世界商业陷入一片混乱。在这种情况下，世界各地如美国、英国、法国、德国、意大利、荷兰、英属印度、澳大利亚、马来联邦、南洋柔佛、英属东阿非利加、英属西阿非利加、南阿非利加联邦、马耳他、荷属印度、埃及、土耳其、希腊及比利时等国在各自政府的带领下都奋起抵制日本商品的倾销，[④] 从而上演了一出没有硝烟却足够惊心动魄的商业世纪大混战。

---

① 《世界贸易消息：日本商业发展》，《国际贸易导报》第6卷第1、2期，1934，第410页。

② 《世界贸易：德亦排斥日货》，《国际贸易导报》第5卷第12期，1933，第148页。

③ 高德步、王珏主编《世界经济史》，中国人民大学出版社，2001，第345页。

④ 《各国贸易消息：全世界排斥日货》，《国际贸易导报》第5卷第8期，1933，第230~231页。

殖民地与日本商品市场

这一时期，日本商品倾销的主要市场在亚洲的殖民地。由于在经济大萧条时期，日本欲通过商品倾销来开拓海外市场，而作为日本商品的主要进口国纷纷关上了对日贸易的大门，无奈之下，"柿子要拣软的捏"。日本在 20 世纪 30 年代将亚洲落后国家作为其商品倾销的主要市场，在此期间日本的贸易状况和结构发生了巨大变化。

从量上来看，出口贸易持续增长。1903 年日本出口总额为 2.9 亿日元，1913 年为 6.32 亿日元，1925 年达到世界经济危机前最高的 23.1 亿日元；但随后两年出口额持续下跌，1930 年为 14.7 亿日元，1931 年跌到 11.5 亿日元。此后几年，在日本政府的努力下，日本出口贸易额又开始急剧上升，1932 年为 14.1 亿日元，1933 年为 18.6 亿日元，1934 年为 21.7 亿日元，1935 年的出口额则超过了历史上最高的年份（1925 年），达到 25 亿日元（见图 1），表明日本经济已完全从经济危机中恢复过来，并获得较好的发展。

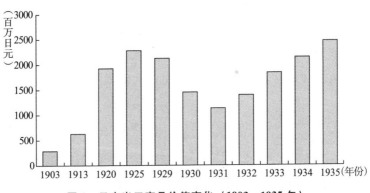

图 1　日本出口商品价值变化（1903～1935 年）

从质上来看，日本出口构成有较大的改善。20 世纪 30 年代日本出口贸易构成已经发生了很大的变化，即其主要出口产品由半制成品转为工业制成品（见图 2）。

日本 1903 年工业制成品出口 0.8 亿日元，占出口总额的 27.9%，到了 1933 年，日本的工业制成品出口 10.3 亿日元，占出口总额的 55.4%。到了 1934 年，日本工业制成品出口 13.46 亿日元，占比为 62%，创历史新高；1935 年日本工业制成品出口 14.51 亿日元，虽然占比（见图 2）略有下降（58%），但总额持续上升。

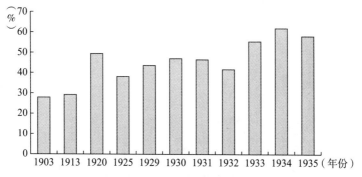

图 2　日本工业制成品出口占总出口比重（1903～1935 年）

日本 1903 年工业半制成品出口 1.37 亿日元，占总出口额的 47.2%；到了 1935 年，日本工业半制成品出口 6.73 亿日元，占比 27%（见图 3）。

日本出口工业原料占比也在降低：1903 年工业原料出口 2.9 亿日元，占比 10.5%；到了 1935 年工业原料出口 1.1 亿日元，只占 4.0%（见图 4）。总体来看，日本对外贸易不仅在数量上有增加，且在质量上也有极大改善，"初自半制品工业进为全制品工业，今则复由轻工业进于重工业，即在轻

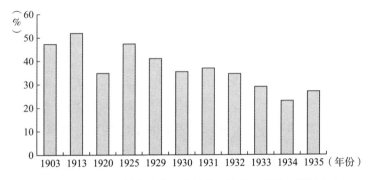

图3 日本工业半制成品出口占总出口比重（1903～1935年）

工业内，亦有从粗制品工业进为精制品工业的趋势"。①

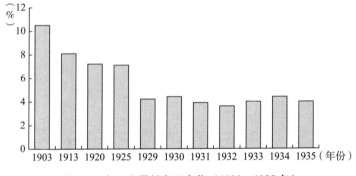

图4 日本工业原料出口变化（1903－1935年）

日本海外贸易市场有以下几个方面的特征。（1）原料进口贸易额日渐增加，工业制成品贸易额日渐减少。自欧洲（世界经济发展相对发达地区）进口的商品贸易额日渐减少，而自北美洲、非洲、澳洲（世界经济发展相对落后地区）进口的商品则日渐增多。这表明当时日本国内工业的发展降低了其对欧洲制成品的需求，而棉花、羊毛及其他原材料的贸易额则日益增加。（2）亚洲市场对日本商品的出口日趋重

---

① 陈湜:《日本产业概论》，正中书局，1935，第172～173页。

要。在出口方面，日本商品输往北美的比例逐渐减小（因为生丝价格跌落、生丝出口锐减），而输往亚洲、非洲、南美、中美、澳洲的比例逐渐增大（这些地区都是日本棉纺织品等轻工业产品开拓的市场）。1926 年，日本商品在亚洲市场的占有率是 44%，1933 年为 50.1%，1934 年达到 53.8%，增长十分可观。这是因为亚洲、非洲、南美洲等地遭受经济危机的打击最重，民众生活贫苦，只买得起价格低廉的商品，因此日本商品受到欢迎。[①] 那么日本商品在亚洲市场销售情况如何呢？

日本的亚洲市场可分为几个部分：日本在亚洲的殖民控制区、中国市场、太平洋市场。先来看看日本在亚洲的殖民控制区市场表现情况。

日本的殖民控制区包括朝鲜、台湾、南库页岛、辽东半岛、南洋群岛。朝鲜、台湾（甲午战争时从清政府手中强占）、南库页岛属于纯粹的属地，辽东半岛是从清政府手中强占的租借地，南洋群岛则是"国际联盟委托日本进行管理"的"委任管辖地"。日本还将伪满洲国[②]作为"从属国"置于外缘势力范围，另外还在上海、天津、汉口等城市拥有租界，即所谓"专管居留地"[③]。总而言之，20 世纪 30 年代中期的"日本帝国"拥有日本本土 38 万平方公里国土和

---

① 陈湜：《日本产业概论》，正中书局，1935，第 175 页。

② 1931 年 9 月爆发了"柳条湖事件"，随后发展为"九一八"事变。1932 年 3 月，伪满洲国成立。军事、条约、人事上的从属关系决定了伪满洲国处于日本的"保护国"乃至"从属国"的地位。1933 年，与东北三省毗邻的热河省也纳入了伪满洲国。

③ 在中国主要城市中设立租界，即专管居留地，主要以 1895 年中日甲午战争后日本与中国签署的《关于日本设立专有居留地的议定书》为依据。根据议定书，日本于 1896 年取得了在杭州、苏州、汉口、沙市、天津、厦门、福州、重庆设立专管租界的特权。

7000 万人口，同时还宣称以"殖民地"形式直接统治着约30 万平方公里的土地和 3000 万人口；伪满洲国 130 万平方公里的土地和 4000 万人口也处于日本的间接统治之下。

日本殖民地工业发展情况如何呢？1937 年日本本土产业总值达到 209.7 亿日元，如果加上殖民控制区（南库页岛、台湾、朝鲜、南洋群岛及关东州）及中国东北，则其工业总产值达到 293.8 亿日元（见附表 1-10）。在亚洲市场，日本商品除了销往这些殖民控制区外，另外一个大市场就是中国东北以外的中国市场。

日本的贸易区域极为集中。日本最大的出口市场为美国，销售额占全部贸易总额的 42.4%；其次为中国（包括香港和关东州），出口占比为 26.6%；印度及亚洲其他地区市场占 16.4%（见附表 1-11）。可以看到，中国市场在日本出口贸易中占有极其重要的地位。不断扩大国外市场是资本主义赖以生存的条件，要摆脱经济危机，日本也只能寄希望于开拓和扩大国外市场。可是当时海外市场大部分都已经被西方列强瓜分完毕，日本的魔掌又能伸向何处呢？在列强实行贸易保护主义的情况下，日本只能向那些经济落后又无完善关税保护措施的殖民地半殖民地国家和其他弱小国家开刀。中国地域辽阔、人口众多，市场潜力巨大但经济落后，且无关税自主权，金融、外汇市场亦为外国人所控制，毫无自卫能力，自然成为日本帝国主义经济扩张的主要目标和最大受害者。

中国市场唾手可得吗？

19 世纪 60 年代以来，经过几十年尤其是第一次世界大战期间较快的发展，到 20 世纪 20 年代初期，中国工业已经具有了一定的规模。但是，从中国国民经济状况的整体来看，资本主义成分仍很薄弱。1927 年，以蒋介石为首的国民党统治集团，一方面在党内清除和排斥异己，在国内加紧"围剿"工农革命；另一方面着手制定经济法规和经济政策，进行经济领域的法制建设。

1927～1937 年，国民党政府先后颁布中央或全国的重要经济法规 200 余项，无论从法规数量、涵盖范围、内容广度还是法规的作用与影响来看，都大大超过北洋政府。南京国民政府不仅对已有法规做了大量修订和增补，还弥补了经济法规的重大缺失，清末民初数十年间筹划未果的一些重要法规，如海商法、船舶法、票据法、保险法、保险业法、工厂法、审计法、统计法、职业介绍法、劳资争议处理法、破产法等，都一一得到制定并颁布施行。就经济政策和法规本身而言，南京国民政府已建立了较为完备的体系，达到了近代中国资本主义经济政策与法规发展的最高水平。[①]

在南京国民政府的努力下，1920～1936 年，中国国内市场的经济条件应当说是有所改善的。首先是交通运输条件的改善。尤其是铁路方面，粤汉、京包、浙赣、陇海（西至宝鸡）、同蒲等线相继通车，东北铁路网基本完成。航运业也有所发展。1936 年铁路货运量和商船吨位都比 1920 年增加 40% 以上。其次是银行信贷有了较大的发展，1921～1936 年全国银行存款增加约 7 倍，放款相应增加，放款中较大部分是商业贷款。此外，1929～1934 年的 4 次提高进口关税、30 年代的废除厘金和"废两改元"，以及 1935 年的币制改革，

---

① 刘克祥、吴太昌主编《中国近代经济史（1927～1937）》（上册），人民出版社，2012，第 59 页。

都有利于国内商业的发展。①

但是，从政治动荡和国际条件来看，这一时期的市场又可说是处于险恶环境之中。这期间内战连年不息，时常造成交通中断，地区封锁等情况，祸及十几个省。国民党当政后，1928～1936年中央税由不到1000万元增至7.8亿元（主要是流通税），地方的摊派征发更难确计。从1931年起，日寇侵占东北四省，国内市场交易量丧失15%～20%。此时期银价剧跌，市场波动，出现1921～1922年、1925～1927年的市场萧条。1929～1933年震撼整个资本主义世界的空前的经济危机，从1931年起开始波及中国，造成国内长达5年的经济危机。这期间水旱灾害频仍，农村破产，投机盛行，加重了市场动荡。②

南京国民政府在各方面对民族资产阶级的保护，特别是对国内市场的保护还是不遗余力的。日本企业要轻易地打入这个市场，其难度要比晚清、北洋政府时期大多了。在这种情况下，日本商界针对中国市场的特点，打出了多重组合拳：以社会倾销为基础，配合汇兑倾销，以实现倾销日本商品的目的。

基于血汗劳动的社会倾销

社会倾销最初是指利用囚犯劳动或血汗劳动，使得产品的价格低于规定的工资结构（regulated wage structure）要求的价格之做法。血汗劳动包括各种形式的强迫劳动，甚至是使用童工。1897年，英国政府禁止进口"任何监狱、拘留

---

① 许涤新、吴承明主编《中国资本主义发展史》（第3卷），人民出版社，2003，第223～224页。
② 许涤新、吴承明主编《中国资本主义发展史》（第3卷），人民出版社，2003，第223～224页。

所、感化院或者收容所"生产的货物。这与一些学者的观点一致，认为国家允许使用强迫劳动或童工，会使得劳动力投入成本人为地降低，产品因此得以出口并以低于正常价值的价格出售，这种做法构成社会倾销。1919 年国际劳工组织（ILO）建立时，人们关注的并不是贸易而是维护社会正义。ILO 的章程指出："鉴于现有的劳动条件使大量的人遭受不公正、苦难和贫穷，以至产生如此巨大的不安，竟使世界和平与和谐遭受危害：改善此种条件是当务之急。"最初的社会倾销表现为对劳动者的剥削，压低工人的工资，延长劳动时间以降低生产成本，取得剩余价值。这时的社会倾销是与资本企图以最小的成本获取更多的利润相联系的。

吴斐丹[①] 1935 年在《东方杂志》发表文章《社会探并与日本劳动阶级》，将社会倾销定义为"生产成本之减轻"，"由于对于本国劳动者支付过于低额的工资，做过于长时间的工作，及其他对于劳动者直接间接的支付之减少。换言之，即牺牲本国的劳动者，以争夺海外市场"。[②]

---

① 吴斐丹，原名汝勋，笔名斐丹、映雪、赤松，1928 年就学于复旦大学。1931 年任教于中国公学，讲授高等代数等课程，并在复旦中学兼授西洋史课程。1931 年曾被捕，1933 年留学日本东京帝国大学，1937 年回国。1938 年任国民政府军事委员会政治部秘书，1939 年任复旦大学经济系教授，后任国立中央大学、朝阳大学、国立政治大学、上海大学、震旦大学、上海商学院、国立交通大学等校教授，讲授经济学、经济学说史、经济政策、农业经济、工业经济、财政学、货币银行、国际汇兑、银行制度等课程。1949 年后，兼任中华外国经济学说研究会副会长、上海人口学会会长、全国外国经济学说研究会副会长、国务院人口普查办公室顾问等。译有《经济组织论》《魁奈经济著作选集》《资产阶级古典政治经济学选辑》。著有《战时日本全貌》《经济学说史讲义》等教科书和著作。见周川主编《中国近现代高等教育人物辞典》，福建教育出版社，2018，第 276 页。

② 斐丹：《社会探并与日本劳动阶级》，《东方杂志》第 31 卷第 18 期，1934，第 62 页。

高叔康将社会倾销定义为："出口国压低劳动工资，延长劳动时间，劳动条件恶劣，尽量降低生产成本，能以低廉价格对外倾销，取得世界市场的优越地位，使一般工资高及劳动条件优良的国家不能与之竞争。"[1]

20世纪30年代日本企业的生产成本情况如何？如果生产成本确实降低了，这种生产成本的降低是通过什么方式达到的？也就是说，是否真是通过压低工人的工资、延长劳动时间降低了生产成本？下面我们选取日本几个重要产业，观察其生产成本降低的情形。

以生丝行业为例，1929年100磅人造丝的生产成本为175日元，到了1934年仅为60日元，只有1929年生产成本的34%。下游的棉纱行业也是如此。1929年20支棉纱每包加工费的生产成本为40日元，1934年仅为25日元。对重工业产品，1929年每桶水泥的生产成本为3.64日元，1934年仅为2.72日元；1929年每吨煤的生产成本为4.48日元，1934年仅为3.60日元（见附表1-12）。

总体来看，1929～1934年的5年中，日本生产的人造丝、生丝的生产成本降低了66%，纺织品生产成本降低了37%，水泥生产成本降低了近30%，煤的生产成本降低了20%以上。除了上述这些商品，当时日本其他的很多商品如粗糖、精糖、面粉、丝、纸张等的生产成本也都大幅度降低，除钢块、钢管等与军需工业有直接关系的产品外，其他大部分商品的生产成本大致降低了30%，远低于1929年。[2]在关于倾销的辩论中，对于这种生产成本降低的事实，当时

---

[1] 高叔康编著《经济学新辞典》，三民书局，1985，第430页。
[2] 赵兰坪：《日货何以低廉》，《日本评论》第7卷第1期，1935，第39页。

的日本学者也是承认的，认为"最近日本制品之原价逐年低减，……可称为毋用争辩之事实也"。[1]

要确定是否构成社会倾销，我们主要通过观察日本企业是否通过压低工人的工资、延长劳动时间或其他剥削方式来降低生产成本。降低生产成本的最直接手段就是降低工人的工资，因为商品的可变资本中，除原料之外主要就是工资。

经济危机发生以后，日本由于通货膨胀，工人的生活费用增加，所以从物价指数来看，1934 年 6 月物价指数较 1931 年高出 7.8 个百分点。按照一般常理，生活费用增加，工人的工资理应有所增加才能保持原有生活水平。但是事实上日本工人工资不增反减，1934 年 6 月的工资水平只相当于 1931 年平均水平的 90.6%。这还只是名义上的工资，工人的实际工资更低，只相当于 1931 年平均水平的 84%。也就是说，实际工资下降了 16%（见附表 1 – 13）。

如果以日本工人工资增长水平与同时代西方资本主义列强的工人工资水平进行比较，又可看出什么结果呢？以棉纺织业为例，英国工人工资为日本的 2.3 倍，而美国则更多，是日本的 7.3 倍；[2] 日本人造丝业的纺织工人每日工资约为 1.5 日元，每周工资为 9.75 日元（一星期以六日半计算）。换算成英镑，即使根据两国货币的金平价计算（1英镑 = 9.763 日元），也仅相当于 20 先令。而在英国，同样行业的工人每星期的工资约为 75 先令，其他行业也大致相同。因此日本劳动者的工资水平仅有英国劳动者工资的

---

① 日本三菱经济研究所编《日本之产业》（一），郑君平译，商务印书馆，1937，第 250 页。

② 王敦书：《贻书堂史集》，中华书局，2003，第 163 页。

1/4多一点。①

由此可看出日本工人工资确实比其他欧美资本主义发达工业国家低，但这也正是日本产品能够与英美产品竞争的优势所在。日本商品之所以能与先进资本主义国家竞争，"当然有其他的原因，如企业的结合，中央集权的统制，最新机械的装置，工作效率的提高等等"，但我们不能忽视的是，日本工人工资与英美工人工资相差数倍甚至十多倍（美国工业非熟练女工工资为 111.27 美元，而日本女工仅为 7.37 美元，相差 15 倍），这一点不能不说是造成"日本商品价格低廉的一个重要原因"。② 所以有学者一针见血地指出，日本降低工人的工资，是"牺牲本国劳动者，实行所谓社会探并"，以图"夺取世界市场"。③

另外，日本企业是否通过增加劳动时间来降低生产成本，也是判断其是否社会倾销的标准。日本工人的劳动时间在增加，而其平均工资实际上却呈下降的趋势。日本工人的劳动时间，本来就比欧美国家工人的劳动时间长，世界经济危机发生以后，日本工人的劳动时间继续增长。

据当时日本银行的调查，1930 年 12 月，日本各行业的平均劳动时间为 9 小时 30 分，1933 年同时期各行业的平均劳动时间为 9 小时 50 分，实际工作时间增加了 20 分钟。各行业中，劳动时间增加最多的为机械器具行业，工作时间为 10 小时零 8 分，比较各业平均增加劳动时间长 18 分，与该

---

① 李宇平：《1930 年代初期东亚区域经济重心的变化》，"中研院"《近代史集刊》2004 年第 3 期。

② 斐丹：《社会探并与日本劳动阶级》，《东方杂志》第 31 卷第 18 期，1934，第 64 页。

③ 斐丹：《社会探并与日本劳动阶级》，《东方杂志》第 31 卷第 18 期，1934，第 63 页。

行业 1930 年同时期工作时间 9 小时 12 分相比，则延长 56 分，几乎增加 1 小时。其他行业劳动时间，虽没有机械器具行业多，但也有所增加。[①] 实际上，如果我们把日本工人的工作时间与其他资本主义国家相比较，就更可看出这种差距：1934 年日本工人每周工作总时间平均为 62.21 小时，而同期的英国工人工作时间为 46~48 小时，美国为 39 小时。[②]

　　这还只是日本工人劳动时间延长的表面现象。当时担任社会监督局局长的冈寿逸就说：“要概言劳动时间是困难的，在普通时期虽为 10 小时，但在最近繁忙的军事工业中，则 12 小时以至 15 小时的劳动并不稀奇。”[③] 由此可见，日本工人的实际劳动时间比统计数据中的长，而且这种趋势一直在持续。依据日本劳动法的规定，在特殊的情况下，企业可以请求在 1 个月或 1 周的时间里，延长劳动时间到 11 小时至 13 小时。在合法的外衣下，各企业纷纷增加劳动时间。在东京警视厅管理下的工厂，1933 年请求延长劳动时间的次数，1 月为 223 次，2 月为 284 次，3 月为 355 次，3 月比 2 月增加 71 次，比 1 月则增加 132 次。从产业类别来看，申请延长劳动时间次数最多的为织染与缲丝业，约占总增加数的 40%。这是有据可考的统计数字，此外还有些企业违法私自延长工时，并因此受到处罚。据社会监督局的调查，此类事件 1930 年为 150 件，1931 年有 143 件，1932 年有 162 件，1933 年有 346 件，1933 年比 1930 年增加 1 倍多。此外，秘

---

① 斐丹：《社会探并与日本劳动阶级》，《东方杂志》第 31 卷第 18 期，1934，第 64 页。

② 日本三菱经济研究所编《日本之产业》（一），郑君平译，商务印书馆，1936，第 164 页。

③ 斐丹：《社会探并与日本劳动阶级》，《东方杂志》第 31 卷第 18 期，1934，第 64 页。

密延长工时而未被查出者更是不计其数。[1]

我们从劳动事故的增多也可看出劳动时间延长的趋势。长时间劳动的结果必然是身体的疲劳，身体疲劳的结果是注意力的丧失，于是劳动事故频繁发生。虽然没有全日本劳动事故的确切数据，但是据兵库县一县的统计，1933 年发生的工伤事故为 5864 件，比 1932 年增加了 1560 件之多。兵库县不是日本工业中心，其工伤事故的发生也如此的频繁，那么其他地方所发生的工伤事故数就可想象了，由此也可看出日本工人劳动时间延长的趋势。[2]

日本工厂虽然也有将工作时间缩短的，但其工作日益繁重，劳动强度日益加大，大量的工作由少数工人来做，这种现象在纺织工业中表现得尤为显著。

日本纺织工人劳动强度方面，1926 年每名女工的日生产量为 1964 日斤，1934 年即增加到 4966 日斤，增加了152.85%；男工 1926 年日平均生产量为 2302 日斤，1934 年即增加到 4308 日斤，增长了 87.14%（见附表 1 - 14）。

这种快速的增长是通过高强度劳动实现的。如 1929 年时，1 万支纺锤需要 56.2 个男工管理，到 1935 年只需 22.2人。如果以女工来做，这一数字则由 206 人减到 160.2 人。同时期每 100 架织布机所需的男工人数由 12.5 人减到 2.8人，女工人数由 50.2 人减到 37.5 人。这样，虽然工人的劳动时间表面上减少了，实际上工人的工作量却增加了。[3]

---

① 斐丹：《社会探并与日本劳动阶级》，《东方杂志》第 31 卷第 18 期，1934，第 64～65 页。

② 斐丹：《社会探并与日本劳动阶级》，《东方杂志》第 31 卷第 18 期，1934，第 65 页。

③ 孙怀仁、娄壮行：《日货在世界市场》，上海黑白丛书社，1937，第 24 页。

企业还通过大量雇用女工来降低生产成本。随着日本经济不景气的加重，有些企业开始大量裁减男工，雇用女工以代替他们，从而达到降低生产成本的目的。

1931年底，女工占雇佣工人总数的53.4%，1933年虽然稍有下降，但也有49.1%。[①] 如果考虑到当时日本工人失业率在增长的情况，日本工人中女工所占的比例还是比较高的。从具体行业来看，女工占比最高的为纺织工业，约占80%（其中制丝业为92.6%，纺纱业为83.8%），而且持续增长。在其他工业领域女工占比稍低，化学工业中为35.1%，窑业中为18.6%，食品工业中为17.3%，机械器具工业中为8.3%（见附表1－15）。[②]

女工的工资大幅低于男工。社会对女工的需求在增加，女工的工作强度也在与日俱增，但是女工的工资无论从实收工资还是定额工资来看都日渐减少。

日本男工的平均定额工资1929年为1.593日元，1931年为1.47日元，1934年为1.348日元，呈现递减的趋势。从定额工资基数来看，则由1929年的100分别降到1931年的92.28和1934年的84.62。而女工的平均定额工资1929年为0.863日元，1931年为0.771日元，1934年为0.681日元，基数分别由100降到1931年的89.34和1934年的78.91。

[①] 我们需要明确一个事实，即这个时期为经济危机的高潮，失业人数很多。据不完全统计，1930年被解雇的工人为56.9万人，1931年被解雇的工人达65.6万人，其中10%以上的人被解雇后长期失业。另据日本政府的不完全统计，1930年8月所调查的700万工人中，完全失业者为38.6万人（失业率5.51%）；另据日本经济研究会的调查，1930年的失业者高达237万人。见吴廷璆：《日本史》，南开大学出版社，1993，第668页。

[②] 日本三菱经济研究所编《日本之产业》（一），郑君平译，商务印书馆，1936，第155页。

从两者基数下降程度来看，女工较男工更为显著。从实收工资来看，男工由 1929 年的 1.302 日元上涨到 1934 年 2.271 日元，基数由 100 增加到 174.35，工资增长率还是比较高的。反观女工，1929 年实收工资为 1.008 日元，1931 年和 1934 年分别跌到 0.790 日元和 0.700 日元，基数则由 100 跌到 78.37 和 69.44。二者一涨一跌，从中可以看出男女工人的薪酬差距在快速扩大。

再看具体行业，以纤维工业为例，女工定额工资由 1929 年的 0.851 日元降至 1934 年的 0.623 日元，实收工资由 1929 年的 1.005 日元降至 1934 年的 0.675 日元；男工定额工资由 1929 年的 1.337 日元降至 1934 年的 1.117 日元，实收工资由 1929 年的 1.611 日元降至 1934 年的 1.376 日元。

制丝业中，女工 1929 年的定额工资为 0.915 日元，1934 年定额工资为 0.786 日元；1929 年的实收工资为 0.946 日元，1934 年实收工资为 0.615 日元；制丝业男工定额工资由 1929 年的 1.223 日元降至 1934 年的 0.920 日元，实收工资由 1929 年的 1.241 日元降至 1934 年的 0.920 日元。纺织业女工 1929 年定额工资为 0.913 日元，1934 年定额工资为 0.628 日元；1929 年实收工资为 1.048 日元，1934 年实收工资为 0.665 日元。

纺织业中，男工定额工资 1929 年为 1.413 日元，1934 年为 1.254 日元，实收工资 1929 年为 1.617 日元，1934 年为 1.364 日元（见附表 1－16）。总体来看，日本企业中女工工资比男工工资低很多。在这种情况下，企业雇用女工就对企业降低生产成本很有利了。[1]

---

[1] 日本三菱经济研究所编《日本之产业》（一），郑君平译，商务印书馆，1936，第 152 页。

在日本工业界，女工占工人总人数的一半，她们的工资是如此低廉，这就使日本工业的生产成本不断降低，也使得日本工业产品在世界市场上极具竞争力。

日元贬值与汇兑倾销

汇率的变化会对经济造成不同影响：汇率下降能起到促进出口、抑制进口的作用，汇率上升则能起到抑制出口、促进进口的作用。也就是说，汇率高低与一国对外贸易有紧密的联系。当本币升值时，本国货币可值较多外国货币，国外进口的商品因汇率缘故，价格较低；本国出口的商品在国外销售价格则较高，这样就有利于进口而不利出口；反之，本币贬值时，本国货币值较少外币，外国进口的商品因汇率的关系，价格较贵，出口到国外商品的价格却因此较低廉，这样就有利于出口而不利于进口。

汇兑倾销是指一国通过本币贬值，以阻止国外商品进口、促进本国商品出口的行为。[①] 从汇兑倾销的定义可以看出，汇兑倾销的目的实际上是通过货币贬值的方式来鼓励出口贸易。[②]

20 世纪 30 年代以前，资本主义各国都将货币价值固定不变作为经济稳定的主要标志，不敢冒险采用货币贬值的办法对付竞争对手。但是随着世界经济危机的加重，各国开始

---

① 汇兑倾销必须具备两个条件：（1）汇价贬低国内物价不涨，至少物价涨的程度总比汇价下落的程度较低；（2）对手国的汇价不致同样的贬低，至少也不致贬低在汇兑倾销国之下，否则等于抵销。见高叔康编著《经济学新辞典》，三民书局，1985，第 444 页。近代各国（如西班牙、比利时、瑞士、英国、加拿大、澳大利亚、新西兰及南非等）对于汇兑倾销都有专门的立法，一般是在进口正税外，另征一特种从值附加税。见蔡谦：《日本历年外汇之变动与对华汇兑倾销》，《社会科学杂志》第 6 卷第 1 期，1935。

② 《马寅初全集》（第十卷），浙江人民出版社，1999，第 184 页。

采用货币贬值政策，以相对抬高其他国家商品的价格，从而削弱对手的竞争能力。

世界经济危机后最早采取货币贬值方式的是英国。1929年经济危机爆发后，英国的工业生产指数下降了23.8%，其中生铁产量下降53%，钢产量下降了50%，出口贸易量下降了50%。英国国内资金本来就十分短缺，1925年恢复金本位制后的英镑极为虚弱，国际收支赤字全靠吸收国外短期资金来抵补。1931年，英国的国际收支第一次出现1亿英镑的赤字。英国统治阶级为了摆脱危机，采取了一系列转嫁危机的措施。1931年英国开始脱离金本位，英镑贬值30%，这无异于一颗重磅炸弹在世界货币市场上爆炸，对用黄金、美元和其他未贬值货币计算的商品价格都施加了下跌的压力。

美国也迅速紧随其后采取了货币贬值措施。美国是遭受世界经济危机打击最严重的国家。1929～1932年，美国有5000余家银行倒闭。1933年初，美国银行业又遭空前浩劫，两个星期之内就有4000家银行倒闭，负债总额超过前两年倒闭的所有银行的负债总额。全国信贷系统陷入瘫痪状态，普遍停止支付。大银行家之前曾疯狂地借出数十亿美元给南美国家和德国，由于这些款项都被冻结，纽约的银行系统也支撑不住了。种种丑闻终于破坏了公众的信任，小存款户着了慌，纷纷提款。全国各地人人成为惊弓之鸟，个个都在囤积黄金。单是巴尔的摩一市，公众在一天之内就不声不响地提取了600万美元。万般无奈之下，罗斯福于1933年3月4日宣布全国银行"休假"，宣布废除金本位制和美元贬值40.9%。[①]

---

① 陈特安：《资本主义的"大地震"：经济危机的历史、现状及新特点》，长征出版社，1991，第71页。

1933 年 4 月，1 英镑兑换 3.75 美元，5 月变成了兑换 3.85 美元，8 月美元同英镑的比价已跌到 4.5 美元兑换 1 英镑。[①] 受英、美两国货币贬值的影响，汇兑倾销成为一股风潮，其他主要资本主义国家纷纷采取了这种不当的货币战争手段。日本政府更是紧随其后，将此种货币政策发挥到极致。

那么，日本政府如何通过日元贬值并最终达到汇兑倾销的目的呢？日元诞生于 1871 年 5 月 10 日，明治维新后日本在法律上确立了以黄金为基础的货币制度，公布了"新货币条例"，言明"新货币的称呼以圆作为起源"，"圆"替代了德川时代以来沿用的"两"，成为新的货币单位。1882 年日本设立了中央银行来强化货币管理，取消了地方政府任意发行不兑换纸币的权限。1885 年 5 月 9 日，日本银行发行了日本银行券，该券的可兑换性消除了硬币和纸币的价值差，促进了不兑换纸币的回收。1895 年 9 月，当时的日本首相兼大藏相松方正义决心以甲午战争的 2.3 亿两白银赔款为基础实行金本位制。1897 年的《货币法》在法律上确定了金本位制。该法令第二条规定，"以纯金重量二分作为价值的单位，称之为圆"，第七条规定，"金币没有金额限制，作为法定货币通用"。不过，此时日元的黄金价值已贬值到了新货币条例颁布时的一半。[②]

金本位制的实行是日本币制改革的分水岭。在此之前，日元一直下跌：1884 年 100 日元合 100 美元，1897 年 100 日元只合 49 美元。而确立了金本位制后，直到禁止黄金出口的 1917 年，日元汇价基本稳定在 100 日元兑换 49 美元。一

---

① 高德步主编《世界经济通史》（下卷），高等教育出版社，2005，第 10 页。

② 强存山、孙志辉等编《日本金融》，南京大学出版社，1993，第 150 ~ 151 页。

战中止了金本位制，从 1920 年开始，日元汇价趋于低落，到
1923 年底下跌到 100 日元合 38 美元。1930 年 1 月 11 日，日
本政府以旧平价解除了黄金出口禁令，日元汇价回到了第一
次世界大战前夕的水平。总体来看，20 世纪初至 1931 年
"九一八"事变前，日本金融业经历了若干次重大事件，如
1901 年的金融危机、1904 年的日俄战争、第一次世界大战、
1920 年的经济危机、1923 年的关东大地震和 1927 年的金融
危机等。这些事件对日本政府的金融政策有诸多方面的影
响，但总体来看，日本银行业保持了向上发展的势头，通货
膨胀率也不算高，日元贬值不是十分明显。

1929 年世界经济危机后，英国带头脱离金本位制，英镑
区和与英国有密切经济关系的国家以及以法国为代表的一些
欧洲主要国家也陆续脱离金本位制，这对日本金融来说是个
沉重的打击。为了应对危机，日本政府采取了一系列强硬措
施：1931 年末再次禁止黄金出口并停兑黄金，日元汇价暴
跌，最低时曾跌至 100 日元兑 20 美元；1932 年 7 月，日本
政府制定了《防止资本外逃法》，并修改债券发行制度，大
幅度提高发行限额；1933 年 3 月制定了更严厉的外汇管理
法。这一时期日本的货币制度事实上已随国际潮流从金本位
制转向管理通货制。[1]

这一切为日元贬值奠定了基础。自 1931 年 12 月 13 日日
本政府宣布金出口禁令后，日元汇率即开始下跌。不久，日
本政府又颁布《防止资本外逃法》，导致日元跌势更加剧烈，
特别在该年 11 月，对美汇兑与平价相差达 58.63%。[2] 在军

① 强存山、孙志辉等编《日本金融》，南京大学出版社，1993，第 43 页。
② 蔡谦：《日本历年外汇之变动与对华汇兑倾销》，《社会科学杂志》第 6 卷
第 1 期，1935，第 121～122 页。

费开支大规模增加的背景下，日本银行发行的纸币从 12 亿日元增加到 100 亿日元，从而形成了"汇兑的通货膨胀"。

1932 年 1 月以后，日元对美元的汇价下跌呈现先跌后升的态势。日元对美元汇价在通货膨胀以前为 100 日元兑 49.85 美元，但在 1932 年 11 月跌到最低点，仅为 100 日元兑 20.723 美元，跌幅为 58.43%。1933 年 1 月起，日元对美元的汇率开始缓慢上升。

日元汇率的上升并非日元在升值，而是因为从 1933 年起，美国政府也开始了美元贬值之路，所以日元对美元的汇率就开始上涨。1934 年 7 月，日元与美元间的汇兑价格涨到 100 日元兑换 29.741 美元。虽然有所上涨，但是如果按旧平价计算，日元还是下跌了 40.56%。假如美国政府没有将美元进行贬值，日元对美元汇率的下跌幅度更大。

英镑与日元的汇率变动也有相同的趋势。1931 年 9 月 21 日，英国政府废除金本位制后，英镑进入贬值通道，日元对英镑汇率开始上涨。但是 1932 年 1 月日本政府废除金本位制后，日元对英镑汇价即开始下跌。但是因为日元下跌幅度不如英镑大，所以日元对英镑汇价仍呈上涨的势头，但上涨幅度不大，仅为 1.25%。但是自 1932 年 2 月起，日元开始急剧贬值，日元对英镑汇价急剧下跌，到 1934 年 7 月，最大跌幅达 42.80%。

日元与法郎的汇价较好地反映了日元的贬值程度。由于法国既未废除金本位制，也没有实行货币贬值政策，基本上相当于硬通货。所以透过日元对法郎的汇价，可以清楚地看出日元的贬值程度。1932 年 1 月，日元对法郎汇价为 9.039（1 日元 = 9.039 法郎），此时日元对法郎汇价的平价下跌率为 28.95%；到 1934 年 7 月，日元对法郎汇价急剧下跌到

4.746，此时日元对法郎汇价的平价下落率为 64.82%（见附表 1 - 17）。也就是说，日元贬值以后，日货在法国市场上的售价仅相当于日元汇价未跌落时的 1/3 多一点（假定日货出口时的价格未变）。

当时中国实行银本位制，从这一点来看和法国有相似的地方，即没有办法对其进行人为的贬值。因此，可以认为当时南京国民政府所承受的日元贬值压力和法国差不多。也即日元对华货币汇价下跌率约为 64.82%。在日元未贬值时，价值 1 日元的商品在中国市场至少须卖至 2 元 5 角（中国币值）；但是在贬值后的 1934 年 7 月，在中国市场上只要售 1 元即可收回成本（至于其他的关税、运费、佣金等项都还未计算在内）。由此可以看出，日元贬值极有利于日本商品出口。

日元贬值是汇兑倾销的必要前提。从两国之间的贸易关系来看，要实现汇兑倾销还必须具备两个条件：第一，对手国的汇价没有同样的贬低，至少也不致贬低到汇兑倾销国之下，否则等于抵销；第二，汇价贬低而国内物价不涨，至少物价涨的程度比汇价下降的程度较低。当时的日本是如何达成这两个条件的呢？

对于第一个条件，日元对他国汇价的降低率远远超过当时的英、美等国（中国更不必说），所以第一个条件是可以满足的。

而关于第二个条件，从货币金融学原理来看，货币贬值必然引起国内通货膨胀，国内物价上涨又必然会引起国内商品生产成本的增加。如果是这样结果的话，又怎么能达成汇兑倾销的目的呢？事实上，各国在实行货币贬值政策时，也在尽力降低国内物价的通货膨胀率，只要本国货币对他国货

币的汇价下跌率超过本国货币的通货膨胀率，就有可能形成
汇兑倾销的事实。

比较当时日、美、英、法、德诸国货币贬值率及物价通
货膨胀率可以发现，日本货币贬值率为65.6%，而其通货膨
胀率为31.7%，两者之差为33.9%，差异较任意其他两国都
更明显（英国为33.5%，美国为23.0%，法国为20.6%，
这样的结果是因为法国政府极力抑低物价，德国商品则因为
通货膨胀率超过货币贬值率而丧失竞争力）。日本国内通货
膨胀程度远远赶不上对外汇兑市场的贬值程度，因此日本商
品具备了强大的竞争力。这是日本商品能以极低价格向海外
市场进行倾销的重要原因（见附表1-18）。

汇兑倾销对日本对华贸易的影响表现在两个方面。

第一是日元对华汇率的变化直接影响着中日间的贸易
额。1930~1931年，因中国国内银价狂跌，日元对华汇率逐
步上升，1931年6月，每100日元值153.83上海两，创造了
日元汇率的最高纪录（见附表1-19）。受汇价高涨的影响，
日本对华出口贸易连年下跌，1931年对华贸易额仅为2.3亿
日元，为1916年以来的最低额。

但是1932年后，日元对华汇率开始急剧下降，与1931
年相比总计下跌44.0%，1933年汇价继续跌落。日元对华汇
率的下跌直接影响着中日贸易：1932~1933年，虽然中国爆
发了强烈的抵货运动，但是日本对华出口不降反增，虽然未
能超过1930年以前的最高额，但已经与1930年的数值相当，
"设无抵货之阻碍，则更不止此数"，"日人对华汇兑倾销之
成功，此又可得一佐证了"。

第二是日元对华汇率的下跌也直接影响日货在中国的售
价。以中日贸易最重要的商品——棉纺织品为例，日本商人

在华销售的棉布共有 8 种：市布（即本色棉布）、漂白布、漂白细布、染色细斜纹布、花标布（即印花市布）、冲直贡呢、红洋标布及色素棉法绒。

1929～1931 年的沪市棉布趸售市价能够说明很多问题。日本棉布价格在上海市场呈现上涨的趋势，如红洋标布由 1929 年每疋 3.619 元涨到 1931 年的 4.831 元，市布由 1929 年的每疋 6.053 元涨到 1931 年的 7.25 元，漂白布由 1929 年的每疋 8.913 元涨到 1931 年的 12.114 元，染色细斜纹布由 1929 年的每疋 0.191 元涨到 1931 年的 0.22 元，花标布由 1929 年的每码 3.917 元涨到 1931 年的 5.178 元，冲直贡呢由 1929 年的每码 0.305 元涨到 1931 年的 0.411 元，色素棉法绒由 1929 年的每疋 0.171 元涨到 1931 年的 0.224 元。

但是，1932 年日元对华汇率急剧下跌 44.7% 后，日布在沪售价也随之下跌（虽然这一时期日本国内棉布售价上涨）：红洋标布由 1931 年的每疋 4.831 元跌落到 1932 年的 3.271 元，市布由 1931 年的每疋 7.250 元跌落到 1932 年的 4.588 元，漂白布由 1931 年的每疋 12.114 元跌落到 1932 年的 8.558 元，染色细斜纹布由 1931 年的每疋 0.220 元跌落到 1932 年的 0.171 元，冲直贡呢由 1931 年的每码 0.411 元跌落到 1932 年的 0.251 元，色素棉法绒由 1931 年的每疋 0.224 元跌落到 1932 年的 0.166 元（见附表 1-20）。

日煤在上海市的销售价格也明显受中日汇兑影响。如以日本杆岛烟煤块、松浦烟煤块、芳雄统煤、芳雄煤屑为例，日元对华汇率的升降对其在沪售价的涨落有明显的影响：1931 年杆岛烟煤块在沪市价涨到每吨 17.431 元，松浦烟煤块涨到每吨 12.462 元，芳雄统煤涨到每吨 11.469 元，芳雄煤屑涨到每吨 10.628 元；但是，1932 年日元对华汇率急剧下跌后，日煤在沪售价也随之下跌：1932 年杵岛烟煤块在沪市价跌到每吨 14.41 元，松浦烟煤块跌到每吨 10.751 元，芳雄统煤跌到每吨 10.033 元，芳雄煤屑跌到每吨 8.869 元（见附表 1 - 21）。

综上，可以看出日元对华汇率的下跌确实会造成输华日货价格的下降，并最终带来汇兑倾销的结果。

第二章　日本水泥在中国市场的倾销

改善日本国际账务一举，实为该国目前最切要之问题，推广日本水泥国外销路，即为解决此问题之一着，故虽稍受损失，亦所不计。

——日本浅野水泥公司董事长浅野氏

日本在甲午战争胜利后，便开始将大批日货运到中国市场上来。但是，在当时的中国市场上，英国商品占据着统治地位，美国及俄国的商品进口数量也在不断增加。

第一次世界大战后，日本在华市场的地位有明显的加强。日本利用欧美国家在第一次世界大战期间无暇东顾的机会，抢占各国海外殖民地，大力发展国际贸易，使日本经济在这一期间得到了较快的发展。

但是1929年世界经济危机发生以后，日本经济受到很大的影响，国内经济衰退非常明显，生产过剩的矛盾分外突出。为了摆脱经济危机的困扰，日本政府加强了国内经济统制，日本产业界通过降低生产者的劳动报酬、进行组织及技术上的改善及经营合理化等方式来降低生产成本。与此同时，日本采取货币贬值政策，这导致日元对外币汇价开始急剧跌落，使日本商品在对外竞争中居于有利位置。日本商品在政府的强力支持下开始向海外市场大肆倾销。

如何看待日本企业的倾销行为呢？南京国民政府又如何应对这种不公平的商业竞争呢？

很明显，日本商品倾销行为在本质上是价格歧视，这种价格歧视扭曲了自由竞争机制下的价格公平，对产品进口国国内产业造成了损害，因此采取通过调查倾销和征收反倾销税等形式限制该产品的进口以救济国内受到损害的产业，是可以接受的。

正是基于上面的考虑，1931 年 2 月 9 日，为抵制外国商品的倾销和保护民族工业的利益，南京国民政府公布了《倾销货物税法》（该法律相关内容见导论部分）。从南京国民政府对倾销行为的定义中可以看出倾销有两个特点：（1）国外商品以低于其本国的价格在中国市场销售；（2）国外商品以低于成本的价格在中国市场销售。只要符合这两个基本条件之一，即视为倾销。

那么，日本商品是否存在倾销行为呢？这种倾销行为又由哪个机构来认定或仲裁呢？实际上，南京国民政府对日本商品的倾销事件还是非常重视，并专门成立了倾销货物审查委员会。

经过仔细的调查和审核，倾销货物审查委员会认为日本水泥和日本煤、抚顺煤在中国市场确实有倾销行为，其他很多行业只能认定为存在倾销嫌疑。倾销货物审查委员会将相关结论上报财政部，得到财政部的肯定，"尚称妥适"。① 下面对当时日本在华的水泥倾销进行概述，使读者对当时中国市场上的激烈商战情形有基本的了解。

一　日本水泥业发展中的供需矛盾

水泥业是日本的重要支柱产业，20 世纪初以来获得了很

---

① 《实业、财政部会稿》，中国第二历史档案馆，卷宗号 422 - 4 - 1182 号。

快的发展，生产能力日渐提高。但与此相对应的是日本国内水泥消费停滞不前，1929 年世界经济危机的爆发更加剧了生产过剩。在这种情况下，日本水泥业在本国政府的支持下，大力向海外市场特别是中国市场进行低价倾销，以转嫁其本国的过剩危机。

借甲午战争腾飞的日本水泥业

日本四岛矿产贫乏，天然资源稀缺，但有丰富的石灰石黏土资源，这是生产水泥的原料。明治维新时期，水泥工业作为日本政府殖产兴业的重要一环得到了政府的支持。1875 年（明治八年），日本第一家水泥企业创立，1882～1894 年是日本水泥业的萌芽时期。

1895～1905 年是日本水泥业的初步发展时期。中日甲午战争以后，日本利用战争赔款开展了大规模的基础设施建设，铁路建设等得到了飞速的发展。这些基础设施建设需要大量的水泥，上游的水泥业也成为日本重要产业之一。

1905～1929 年是日本水泥业高速发展时期，正是这种高速发展为以后的生产过剩埋下了伏笔。日俄战争后，日本水泥业的发展速度又达到一个高峰。由于水泥品质的不断改良、钢筋钢骨并用的技术在建筑中的应用，水泥在土木建筑中的应用越来越广泛，这也带来了水泥技术的日益进步。第一次世界大战爆发后，日本国内的产业蓬勃发展，水泥产业自然也不例外。1923 年日本国内发生了关东大地震，震后的城市重建需要大量水泥。在此期间，水泥销量一直持续增长。1911～1929 年，日本水泥销量保持着每年 10% 的增长，有的年份甚至达到 15%。为了满足这种市场需求，水泥的产量也与日俱增，日本水泥业进入了高速发展时期。但是 1930

年以后，由于世界经济的不景气，加上日本政府准备实行黄金解禁的紧缩财政政策，所以在 1930～1931 年，水泥的销量急速下降。生产能力的增加和销量的急剧降低导致了日本水泥业的供需矛盾日趋突出。

日本水泥在华倾销的两座桥头堡

在众多日本水泥企业中，有两个水泥厂与中国关系紧密，这就是小野田水泥厂及小野田大连水泥分厂，也是日本在中国进行水泥倾销的最重要的两家工厂，所以下面重点对这两个工厂设立与发展情况进行介绍。

小野田水泥制造株式会社（以下简称"小野田"）于 1881 年由日本山口县士族笠井顺八在该县厚狭郡小野田町创设。公司刚创办时资本仅有 57150 日元，年产量仅 107 吨。建厂之后，公司总裁笠井顺八锐意进取，经过不断的研发，终于在 1883 年 9 月制造出质量不亚于深川水泥厂的优良产品，并使其产品开始供应神户铁道局、九州岛三池矿山局、兵库造船局等官营企业，以及大阪和神户一带的建筑企业。小野田创业时的市场仅限于四国、九州和关西一带，1887 年以后，小野田试图扩充工厂设备以增加产量。因为东京有政府机关、学校和国会议事堂等建筑工程，佐世保、吴等海军镇守府的也在筹划设立，这些工程项目都急需水泥。小野田于是积极运作，向商务省分析课提交水泥样品，请其做化学分析；同时请横须贺海军镇守府进行物理试验，从两处都获得了证明其产品为"不劣于外国品的最优良品"认定证明书。①

---

① 陈慈玉：《20 世纪前半叶中国东北的水泥贸易》，载王玉茹、吴柏均、刘兰兮编《经济发展与市场变迁吴承明先生百年诞辰纪念文集》，南开大学出版社，2016，第 131～132 页。

　　此时适逢日本积极发展交通事业，而其中的铁路、港湾、道路、桥梁建设及河川整治等都与水泥工业息息相关，这促进了小野田的事业版图扩张。小野田聘请德国工程师，改善工厂组织及制造方法，以图改良产品质量和增加产量。然后，小野田又增资 10 万日元来扩充设备，并于明治政府实施《商法施行条例》（1893 年 1 月）后，在 1893 年 11 月改名为"有限责任小野田水泥制造株式会社"，并将企业水泥生产能力提高到年产 1.3 万吨。到中日甲午战争以后，小野田通过改善工厂设备，将水泥生产能力增加至年产 3.4 万吨。

　　随着日本国内市场的扩大与产量的增加，小野田开始积极的开拓海外市场。1887 年三井物产天津分公司曾经向小野田订购了 170 吨水泥，但由于日本内需旺盛，小野田生产能力不足，以至于无法交货。到 1890 年时，小野田拥有月产约 500 吨的制造能力，于是委托长崎三井物产分公司调查海外的水泥市场，并寄送样品到天津、上海两地的三井物产分公司，制作英文说明书到香港、芝罘（现烟台）、新加坡、马尼拉、澳大利亚和美国等地进行宣传，结果当年就实现了 37 吨水泥的出口。到中日甲午战争以后，日本曾经历了短暂的景气，小野田改善工厂设备，水泥制造能力再增至年产 3.4 万吨。小野田也与台湾的贺田金三郎商店签订独家贩卖契约，从 1900 年开始出口到台湾，供给台湾筑城、基隆筑港等之所需，1903 年底首次出口 267 吨水泥到美国。①

　　为了开拓新市场与有效管理销售网，小野田实施分区贩

---

① 陈慈玉：《20 世纪前半叶中国东北的水泥贸易》，载王玉茹、吴柏均、刘兰兮编《经济发展与市场变迁吴承明先生百年诞辰纪念文集》，南开大学出版社，2016，第 132 页。

卖制度，把阪神与长崎方面的市场分别委托松村商店和三井物产株式会社（以下简称三井物产）销售，自己直接经营自九州岛北部至山口县方面的交易。后来，小野田又将出口海外的业务也委托三井物产进行销售。1901 年 12 月，小野田甚至把该会社水泥产品全权委托三井物产销售。[①]

日本水泥业对华倾销的另一个桥头堡，是日本"小野田洋灰制造株式会社大连支社"（简称小野田大连支社），俗称"小野田洋灰工厂"。

1905 年，日俄战争结束后，日本帝国主义取得了沙俄在辽东半岛的权益和南满铁路的经营权。1907 年创设于中国大连的满铁株式会社踌躇满志，计划在中国东北修筑铁路广轨工程，因此需要大量的水泥。随后，日本垄断资本纷纷向这里扩张。当时，设立在日本山口县厚狭郡小野田町的小野田水泥制造株式会社，在对中国东北地区矿产资源进行考察以后，选中了石灰石蕴藏量丰富、交通便利的大连市西北郊周水子泡崖屯，在那里投资建设水泥厂。该于 1907 年春破土动工，1909 年 6 月 1 日竣工投产，称为小野田大连支社。该工厂占地 35.6 公顷，除了工厂本身外，还包括宿舍、医务室、小学校舍等。当时水泥制造能力仅年产 3 万吨，其后经过两次扩充设备，到 1928 年时，年产能力已超过 28 万吨，是创设初期的 9 倍多。[②] 随着需求的增加，该厂进行了第一期扩建，并于 1923 年 9 月完工，年生产能力从原来的 3.3 万吨左

① 陈慈玉：《20 世纪前半叶中国东北的水泥贸易》，载王玉茹、吴柏均、刘兰兮编《经济发展与市场变迁吴承明先生百年诞辰纪念文集》，南开大学出版社，2016，第 131 页。

② 陈慈玉：《20 世纪前半叶中国东北的水泥贸易》，载王玉茹、吴柏均、刘兰兮编《经济发展与市场变迁吴承明先生百年诞辰纪念文集》，南开大学出版社，2016，第 132 页。

右增至 10.8 万吨，逐渐替代了来自日本的水泥。[①]

1927～1928 年，该厂进行了第二次扩建，设计能力达到年产 25 万吨水泥。至此，小野田大连支社对机械、建筑、土地、铁路的投资总额为 700 万日元，工厂占地 81.5 万平方米，其中原料产区 38.9 万平方米，厂区占地 42.6 万平方米，厂房建筑面积 3.93 万平方米。另外还有为日本人服务的住宅、医务室、小学校舍等非生产性建筑 1.3 万平方米。[②]

但是小野田大连支社的生产量始终没达到设计能力，最高年产量是 1929 年的 20 万吨，仅达到设计能力的 80%。工厂的产品是波特兰水泥，主要品种有普通水泥和极细旱强水泥。另外，也曾试制过白水泥。极细旱强水泥当时在东北地区只有小野田大连支社能生产。工厂早期产品由三井物产株式会社销售，商标为龙牌，产品 65% 在东北地区出售，20% 在华南、华北销售，另外还有 15% 的产品销往日本、中国台湾及南洋群岛东部。1924 年 7 月，工厂有工人 875 人（矿工、装卸工属外包工，不在其中），占全体工人 20% 的日本人掌握了工厂的全部权力，占据主要技术岗位。采石、装卸等工作都外包了出去，其中负责在矿山装石车、采石的有 200 人左右；黏土装运工有 450 人左右，由包工头组织完成工作，这些工人的编制不在小野田大连支社。[③]

1931 年"九一八"事变后，日本浅野水泥株式会社在辽阳、吉林、哈尔滨等地建设水泥厂，与小野田竞争。小野田

[①] 《大连水泥厂志》编纂委员会编《大连水泥厂志（1907—1985）》，1986，第 2～3 页。

[②] 《大连水泥厂志》编纂委员会编《大连水泥厂志（1907—1985）》，1986，第 3 页。

[③] 《大连水泥厂志》编纂委员会编《大连水泥厂志（1907—1985）》，1986，第 3 页。

在鞍山制铁所内建设高炉渣水泥工厂，1934 年 4 月 1 日竣工投产，其熟料由大连支社供给，按 3∶2 的熟料与矿渣比例磨制高炉水泥，年设计生产能力为 13 万吨。小野田水泥制造株式会社大连支社因扩大而易名为“关东州小野田水泥制造株式会社”，本店设在大连，下设大连工厂与鞍山工厂。小野田鞍山工厂投产后，因用户对高炉泥的性能不了解，致使鞍山工厂在产业竞争中处于不利地位。小野田又在长春至沈阳间的泉头站附近，建设小野田水泥制造株式会社泉头工厂，于 1936 年 4 月 27 日竣工投产。①

1938 年 12 月，伪满洲国政府设立“满洲共同水泥株式会社”，“日满商事株式会社”是主要股东，负责水泥产品的专卖。1941 年 11 月 23 日，小野田又在辽阳建成小屯工厂。②

日本水泥业的供需矛盾

20 世纪 30 年代，日本水泥业获得了快速的发展。但是新的问题又开始出现：日本水泥业的生产能力与生产过剩的矛盾越来越突出。

第一，这一时期日本水泥业的国内生产能力快速增加。日本水泥生产能力 1930 年还仅为 450 多万吨，至 1935 年已近 890 万吨，几乎翻番（见图 5）。

这种急剧的扩张是由水泥业的特点决定的。水泥业属于资本密集型产业，经营者极可能只考虑生产能力的扩张，而不考虑社会需求量。另外，水泥行业机械设备的改良对提高

① 《大连水泥厂志》编纂委员会编《大连水泥厂志（1907—1985）》，1986，第 3～4 页。

② 《大连水泥厂志》编纂委员会编《大连水泥厂志（1907—1985）》，1986，第 4 页。

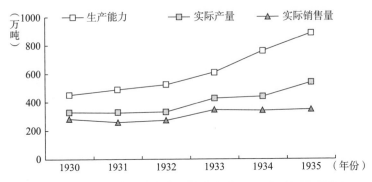

图 5　1930～1935 年日本国内水泥生产能力、实际产量和销售量

生产能力的效果比较明显，新旧设备的生产能力相差巨大。水泥企业要保持竞争力，只有通过增设新厂和改良设备。生产能力越大，相应的生产成本与销售费用就会越低、产品的竞争力越强，这就更助长了生产能力的急剧扩张。

第二，与生产能力的扩张相对应的，是日本水泥产品的过剩问题日趋突出。日本水泥业的快速发展反映了该行业的日趋成熟，但是水泥的生产能力不能无限扩大，由于国内市场容量有限，生产能力的过度扩张，会破坏供需之间的平衡。1930 年，日本国内水泥用量为 282.6 万吨，到了 1935 年，其国内用量也只有 347.8 万吨，而这一时期日本国内的水泥生产能力则翻了一番。日本国内 1930 年水泥的过剩量为 120 多万吨，1935 年即增加到近 500 万吨，这表明日本的水泥生产能力已经远远超过其本国的市场所能容纳的最大量，水泥市场供需矛盾开始激化。

在这种情况下，由于市场无法容纳过剩的水泥，日本水泥业采取限制生产的方式控制水泥的实产总额。1930 年其实际限产率为 27.5%，1935 年就达到 55%，一半以上的生产设备处于停产状态。即便如此，日本水泥存货量始终保持在高位。

　　1929 年日本水泥存货量最高，达到 36.4 万吨，其他年份虽有所降低，但也都保持在 20 万吨以上（见图 6）。在这种情况下，为了解决过剩问题，日本水泥业竭力在海外寻找销售市场，以低价倾销这些过剩的产品，缺乏自主关税保护的中国就成为倾销的最好目标。由此可见，日本水泥向中国倾销的直接原因是经济恐慌下的生产过剩。

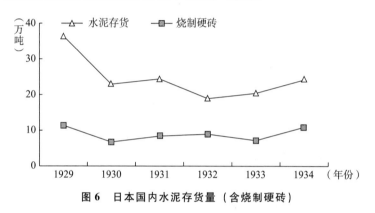

图 6　日本国内水泥存货量（含烧制硬砖）

　　日本水泥出口以 1919 年、1920 年为最高，以后渐渐降低。1925 年之后，日本水泥的出口重新开始增长。之所以出现这种状况，主要原因是 1924 年日本水泥联合会成立以后，一方面实行限产制度，另一方面又规定水泥的海外出口不在限制范围内。为了充分利用各公司现有的生产能力和获取最大的利润，各公司纷纷采取了通过扩大生产量来降低产品成本的方式，并将这些国内已经无处可售的水泥大量出口，特别是以荷属东印度为主，中国香港、新加坡、中国内地及印度等也是日本水泥业海外销售的主要目的地。1934 年，日本水泥出口到关东州数额占当年水泥出口额的 40.95%，其次为香港、"海峡殖民地"和中国其他地区，另外像伪满洲国、英属印度及锡兰、荷属印度、非洲、菲律宾及其他世界各地都成为日本水泥的销售地。当然我们还应该注意到这样的事实，即输往香港的水泥其实很多最终也被销往中国市场。

总的看来，日本水泥业供需的矛盾，使日本水泥业疯狂地向世界其他地区特别是缺乏关税保护的中国市场发动倾销。

二 日本水泥在中国市场的倾销

日本在华倾销的规模、特点和分布

同其他资本主义强国相比，日本工业发达，且距离中国较近，在商品运输方面比其他资本主义国家方便，运输费用也相对较低，在商品竞争上容易取得优势，这些情况加剧了日货的在华倾销。20世纪二三十年代日本水泥的在华倾销具有四个很明显的特征。

第一，中国从日本进口的水泥数量巨大。日本水泥在中国进口水泥中占据着重要的位置，"战前由日本进口之数，当进口总额十分之四五"。第一次世界大战后，增长变得更为迅猛，"民国七、八两年间，日本水泥之进口占进口总数百分之六十五以上"。① 随后的年份，虽然从日本进口的水泥占比有所下降，但是还是保持了较高的增速。

1927年中国对日本水泥进口量为873728担，占进口总量的45.61%，1930年更增加至942314担，为日本水泥在华销售的一个高峰。"九一八"事变及"二二六"事变发生后，中国国内掀起了抵制日货运动的高潮，抵货运动使日本水泥

---

① 上海社会科学院经济研究所编《刘鸿生企业史料》（上），上海人民出版社，1981，第156页。

的销量大幅下降。从海关的统计数据看，1932年对日本水泥的进口量为28.9万担，仅占总进口量的7.89%。但我们应注意到这样的事实：这个时期很多日本水泥不再直接经过中国海关，而是绕道中国香港，避开"仇货"的名义，以间接的方式进入中国。

日本水泥每年出口到香港的数目都十分惊人，占其总出口量的20%左右，1931年达到28.37%，1932年为24.31%。而这两年出口到中国内地的水泥数量分别占日本出口总量的4.94%和3.75%，为历年的最低点。为什么会出现这种情况呢？主要原因是中国这两年发生了激烈的抵制日货运动，这对日货的出口有着重大的负面影响，"最大主顾之中国，因九一八事变，交易几陷绝境"。[1] 在这种情况下，日本出口到中国内地的水泥开始转道香港，再由香港进入中国内地。

中华水泥厂联合会在给实业部、财政部及倾销货物审查委员会的呈文中就说："日货水泥除由日本、台湾、朝鲜直接运华外，其由香港转运者，每年为数甚巨"，虽然"历年海关贸易册内，对于香港进口水泥列入第一位，而以日本进口者列入第二位，而按之事实，则香港进口水泥中，除前有英国青洲牌水泥以少数运至我国广东外，其余大多数均系日货，至日货水泥之由大连制成、运入我国各省者，海关贸易册内亦未与日本、台湾、朝鲜等处进口者并入计算，故日泥之在我国进口水泥中确占第一位，实无疑义"。[2] 也正因为如此，启新公司认为"此项竞争已日渐加烈，嗣后方有增无

① 日本三菱经济研究所编《日本之产业》（三），郑君平译，商务印书馆
1937，第954页

② 南开大学经济研究所等编《启新洋灰公司史料》，南开大学出版社，1963，
第61～62页。

已，其与敝公司竞售者，厥为日本厂家"。①

第二，日本水泥在华销售价格极低。为了达到目的，日本水泥企业不惜以低于成本的价格在华进行倾销，从而转嫁其本国的经济危机。

处在销售管理第一线的华商水泥公司总经理刘鸿生最能感受这种倾销的威胁，他描述了日本水泥在华的倾销情况："在日本上等牌号的水泥每桶售价约为日元五元五角，在南满大概以同样价格出售。但是小野田水泥厂却通过他们的代理商三井物产会社，以每桶价银二两二钱四分在上海市场出售他们的产品……除去代理商的佣金、送力、进口税以及从大连到上海的运费，他们每桶三百七十五磅的水泥，其净价还不到日元二元。"② 这样低的销售价格无疑会给中国水泥业造成很大的冲击。

1932 年 12 月 9 日，中华水泥厂联合会在呈送实业部、财政部的函件中列举了所收集的日本水泥厂在华倾销的确凿证据，并编成《日货水泥倾销实况》，③ 该会收集的证据非常全面，包括三井、三菱公司代销浅野牌水泥的报价单、日本水泥的产销情况、国产水泥的产销情况，以及日本水泥、国产水泥的售价对照表。根据其提供的数据比较表，我们可以很清楚地看到日本水泥在中国市场上的倾销情况。

日本水泥在华的销售价格远远低于其正常价格。以浅野纸袋水泥为例，在日本本国售价为 2.89 两规银，在中国市场

---

① 南开大学经济研究所等编《启新洋灰公司史料》，南开大学出版社，1963，第 48 页。

② 上海社会科学院经济研究所编《刘鸿生企业史料》（上），上海人民出版社，1981，第 226 页。

③ 《日本水泥对华倾销》，上海社会科学院经济研究所藏《刘鸿生企业档案资料》，卷号 02－012。

上售价为 2.90 两规银，其在华销售价格仅仅高出本国售价 0.01 两规银。如果从生产成本来看，其销售价格还在生产成本之上，似乎还不构成倾销。但我们确定是否构成倾销必须从产品的构成价格来分析。所谓产品的构成价格，是指由所销售产品在原产地的生产成本、费用及利润所构成的价格。日本水泥在日本本国售价每袋 2.89 两规银，加上运到中国的费用等每袋共 2.50 两规银，实际上日本水泥在华的构成价格达到每袋 5.39 两规银，而其在华售价仅为 2.90 元，大大低于日本水泥正常的销售价格，倾销幅度竟达到每袋 2.49 两，日本水泥确实构成了倾销。中华水泥厂联合会根据自己的调查结果，认定日本水泥"较其本国售价，每桶约减去银 2 两以上。属会旷观趋势，深觉日货倾销即有显著之事实，非请政府迅予征收倾销税，则国产水泥前途实有不堪设想者"。①并在其函件中指出："日货在日与在华售价之差额，计为每桶银二两零一分，日货与国货售价之差额则为每桶银一两二钱二分。现经详细调查，则其实在差额犹不止此，日货倾销之烈与国货各厂痛苦之深以及属会盼望政府维护之切于此，益可证明。"②

　　中华水泥厂联合会在函件中从日本水泥的在华售价和成本之间的关系出发，指出其确实具有倾销性质。根据 1931 年《海关进口税税则》第 15 类第 587 号的规定，进口水泥每担征收关金 0.24 海关两，按三担为一桶，那么应征收关金 0.72 海关两，合计大约相当于规银 1 两，但是日本水泥在华

---

　　①　南开大学经济研究所等编《启新洋灰公司史料》，南开大学出版社，1963，第 59 页。

　　②　《日本水泥对华倾销》，上海社会科学院经济研究所藏《刘鸿生企业档案资料》，卷号 02-012。

售价，包括一切运费水脚、保险、栈租、关税等在内，每桶仅售银 2 两 9 钱至 3 两 1 钱，与其在日本本国的售价相比，每桶平均低了银 2 两 4 钱 7 分，而与国货售价相比，则每桶售价低了银 1 两 6 钱 2 分。可以据此认为，日本水泥在华确实存在倾销，中华水泥厂联合会要求政府对日本水泥征收反倾销税，"此项差额在属会同人之意，非请政府增加其关税，以资调剂，实不足以杜倾销而维国产"。①

第三，日本水泥的倾销地点以中国沿海为主。水泥产品的特点是单位重量价值低，运输和保存都极为不方便，这些特点决定了水泥只适合短程贩运。一些和日本相邻近的沿海港口就成为日本水泥的倾销据点了，"日本水泥倾销地点为中国沿海各埠，如上海、天津、汕头、厦门、青岛、广州、大连及东三省等处，长江一带如汉口等处"②，"日水泥每年销华总数计在三十万桶以上，惟概销于沿海商埠，尤以南部之厦门广州等地较盛"。③

由于统计数据的缺失，我们无法对每年各港口的日本水泥销售量一一做出精确的统计，目前统计数据比较详尽的年份为 1935 年和 1936 年，从这两年日本水泥的销售情况我们可以管窥其他年份的销售情况。

由图 7 可以看出，日本水泥销售的主要区域为上海及天津。销往这两个城市的几乎达到全部销售额的 70% 左右，它

① 南开大学经济研究所等编《启新洋灰公司史料》，南开大学出版社，1963，第 61 页。
② 《实业部调查日货在华倾销概况报告书》（1932 年），载中国第二历史档案馆编《中华民国史档案资料汇编》第五辑第一编·财政经济（八），江苏古籍出版社，1994，第 706 页。
③ 《各国工商业：日本水泥运华倾销》，《国际贸易导报》第 5 卷第 7 期，1933 年 7 月 31 日，第 229～231 页。

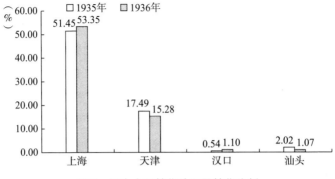

图 7 日本水泥销售地区及销售比例

们是日本水泥倾销最严重的区域，其他如汉口、汕头等地，以及图 7 中没有列出的厦门、青岛、广州及大连等地，也存在着一定的倾销行为。

第四，日本水泥采用多种方式进行倾销。"九一八"事变后，国人抵制日货。"日商利用倾销方法试图重入我国市场，所用方法为削价与放账，用以勾引华商，表示好意，一俟销路复原，压倒华货乃即提倡高货价，垄断市场，至是任所欲为，得可偿失"。①

当时南京国民政府实业部也高度重视日本水泥在中国的倾销行为，并对此进行了深入的调查。《实业部调查日货在华倾销概况报告书》中指出，日本水泥在本国的售价为每桶约合我国规银 3 两 2 钱 4 分，而且这样的售价已包括巨利在内，加上日本水泥运到中国上海的各项费用共计 2 两 4 钱，总计日本水泥的出货价应为银 5 两 6 钱 4 分。而日本水泥当时在上海的售价为每桶银 3 两左右（统税一并在内），比在日本本国售价低 2 钱 4 分，只比运费、保险费及税金等高出

---

① 刘百闵编《抵制日货之考察》，正中书局，1933，第 22 页。

6 钱。当时的国货水泥售价在上海为 4 两 6 钱，另加统税银 6 钱、佣金 1 钱 5 分，合计每桶 5 两 3 钱 5 分，比在本土销售的日本水泥每桶贵 2 两 1 钱 1 分。根据当时世界各国对水泥质量的规定，"水泥无等次，世界水泥标准其七天拉力须在三百二十五磅以上，故中日水泥在质量上亦无分别"。[①] 据此，实业部认定日本水泥存在倾销行为。

此外，南京国民政府于 20 世纪 30 年代成立的倾销货物审查委员会也对外货倾销案件做了深入的调查。审查结果表明，当时"确有倾销情事者，有日本水泥及日煤、抚顺煤两案……所有审查完竣各案，并经报部考核，尚称妥适"。[②] 综观上述各项调查可以认定，日本水泥在中国市场上的行为确实构成了倾销。

平衡国际收支和转嫁过剩危机

日本水泥的倾销情况既已如上所述，那么日本水泥为什么要以低于成本的价格在中国市场上倾销？这种倾销又具有什么样的性质？它采取了什么样的倾销方式？其目的何在？这种倾销又对当时的中国水泥业产生了什么样的影响？下面我们从日本水泥倾销的目的、特点及其对中国水泥业所造成的影响三个方面来分析。

首先，日本水泥倾销的目的。由上文的分析我们已经知道，日本水泥向中国倾销的直接原因是经济恐慌下的生产过剩，使其不得不在中国市场降价倾销，以转嫁其过剩危机。

---

① 中国第二历史档案馆编《中华民国史档案资料汇编》第五辑第一编·财政经济（八），江苏古籍出版社，1994，第 705 页。
② 中国第二历史档案馆编《中华民国史档案资料汇编》第五辑第一编·财政经济（八），江苏古籍出版社，1994，第 714 页。

但这并非日本水泥倾销的全部原因。1929 年 8 月 13 日的日本《大阪每日新闻》及《东京日日新闻》两家报纸对日本浅野水泥公司的对外倾销行为的报道，较明显地暴露了日本倾销的目的和动机。报道中说："日本各厂现有产力，若不加以限制，每年余额当在 800 万桶之数"[1]，且"自滨口内阁执政以来，一切国用力主撙节，因之公私建筑多告延滞，国内水泥需要大受影响"。这就是说，日本水泥业已经出现了严重的生产过剩。该公司董事长浅野氏有鉴于此，遂"计划将日本积存水泥向国外市场倾销"，并认为"改善日本国际账务一举，实为该国目前最切要之问题，推广日本水泥国外销路，即为解决此问题之一着，故虽稍受损失，亦所不计"。而日本水泥业"每年因倾销所得之收入，约为 2240 万日元"。[2]

由此可见，日本水泥业已经把向中国倾销其过剩的水泥产品作为其转嫁国内经济危机的一项国际贸易策略，是为了改善日本的"国际账务"，以至"虽稍受损失，亦所不计"。这一番言论充分暴露了日本对华进行经济侵略的目的和本质。日本对华倾销，虽然背景是经济恐慌下的生产过剩，但其实质是日本资本主义对落后国家进行的一种经济侵略。当时的民族企业家对日本水泥倾销的目的和严重危害也是有着深刻认识的："日货挟其国家富足之经济力量竭力倾销，以致国产水泥虽将售价贬至生产成本以下，仍不足与之竞争，考其用心，实欲制我国产各厂于死命，进而对此建设国防必

①　南开大学经济研究所等编《启新洋灰公司史料》，南开大学出版社，1963，第 54 页。

②　南开大学经济研究所等编《启新洋灰公司史料》，南开大学出版社，1963，第 54 页。

需之主要材料，加以切实之控制。"①

这番话可以说是一针见血地指出了日本倾销的企图，日本水泥的倾销不仅仅是转嫁其过剩危机，更重要的是它要通过倾销的方式打倒中国的民族水泥业，谋求在中国市场的垄断地位，从而获取更多的利益。他们所用的倾销武器，是"以邻为壑"的经济侵略政策，建立在掠夺和消灭我国水泥工业的企图之上，所以其手段更加极端、后果更加严重。

其次，日本水泥倾销的特点。日本水泥倾销是以日本国家力量为后盾、在日本政府多方面的支持下进行的倾销。这种支持主要体现为以下两个方面：（1）施行汇兑倾销政策；（2）大力补助日本航运业，支持日本的对外贸易。可以说，这两个方面的政策，对日本水泥业的倾销起到了推波助澜的作用。

日本政府实行的汇兑倾销政策直接促进了日本产品在海外的倾销。1929 年世界经济危机发生后，世界范围内出现了严重的生产过剩。各主要资本主义国家为求将国内过剩商品倾销到国际市场，纷纷贬低本币币值，降低汇价。在这轮货币战中，日本政府更是将汇兑倾销战略发挥到极致。1931 年12 月 13 日，日本政府发布"金出口禁止"命令后，日元的汇价急速低落。

从图 8 中可以看到，日元的货币贬值率在几个主要资本主义国家中最高，为 65.5%；美元其次，为 41%；英镑为38.3%；法郎与马克较少，分别为 0.1% 与 2.5%。这种跌落的趋势我们还可以从日元的外汇指数中看到，1931 年日元的

① 《日本水泥对华倾销》，上海社会科学院经济研究所藏《刘鸿生企业档案资料》，卷号 02 - 012。

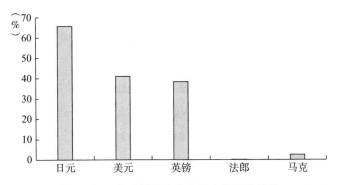

图 8　1934 年主要资本主义国家货币贬值率

外汇指数为 126.9，1933 年降为 80.9，1934 年降为 64.4，1935 年降为 60.4。以 1931 年和 1934 年比较，日元对美元汇价跌落了 37%，对英镑汇价跌落了 48%，对中国规银的汇价却跌落了 150% 左右。[①]

　　那么这种日元汇价的急剧跌落，对日本商品的出口贸易有什么样的影响呢？日元贬值必然会促进本国商品的出口、抑制外国商品的进口。当时国内学者就指出日本货币贬值政策对我国外贸有负面作用，认为日本货币贬值政策就是"堵塞我国货物出口的通路，同时广开货物对我进口的方便之门"，"就是国际市场中本国货物的跌价和本国市场中别国货物的涨价"。货币贬值对内和对外的意义是完全不同的，对内可以促使物价上涨，对外却可以使物价下跌，因为本国货物在外国市场跌价，所以出口容易，"本国的商品可以制胜他人"。[②] 所以从国际商战这个意义上说，货币战争是一种促

---

① 李宇平：《1930 年代初期东亚区域经济重心的变化》，"中研院"《近代史集刊》2004 年第 3 期。

② 余捷琼：《国际货币政策压迫下中国国际贸易的危机》，《国际贸易导报》第 7 卷第 12 期，1935 年 11 月 10 日，第 45~46 页。

进本国商品出口的手段，"纯粹的是一种以邻为壑的政策。退则自固已图，进则陷入阵图。表面上看是货币的争斗，事实上，却是商品市场的争夺"。①

事实也确实如此，日元的贬值造成了日本水泥在华的有利贸易格局。在日汇未跌时价值 1 日元的水泥产品，在中国市场至少须卖至 2 元 5 角，但是在 1934 年 7 月，由于汇价的跌落，在中国市场上只要售 1 元即可收回成本。至于其他的关税、运费、佣金等项，都还未计算在内。也就是说，以前必需售 1 元的日货，到 1934 年 7 月，只需售 4 角即可收回成本，也没有任何损失（假定出口价格未变），这就是日本水泥在中国市场大肆倾销的一个重要原因。

日本政府对航运业的补助政策是其促进日货对外倾销的另一个重要手段。日本航运业自创办之日就得到日本递信省的多方补助。20 世纪 20～30 年代，世界航运业的竞争空前激烈，日本政府更是以多种补助津贴的方式支持其本国航运业的发展。当时日本的递信省对一些指定的航路给予补助，这些指定的航路有 6 条、航线有 14 个，被称为"命令线"，几乎包括全部中国沿海航线及长江航线，覆盖了日本商人或商品的必经之路或目的地。这些命令线分别为日本邮船长崎上海命令线、日本邮船神户上海命令线、日本邮船青岛命令线、大阪商船大连命令线、大阪商船青岛命令线、日清汽船上海汉口命令线、日清汽船汉口宜昌命令线、日清汽船汉口湘潭命令线、日清汽船汉口常德命令线、日清汽船宜昌重庆命令线、日清汽船中国沿海航路南方命令线、日清汽船中国

---

① 余捷琼：《国际货币政策压迫下中国国际贸易的危机》，《国际贸易导报》第 7 卷第 12 期，1935 年 11 月 10 日，第 44 页。

沿岸航路北方命令线、近海邮船横滨牛庄命令线、近海邮船神户天津命令线，轮船总共 49 艘，总吨数达到 13.2 万吨。这些线路上的轮船除由日本政府进行经济方面的补助外，还享有一些特殊的权利，如果经营这些线路的轮船公司因为各种原因出现损失或故障，日本政府会予以特别的便利或保护。[1]

以日本邮船公司为例，它每年从政府那里得到的补助金基本上保持在 100 万日元左右，最多的年份为 1928 年，达到 110.4 万日元；最少的年份为 1937 年，也有 74.2 万日元。大阪商船公司得到的补助则更多，每年都有近 300 万日元。

日清汽船株式会社成立后的五年内，政府每年贴补 80 万日元，以后虽有所减少，但在 1930 年仍有 43.7 万日元。日本政府的补助额视不同航线的具体情况而定，如汉口—上海线为 29.3 万日元，汉口—宜昌线为 9.3 万日元，华南沿海线为 5.1 万日元，而宜昌—重庆线的补贴则多少不定。[2] 日清汽船公司从 1916 年到 1930 年所获得的纯利约为八百万日元，与日本政府在此期间所给予的补贴大致相等，因此若无日本政府的补贴，日清汽船公司便不能赢利。[3] 1933 年，日本政府给日清汽船公司的补助金又增至 78.1 万日元，1934 年更增至 117.5 万日元，1935 年为 105.6 万日元，1936 年为 49.8 万日元。这些补贴对日本企业的意义在于可以降低日本产品的运输费用。所以，从这个意义上来说，政府对航运业的补助就是对企业的补助，这与企业享受的政府奖励金毫无差异。

---

[1] 侯厚培、吴觉农：《日本帝国主义对华经济侵略》，黎明书局，1931，第 86~88 页。

[2] 章勃：《日本对华之交通侵略》，商务印书馆，1931，第 217 页。转引自杜恂诚：《日本在旧中国的投资》，上海社会科学院出版社，1986，第 113 页。

[3] 朱建邦：《扬子江航业》，第 151 页。转引自杜恂诚：《日本在旧中国的投资》，上海社会科学院出版社，1986，第 113 页。

　　这种补助金政策对水泥产品具有更重要的意义。水泥是笨重产品，运输费用在其成本中占有很大的比重（相当于日本水泥价值的 1/3 左右）。日本水泥产品运往中国的主要方式就是通过轮船，水运费用的降低无疑增强了日本水泥产品的竞争力。以日本邮船公司为例，它对日本水泥由日本运至上海港的每桶报价为 1.2 日元，再在报价的基础上给予 9 折的优惠，每桶实际运费仅为 1.08 日元。[①] 日本邮船的运费优惠中就有日本政府的补助金的作用。从这个方面来看，日本政府的航运补助政策不仅极大地促进了日本航运业的发展，也间接地促进了日本产品在海外的倾销。

　　最后，日本水泥的倾销政策对民族水泥业带来的影响。倾销之下，中国民族水泥企业的工厂开工不足，水泥产销量遽减，市场价格不断下跌，市场份额和利润率也不断下降。当时全国华资水泥厂全年产量至少可达 361 万桶，而实际上全年的销售量即便在最高的 1931 年，也仅为 278 万桶，其余近 100 万桶为进口水泥所代替，其中大部分是日产水泥，即中国国产水泥丧失了近 100 万桶的市场份额，"复因生产过剩之故，使销售成本无形提高，而各厂之发展，遂直接受其影响"。[②] 而且更为严重的是，由于日本水泥的竭力倾销，水泥价格受到严重影响，以致国内水泥厂家"虽将售价贬至生产成本以下，仍不足与之竞争"，各厂虽"联合一致，奋力抵拒，犹不足掩其经济侵略之凶焰，所受打击实非片言可尽"。[③]

---

① 上海社会科学院经济研究所编《刘鸿生企业史料》（中），上海人民出版社，1981，第 82 页。

② 南开大学经济研究所等编《启新洋灰公司史料》，南开大学出版社，1963，第 60 页。

③ 《日本水泥对华倾销》，上海社会科学院经济研究所藏《刘鸿生企业档案资料》，卷号 02 - 012。

从这个方面来说，水泥的倾销问题已经不是一个简单的经济问题，而是外国资本压迫和掠夺下的民族资本能否生存和发展的问题。

综合以上对日本水泥业倾销目的、特点和影响的考察，可以看清日本水泥倾销绝不是正常的商业竞争，而是一种经济侵略，通过经济侵略的方式，集中了一切的手段来侵占外国的市场，以达成独占他国市场的目的。正因为如此，这种临时性的倾销比以往的倾销危害更大，"昔日之倾销，为一时的，对于经济落后国家之产业，固能予以重大打击，而难使之一蹶不振，永无复兴之望。最近日货之倾销，则为永久的，故于开始倾销之时，固予吾国产业一大打击，而自倾销以来，继续维持低廉之售价，足令吾国产业，永久无发展之望"。①

对于日本进行的经济侵略，中国的民族工商界人士其实是有着清醒的认识的。刘鸿生就一针见血地指出："外国厂家组成了辛迪加，一方面摧残中国实业，另一方面垄断中国市场……他们以大大低于成本的价格出售商品，是为了扼杀中国的工业，以便垄断中国的市场。"②

当时的很多学者、政要也都明了日本经济侵略的意图："全世界抵制日货风潮之中，日人除进行日满经济集团化计划外，加紧厉行对华经济侵略，积极扩张对华贸易商务机关，实行倾销政策，希图独占我国市场，作日货消费之商业殖民地。"③

---

① 赵兰坪：《日货何以低廉》，《日本评论》第7卷第1期，1935，第32页。
② 上海社会科学院经济研究所编《刘鸿生企业史料》（上），上海人民出版社，1981，第225～226页。
③ 《各国对华贸易：日货厉行倾销政策》，《国际贸易导报》第6卷第3期，1934，第416页。

三 日本水泥倾销对中国水泥产业发展的影响

中国水泥业虽然取得了长足的进步，但其在发展过程中始终面临着外国特别是日本水泥倾销的压力。由于受日本水泥倾销的打击，中国民族水泥企业的市场份额不断缩小，利润率降低，开工不足，有些企业甚至陷于停工和破产的境地。

市场份额减少

日本水泥在中国市场的倾销行为，打破了正常的市场竞争秩序。民族水泥业由于本身底子薄弱，经受不了日本水泥倾销的打击，在日本水泥业的步步紧逼面前，市场份额日渐减少。

1922～1931 年，国货水泥的产量都只占国内市场水泥供给总量的 50% 多一点，最多的年份是 1923 年，为 65.46%（见图 9）。据中华水泥厂联合会统计，日本水泥对华出口量巨大，日本出口水泥总数共为 3979770 桶，"其中倾销我国者，约占总额四分之一至五分之二……至少当在一百万桶左右"。并且日本水泥出口中国的数量还不断在攀升："查海关贸易册外货进口水泥一项，十七年度（1928 年）值关平银 270 余万两，十八年度增为 340 余万两，十九年度又增为 380 余万两。"对于这种情况，时人感叹说："如此突飞猛进，漏厄之巨，岂可忍言。设国货供不应求，固犹可说，而实际则生产过剩，有如前述，为丛驱雀，犹可痛心。"[①]

---

① 南开大学经济研究所等编《启新洋灰公司史料》，南开大学出版社，1963，第 60 页。

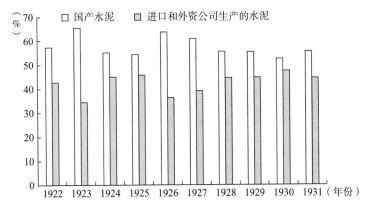

图 9 中国国内市场水泥供给总量中的国产水泥与进口和 外资公司生产的水泥所占比重

在此期间，民族水泥企业每年的生产能力大约为367万桶，但是由于日本水泥的倾销，每年水泥的产量都远远低于这个数字。而且这个数据是根据各厂一般生产能力计算，如果没有日货倾销，国货销路必增，各厂产量还可提高。

即便如此，每年国产水泥的销量还是低于这个数据。历年的水泥产量中，以1931年为最高，达到296万桶，这主要是因为该年全国抵制日货，国货水泥的销量较前数年高，但这样的销量也只相当于国内水泥业生产能力的81%，遑论其他年份。中华水泥厂联合会感叹说："查国产水泥生产能力每年约共367万桶，向以日货倾销，仅及产量5/10，自九一八事变以后，全国抗日空气突见紧张，国产销数因以激增，全年销至280万桶之谱，虽与生产力尚难相侔，而销数之多，已为从来所未有"。但是抵货运动退潮后，形势又有变化，由于日货的倾销，国产水泥的市场份额又开始下降，利润开始降低，"沪战停止，日货又形活动，源源进口，跌价竞销，较其本国售价，每桶约减去银2两以上"。①

日本水泥的在华倾销，给中国水泥公司造成了很大的损失。1932年，中国水泥公司的产量为44.1万桶，比1931年减少6.1万桶；销量为43.6万桶，比1931年减少5.6万桶。造成这种结果的原因很复杂，日货的倾销是一个最重要的原因："查本年初，因战事关系，商业完全停顿。迨战事平定，日货水泥又源源运沪，而市场经济之一枯窘，复开从来未有之局。"面对这种销售不佳的状况，华商水泥公司靠停工来减少损失："本公司为避免存货壅滞计，曾令厂将水泥磨停工多时。故本年度水泥磨工作日数仅有二百六十一天有奇，以全年日数计之，仅占百分之七十一点四五，较上年度减至百分之十一弱。"这种停工的结果当然是造成了产量的下降："因是总产额遂见减少，然每昼夜平均产量则为一千六百八十六桶，实较上年度为高。"②

当时有新闻报道了1933年各水泥企业的销售情况，五大厂家华商水泥公司、中国水泥公司、启新洋灰公司、华记水泥公司、广东士敏土厂年产总量为195万桶，"与中国年销之二百五十万至三百万桶数相近"，也就是说，国内市场本来可满足民族水泥企业生存与发展的需要，但是因为"日水泥跌价倾销"，以至于"国产水泥均被挤堆存，销路寥寥"。③该则报道从一个侧面反映了中国水泥厂家市场占有率逐渐降低的情况。

---

① 南开大学经济研究所等编《启新洋灰公司史料》，南开大学出版社，1963，第59页。

② 上海社会科学院经济研究所编《刘鸿生企业史料》（中），上海人民出版社，1981，第110页。

③ 《日本水泥运华倾销》，《国际贸易导报》第5卷第7期，1933，第229～230页。

水泥业利润不再丰厚

日本水泥的大量进口对国内水泥价格产生了较大的影响。水泥业在第一次世界大战期间获得了丰厚的利润，当时国内仅有三家民族水泥企业，即启新洋灰公司、湖北华记水泥公司及广东士敏土厂，它们生产的水泥销路非常好，价格也因为战争一路飞涨，"每桶水泥市价由五元飞涨到十二元"。由于利润丰厚，"国内的资本家对于水泥工业，更认为投资的唯一出路"。[①]

但是一战结束后，国内的经济形势发生了变化，各国"急于恢复因受战事丧失的元气。对于工业大量生产，更设法挽回他们在中国原有的市场，实施他们的倾销政策"。外国商品因此"充斥于市上，逼成供过于求之势。国产水泥便一落千丈，从十二元的市价，跌至二元六角"。[②] 由于日货的大量涌入，水泥价格开始下跌，利润率也开始降低。

水泥价格在 1920 年以前非常高，每桶达到 12 元，但1920 年以后，由于外国水泥的倾销及国内新水泥厂的建立，水泥价格明显下降：1923 年为 4.694 元/桶，1925 年为 3.825元/桶，是历年最低价格。1926 ~ 1929 年水泥价格有所上升，但基本都稳定在 4.2 元/桶左右；1930 年价格为 4.5256 元/桶，如果考虑到增加的税率，基本上没有多大的变化。1931年以后，由于南京国民政府开始征收统税，民族水泥企业开始将这部分增加的统税转嫁到消费者身上，所以这段时间水

① 上海社会科学院经济研究所编《刘鸿生企业史料》（上），上海人民出版社，1981，第 157 页。
② 上海社会科学院经济研究所编《刘鸿生企业史料》（上），上海人民出版社，1981，第 181 页。

泥价格基本都保持在 5 元以上，如果排除增税的原因，水泥价格实际呈下降趋势。

对于这种进口对价格的冲击，时人一针见血地指出："因为外货采取跌价倾销政策，中国水泥不得不跌价；一跌价，首先遭到严重影响的就是本国的同业。"① "倾销的结果，虽然不至于影响国货工厂的生产，但是日本水泥的倾销迫使中国的水泥厂家将其价格由 5.94 元跌至 4.8 元"。这对中国水泥业的影响是不言而喻的。

1932 年 12 月 17 日，华商水泥公司第六十次董事会上，有董事就指出日本水泥倾销对华资水泥业造成的损害："现在日货倾销益形剧烈，其每桶售价较之国货，须差至一两六钱二分之多。虽经水泥厂联合会一再呈请政府举办倾销税，但迄尚未见实行。苟非与启新、中国两公司有相当之联络，则本公司售价之不克维持，可无待言，非特难望盈余，且恐不免亏绌。"② 中国征信所在对 1932 年华商水泥公司的营业情况进行调查后，指出"该公司在最近数月内，因受日货水泥倾销影响，不得不减低售价"。③

国内其他的水泥厂家也受到不同程度的影响。启新洋灰公司的马牌水泥在威海卫的价格原为每包 1.45 元。1935 年，日本水泥厂家贩运 4000 包水泥至威海卫，每包定价为 1.35 元，以与启新洋灰公司的马牌水泥竞争。在这种情况下，启新洋灰公司被迫将价格降为 1.4 元，虽然已降至成

---

① 上海社会科学院经济研究所编《刘鸿生企业史料》（上），上海人民出版社，1981，第 183 页。
② 上海社会科学院经济研究所编《刘鸿生企业史料》（中），上海人民出版社，1981，第 79 页。
③ 《上海水泥公司沿革》，上海社会科学院经济研究所藏《刘鸿生企业档案资料》，卷号 02-001。

本线以下，但还是比日本水泥价格高 5 分，"尚不足抵抗，即并驾齐驱亦不可能，意欲再减，而又为数过巨，不克负担"，日本水泥的降价竞争使启新洋灰公司处于进退两难的境地。[①]

1935 年，华商水泥公司也在日本水泥倾销的压力下，被迫大幅度降低价格，使国内的其他同类产品也被迫进行削价销售："中国水泥公司首先跌价竞销，启新与本厂（华商）亦不得不相继竞争，以致售价之低，为历来所未有"，从而造成了中国民族水泥业之间的恶性竞争。"[②]

日本水泥倾销还造成中国民族水泥业产销量邃为减少，以及工厂开工不足和停产。由启新洋灰公司所受影响可见一斑。

从 1912～1937 年启新洋灰公司生产设备的利用情况可以看出启新洋灰公司产品的市场占有率的升降情况。设备利用率高，表明公司水泥的产量多，产量多说明水泥销路较好，销路较好表明产品的市场占有率高，反之亦然。在早期阶段，特别是一战期间，启新洋灰公司的设备利用率基本都很高，有几年甚至是满负荷工作：1919 年的设备利用率为 101.4%，1920 年为 104.5%，1921 年、1922 年、1923 年及 1924 年均在 130% 左右。但是一战结束后，由于外国特别是日本水泥的倾销，国货的市场占有率逐步下滑，设备利用率开始降低，1926 年仅为 32.3%，以后渐渐增加，基本保持在 90% 左右。

---

① 南开大学经济研究所等编《启新洋灰公司史料》，南开大学出版社，1963，第 57 页。

② 上海社会科学院经济研究所编《刘鸿生企业史料》（中册），上海人民出版社，1981，第 85 页。

1935 年，启新洋灰公司因为日货的倾销而减产和停工，"该厂前因最大销路之上海，今年营业奇绌，华北亦复不振，灰价已由每担六元余，减至五元余……截至最近，厂内及各埠仓栈，积存未销洋灰达百余万桶，前途殊少展望。不得已于本月二十三日起，将厂内灰窑五座，灰磨三座，暂行停工，减少产量三分之二，并解雇长工六百五十余名"。[①] 启新洋灰公司是中国民族水泥业中的龙头企业，其水泥产品质量好，销量稳定，而且在一战期间赚取了超额利润，这使得启新洋灰公司资本雄厚，具有强大的竞争力。但是我们看到，启新洋灰公司在日本水泥的倾销进攻面前也受到严重冲击，其他民族企业所遭受的冲击就更大了。

---

① 浙江兴业银行《每周参观》第八十六号，上海社会科学院经济研究所藏《刘鸿生企业档案资料》，卷号 02－012。

第三章　殊死抗争：民族水泥业的反倾销

近代日本水泥业的在华倾销使中国水泥业遭受严重的打击，民族水泥企业市场份额下降、利润率降低、工厂开工不足甚至陷入停产的困境。在这种情况下，如何反抗外国同业的不正当竞争是事关中国水泥业生死存亡的大事。在巨大的生存压力面前，中国水泥业一方面通过各种手段提高产品质量并降低生产成本，使国产水泥具备了很强的市场竞争力；另一方面水泥企业组织同业联营，通过联合抵制的方式来达到遏制日本水泥倾销的目的。

一　近代中国水泥工业的萌芽与发展

华商上海水泥厂经理吴清泰认为，近代中国水泥工业的发展先后经历了萌芽阶段、初步发展阶段、飘摇阶段和成熟阶段。[①] 在其成长发展过程中，中国封建顽固守旧势力的摧残与外国水泥同业的压迫始终相伴。面对残酷的外部环境，中国民族水泥企业作为市场主体，身处逆境却能在艰难困境中求得生存和发展，充分发扬企业家的创新精神，主动地适应市场变化。这种企业家的创新精神是企业发展的原始动力。总体来看，在与外国企业的艰难博弈中，民族水

---

① 吴清泰：《中国水泥工业的发展过程及现况（1936）》，上海社会科学院经济研究所藏《刘鸿生企业档案资料》，卷号 02 - 013。

泥企业虽历经坎坷，但还是通过自身的努力渐渐获得了发展并走向成熟。

铁路的必要配套：1890～1911 年的萌芽阶段

水泥是现代建筑的基本材料，它由英国人史弥敦于 1756 年所发明。19 世纪末，水泥开始传入中国并逐渐结束了中国传统建筑使用砖瓦及黏土、石灰、糯米浆等胶凝材料的历史，这是中国建筑材料史上的一次巨变。[①]

洋务运动后期，随着国内工矿企业的开办和军事工程的修筑，中国国内对水泥的需求量日益增加。当时中国还不能生产水泥，所需的水泥全部从国外进口，价格昂贵，每桶（合 170 公斤）价格高至银洋 20 元。当时开平矿务局的督办唐廷枢看到水泥生产有利可图，于是上奏清廷，创建了中国第一个民族水泥厂——唐山细绵土厂，但不久因为生产成本过高而倒闭。

1894 年甲午战争爆发，战争以中国的失败告终。1895 年，清政府被迫与日本签订了丧权辱国的《马关条约》。《马关条约》除了要求清政府向日本割地、赔款外，还规定了相关通商章程："日本臣民得在中国通商口岸、城邑任便从事各项工艺制造；又得将各项机器任便装运进口，只交所订进口税。日本臣民在中国制造一切货物，其于内地运送税、内地税钞课杂派以及中国内地沾及寄存栈房之益，即照日本臣民运入中国之货物一体办理；至应享优例豁除，亦莫不相同。嗣后如有因以上加让之事应增章程条规，即载入本款所

---

① 上海水泥厂编《上海水泥厂七十年（1920—1990）》，同济大学出版社，1990，第 1 页。

称之行船通商条约内"。从此日本在中国享有设厂制造的权利，其他列强也纷纷以"利益均沾"为由，向中国索取相关权利。以《马关条约》为标志，帝国主义国家对中国的侵略步伐进一步加紧，随之而来的就是帝国主义在中国瓜分势力范围的狂潮和相应的斗争。

1900 年，中国大地上爆发了义和团运动并最终演变为国际军事冲突。1901 年，清政府同俄、英、德、法、美、日、意、奥等国签订了屈辱的《辛丑条约》。条约规定：清政府赔款白银 4.5 亿两，以海关等税收作保；保证严禁人民反对外国侵略；拆毁大沽炮台，允许帝国主义国家派兵驻扎北京到山海关铁路沿线重要地区；划北京东交民巷为"使馆界"，允许各国驻兵保护，不准中国人居住。西方列强通过侵略战争进一步攫取了奴役中国的政治经济特权，在中国划分了各自的势力范围，并开展了大规模的殖民投资，使帝国主义政治经济势力在中国逐步占据了支配地位，从而全面地、牢固地控制了中国的经济命脉，从金融、财政上扼住了中国的咽喉。

为了加强对中国的经济侵略，西方列强开始在中国疯狂地掠夺铁路修筑权。从 19 世纪 90 年代到第一次世界大战前夕，列强在中国铁路投资方面的竞争达到了空前激烈的程度。英国投资沪宁、津浦、广九各路，美国投资粤汉铁路，比利时和法国投资京汉、陇海、同成等铁路。修筑铁路需要水泥，这直接刺激了水泥工业的发展。作为一种新兴工业，水泥业在中国的发展和帝国主义国家对中国铁路的殖民主义开发密切相连。

这个时期民族水泥企业开始如雨后春笋般发展起来。在中国境内，除了英国人创办的青洲英坭厂[①]以外，民族水泥企业如启新洋灰公司、华记水泥厂和广东士敏土厂也相继创办，生意也日渐兴盛。但是由于各项铁路借款的附带条件及条约的束缚，各国拒绝采用中国的水泥产品，甚至有的外籍工程师对于铁路局已购的国产水泥宁愿堆置不问，而一定要购用青洲牌及其他各种舶来货品。[②] 这样，在傲慢与偏见之下，国产水泥虽然占有地利，但其销售量反不如外国水泥多。[③] 以下是这一时期创办的民族水泥企业。

（一）启新洋灰公司

启新洋灰公司的发展历史可以追溯到创办于 1890 年的唐山细绵土厂。1877 年，广东籍士人唐廷枢被李鸿章任命为开平矿务局督办。唐廷枢在长期工作中观察到中国国内工程建设所用的水泥全部由国外进口，而且价格非常昂贵，每桶高达银洋 20 元。这给有着商业头脑的唐廷枢留下了很深的印象。通过全面、仔细的调查，他了解到在唐山有大量能用来制造水泥的石灰石原料，于是唐廷枢决定在唐山创办水泥厂。为了研究唐山的石灰石是否适合作为制造水泥的原料，唐廷枢将这些石灰石和其家乡香山县的里河坦泥送往澳门青洲英坭厂试烧。结果证明，这些石灰石是制造优良水泥的最

---

① 英国商人于 1886 年在澳门青洲岛开办了青洲英坭厂，该厂以广东省英德县的石灰石和当地的河泥、山石做原料，生产出的水泥以翡翠牌为商标。该厂水泥除供当地建设需要外，还出口到广东省。1887 年，英国商人在香港的九龙海岸又开办了第二个水泥厂，两厂都同属青洲英坭公司，同享一个翡翠牌商标。这是中国土地上的第一个外资水泥企业。见王燕谋编《中国水泥发展史》，中国建材工业出版社，2004，第 37～39 页。

② 吴清泰：《中国水泥工业的发展过程及现况（1936）》，上海社会科学院经济研究所藏《刘鸿生企业档案资料》，卷号 02 - 013。

③ 吴清泰：《中国水泥工业的发展过程及现况（1936）》，上海社会科学院经济研究所藏《刘鸿生企业档案资料》，卷号 02 - 013。

好原料，品质高于澳门青洲英坭厂所用的原料。为稳妥起见，唐廷枢又多次将原料送到英国试烧，经英国著名化验师并卜伦在各厂多次试验，认定唐山石灰石是上好的原材料，可以生产出头等细绵土，能承受 400 多磅的拉力。[1] 经过多次试验掌握可靠数据后，唐廷枢决定创办水泥厂。1889 年 11 月，他向李鸿章上书陈述了寻找原料的经过和试验的结果，并提出了在唐山建立细绵土厂的设想。李鸿章很快给出了答复："迅速妥议章程，克期开办，以资应用"[2]，要求他尽快制定公司章程，尽快建成并投入使用。

　　唐山细绵土厂属于官商合办企业。该厂创办时资本为白银 6 万两，其中军械局出资 2 万两，开平矿务局出资 2 万两，里河坦泥产地的香山县绅士、唐廷枢的好友出资 2 万两，工厂厂址选在唐山大城山南麓。用于生产水泥的石灰石原料就地开采，土料则从广东香山县的里河挖取（土料被制成砖坯并晾干后运到澳门，再雇船或者通过开平煤矿运煤船返空时运到唐山），煤炭则由开平煤矿按成本供给。工厂相关生产设备则于 1890 年秋由国外运抵唐山安装。该厂于 1891 年建成投产，占地 66 亩，有立窑 4 座及相应设备，日产量近 30 吨。由于生产技术方面的原因，该厂生产成本很高，而且水泥质量较差，甚至不如当地土产石灰（"烧造洋灰，成本既巨，而所出之灰，尚不如土产石灰"），所以销售十分困难。[3] 生产的产品销售不出去，因此工厂亏损严重，不仅股本亏赔殆尽，还欠开平矿务局 10 万余两白银。1892 年，唐山细绵土厂创始人唐廷枢病故，江苏候补道张翼接替唐廷枢任开平矿务局

---

①　王燕谋编《中国水泥发展史》，中国建材工业出版社，2004，第 54 页。

②　王燕谋编《中国水泥发展史》，中国建材工业出版社，2004，第 54 页。

③　王燕谋编《中国水泥发展史》，中国建材工业出版社，2004，第 55 页。

总办。张翼见细绵土厂亏赔数额巨大，于是在 1893 年便奏请清廷关闭该厂。近代中国第一家民族水泥生产厂家就这样因亏损而倒闭，而从开办到倒闭，其经营时间总共才两年多。

启新洋灰公司就是在唐山细绵土厂的基础上创办的。《马关条约》等不平等条约激起了中国人民的义愤，中国出现了民间"设厂"的浪潮。1900 年，开平矿务局总办兼长芦盐运使周学熙[①]奏请直隶总督裕禄，请求重新开办唐山细绵土厂。[②] 1900 年 7 月，裕禄同意了奏请并派周学熙本人负责重办事宜，周学熙接任后随即委任开平矿务局矿师李希明任工厂总经理，着手重办工厂。正当此时，八国联军侵略中国，疯狂镇压义和团运动，并攻占了天津和唐山。英军在天津逮捕了张翼，在英军的威逼利诱之下，张翼将开平矿务局产权出卖给英国墨林公司，唐山细绵土厂就随开平矿务局同时被英国人所占有，周学熙重新创办唐山细绵土厂的计划搁浅了。

1903 年袁世凯出任北洋大臣，他先后三次上奏朝廷，要求追究张翼出卖国家财产的责任。清政府因此责成张翼收回开平矿务局和唐山细绵土厂，但是中英之间经过多次交涉，始终没有结果。1906 年，袁世凯以北洋大臣的身份命令周学熙和英国人谈判，希望能从英国人手里收回唐山细绵土厂。经过艰苦的谈判，英国人终于同意将该厂交归中国经营。

唐山细绵土厂自 1893 年关闭到 1906 年收回自办，已停办了 13 年，工厂设备由于长期搁置而破烂不堪，而且其生

---

① 周学熙是安徽秋浦县（现东至县）人，晚清举人，工商郎中，直隶补用道。历任直隶通永道、天津河间府兵备道、长芦盐运使、直隶按察使。他除在官府任职外，还担任过矿业联合会正理事、全国棉业筹备处督办兼领长芦棉垦局事务、中国实业银行总经理等职。见周川主编《中国近现代高等教育人物辞典》，福建教育出版社，2018，第 426 页。

② 王燕谋编《中国水泥发展史》，中国建材工业出版社，2004，第 55 页。

产技术已远远落后于世界先进水平。于是周学熙用很低的价格收购了工厂全部资产，并还清了公司所欠的债务。在袁世凯的支持下，公司一面恢复生产，一面募集资金，着手对原厂的改造。

1907 年 8 月 16 日，公司正式恢复生产，并更名为"启新洋灰有限公司"，公司股东会选举周学熙为第一任总经理，此后周学熙任此职达 20 年之久。周学熙吸取了原厂失败的经验教训，锐意革新技术。他首先抛弃了落后的立窑生产方式，采用了当时世界上最先进的干法回转窑技术，并不惜重金向丹麦史密斯公司购买了 2 台 2.1m×30m 干法中空回转窑，以及生料磨、水泥磨和其他相应设备，同时聘请德国人昆德为总技师（总工程师）、德国人鲍楼布克和马赤担任烧窑工，以确保生产顺利进行。启新洋灰公司在创办伊始还享有种种特权，如在创办之初，公司即取得了清政府的独家经营许可，包括规定"他人不得在邻近仿办此项相类营业"，"发现有洋灰原料产地，启新有优先购买办厂的权利"等。除此以外，它还取得了销路、运费、煤价、捐税等一系列的特权与便利。[①]

1908 年 1 月，启新洋灰公司正式投产，每天生产水泥 119 吨，产品商标最初为"太极图牌"，后又改为"马牌"。其产品质量非常好，可与进口水泥媲美，很快就畅销国内外，成为中国民族水泥工业发展的先驱和标杆。

第一次世界大战之前，启新洋灰公司的水泥产品销售对象以铁路、工矿企业为主，如启新洋灰公司与山西同蒲铁路

---

① 南开大学经济所、南开大学经济系编《启新洋灰公司史料》，南开大学出版社，1983，第 195 页。

公司、南浔铁路总公司等单位订立了长期购用水泥合同。在北方，其大宗销路主要是京张、京汉、京奉各铁路公司，同这些铁路公司订立长期合同；另外，还向津浦铁路公司供销大量水泥；在南方主要销给津浦南段、皖、赣、苏各铁路及各大局厂。[①] 启新洋灰公司的水泥产品畅销的原因是质量好，深得客户的好评，公司长期以来供给京张、张绥、京汉、京奉、津浦、陇海、汉粤川各铁路公司以及葫芦岛开埠局等处工程使用的水泥，客户"无不极承交口称赞。"[②]

（二）广东士敏土厂

广东士敏土厂的创办和广东省的支持直接相关。1905～1906 年，岑春煊主持广东政务期间，观察到广东省建筑用水泥全部依靠进口，而且这些进口水泥销量很好，供不应求，有很高的利润，于是他决定在广东创办士敏土厂。岑春煊通过各种方式募得资金共 120 万银元。其中，广东善后总局和两广盐运使拨官银 40 万银元，进口商贷款 80 万银元。岑春煊委派洋务督办温宗尧向德国礼和洋行订购了日产 500 桶生产能力的立窑生产设备。

1907 年，工厂正式开始厂房建设和设备安装。一开始厂方聘用德国工程师赛仁为技术指导，但在安装过程中，赛仁与中方闹翻，于是礼和洋行就另聘一名叫克利希的德国工程师取代赛仁。然而，克利希不熟悉水泥设备，致使安装工作无法顺利进行。在这种情况下，厂方只得另聘青洲英坭厂机械师李国赛来指导机器安装。1909 年 1 月，全厂机器设备终

---

① 南开大学经济所、南开大学经济系编《启新洋灰公司史料》，南开大学出版社，1983，第 164 页。

② 南开大学经济所、南开大学经济系编《启新洋灰公司史料》，南开大学出版社，1983，第 165 页。

于安装成功并投入试生产。但是试生产过程中出品很少，每窑每天只能出熟料 3~6 桶，产量一直难以提高。厂方于是同礼和洋行进行交涉，德国人则推诿说窑工不熟悉操作，于是厂方又雇来青洲英坭厂的熟练窑工。该窑工虽然将工厂产量提高到日产 100 余桶，但与协议中规定的 500 桶仍然相差很远。1907 年 7 月，工厂总办聘请青洲英坭厂化验师施炯裳担任广东士敏土厂化验师。经过实地考察后，施炯裳提出了改善立窑通风等一系列技术措施。但是，由于当时正值工厂领导更迭，新任总办迷信西洋设备，不敢采纳施炯裳的建议，而是一味地与洋行交涉要求赔偿。但是多次交涉没有任何效果。1911 年，在束手无策的情况下，厂方决定采纳施炯裳的建议，采取改善立窑通风等措施。经过此项技术改进，工厂的生产状况果然大有好转，工厂日产量由 100 余桶猛增至 400~500 桶，基本达到协议中承诺的产量。广东士敏土厂的产品商标是"威凤祥麟牌"，该厂改变了广东水泥市场上进口水泥一统天下的局面，是我国最早的省办水泥厂。[①]

（三）湖北华记水泥厂

1907 年，清政府准备修筑粤汉铁路，铁路建设需要大量水泥。基于发展民族实业的想法，湖广总督张之洞发布告示宣布招商创办水泥厂。告示发布后，浙江杭州人程祖福[②]上书张之洞，愿意承办水泥厂。1907 年 7 月，张之洞批准程祖福在大冶（现湖北黄石市）创办湖北水泥厂，并委任程祖福

---

① 王燕谋编《中国水泥发展史》，中国建材工业出版社，2004，第 58 页。

② 程祖福（1862~1943），字听彝，浙江杭州人，据曾任过福州知府，后赴台湾任职，时值台湾割让给日本，弃官从商，创办了清华实业公司并担任总经理，经过数年经营，颇有成效。见湖北省地方志编纂委员会编《湖北省志人物志稿》（第 3 卷），光明日报出版社，1989，第 1475 页。

为该厂总办，同时规定"只可华商附股，断不准召集外国人股本，致滋纠葛，是为至要"。同时，张之洞还将对程祖福集股商办湖北水泥厂的批示、湖北水泥厂产品减免税事项及在湖北境内享有 15 年专利等情况上奏清廷，由农工商部会同邮传部共奏慈禧太后和光绪皇帝，清廷批准了张之洞所奏由程祖福创办大冶湖北水泥厂及减免税厘等相关事宜。

创办企业最重要的是资金问题。程祖福获准办厂后便开始筹集资金，最后共筹得股本 42 万两白银。依靠这些股本办厂是远远不够的，为了筹集资金，程祖福四处奔走、多方呼告，还变卖了自己在上海的"张园"等私产作为办厂资金。另外，他还通过借贷的方式筹集余款，总计借贷 150 万两白银，包括吉林官银号的 68 万两，湖北官银号的 13 万两，日本三菱公司的 72 万日元。高额贷款使湖北水泥厂从创办伊始即身负重息，每年企业仅还本付息金额就达 22.5 万两白银。由于利息负担过重，湖北水泥厂从一开始就陷入财务困难的境地。[1] 这种沉重的财务负担也是造成近代中国诸多企业经营困难的最重要原因。

资金筹集完成后，程祖福随后立即开始选择厂址、置地和采购机器。程祖福在上海通过德商瑞记洋行购得全套干法回转窑工艺设备，包括 2 台回转窑、2 台生料磨、2 台水泥磨和 2 台回转式干燥机等等。工厂土木工程则通过招标的方式由上海姚新记建筑公司承建，水泥生产整套设备由瑞记洋行负责安装。

经过近两年的建设，1909 年 5 月 2 日，工厂正式建成并投入生产。工厂日产水泥 180～200 吨，水泥品质优良，1910

---

[1] 王燕谋编《中国水泥发展史》，中国建材工业出版社，2004，第 59 页。

年获得在南京举办的南洋劝业会金、银奖各一枚。由于产品质量较佳，很快就在国内外市场上打开了销路。湖北水泥厂产品使用"宝塔牌"商标。湖北水泥厂的建成投产，奠定了国内水泥工业分布的新格局，它与唐山的启新洋灰公司和广东士敏土厂形成中、北、南三足鼎立局面，促进了中国水泥工业的发展。

但是，湖北水泥厂自身在建设过程中也存在诸多问题。由于该厂投资额远远超过预算，企业募集股金占比过低，负债率过高，工厂运营极度困难。1914年，湖北水泥厂被启新洋灰公司并购，更名为华记水泥公司。

总体来看，这一时期创办的水泥厂都是在政府提倡和支持下兴起的，或由政府出资，或由民间出资，或由政府与民间共同出资。虽然都经历了不同的困难和曲折，但总算为民族水泥业的发展开辟了一条新路。截至1911年，启新洋灰公司、广东士敏土厂和湖北水泥厂三家水泥企业总年产量达10万吨以上，这个数量接近清末有据可查的最高水泥进口量（1910年）。也就是说，当时国产水泥生产总量已经占国内总需求量的50%，其他50%的缺口多从日本、意大利、德国各国进口来填补，或从青洲英坭厂采购。[1]

辛亥革命后的初步发展阶段：1911～1922年

1911年爆发的辛亥革命结束了中国两千多年的封建帝制，为民族资本主义的发展创造了有利的条件。《中华民国临时约法》有力地打击了封建主义，极大地推动了中国社会

---

[1] 上海社会科学院经济研究所编《刘鸿生企业史料》（上），上海人民出版社，1981，第155页。

的进步，为民族资本主义的发展奠定了基础。与此同时，南京临时政府在它存在的 3 个月时间内，颁布了一系列保护民族工商业的法令，鼓励人们兴办实业，并为一些有困难的企业提供了实际帮助，使民族工商业获得显著的发展。国内实业集团纷纷成立，开工厂、设银行成为风潮，民族资本主义的经济力量在短短的几年内就有了显著的增长。

在这个背景下，新兴的民族水泥工业也获得了快速发展。由于各行业对水泥需求量增多，一些老厂纷纷扩大规模、提高生产能力。如启新洋灰公司就 2 次进行了扩建。1911 年进行第一次扩建，公司招募股本 150 万银元，并从丹麦史密斯公司购置 2 套干法中空回转窑生产线设备，建成投产后公司生产能力提高到日产水泥 1200 桶；1920 年公司进行了第二次更大规模的扩建，公司招募股本 228 万银元，又从丹麦史密斯公司购买 2 套干法中空回转窑生产线设备，并于 1922 年建成投产，公司日产水泥生产能力达到 2600 桶。经过这两次扩建，公司总生产能力由日产水泥 700 桶增加到 2600 桶，年产量由 3.6 万吨增加到 23 万吨。[①]

新建的水泥厂家日益增多，中国的水泥业进入初期发展阶段，并显示了很强的发展势头，后来有学者在总结这段时期民族水泥工业发展态势时说："民国三年至十一年，在欧战期间，各国对于工业用品，大都自顾不周，运输停顿，舶来水泥在国内市场，可称绝迹。这时本业便由萌芽时期，转到黄金时期。三厂的销路，异常发达。每桶水泥市价，由五元飞涨到十二元。在这几年内，启新一厂，获利最巨。本业原有各厂，便乘此时期，计划增产。国内的资本家对

---

① 王燕谋编《中国水泥发展史》，中国建材工业出版社，2004，第 73 页。

于水泥工业，更认为投资的唯一出路。到民国十一年，就有几处新厂组织成立。同时老厂的增产计划，也都实现。"①

这一时期除了早已成立的启新洋灰公司、广东士敏土厂及华记水泥公司外，新发展起来的水泥厂计还有 1917 年设于山东济南的致敬水泥公司、1920 年创办的上海华商水泥公司、1921 年创办于江苏无锡的太湖水泥公司及 1922 年创办于江苏南京的中国水泥公司。从总体上看，中国的民族水泥工业已经形成了比较合理的工业布局，遍布中国东、南、中、北大部地区，并且已经具备了相当规模。

截至 1924 年，民族企业水泥生产量已经达到国内水泥生产总量的 77.47%，而外资水泥厂家生产总量占比开始下降。民族水泥企业的总资本为 1440 万元，占全行业总额的91.14%，外资水泥企业总资本占比下降到 8.86%（见附表3-1）。从这些数据的对比中，可以看出中国水泥业已经取得了很大进步，基本上改变了过去依赖外国进口的历史并走上独立发展之路。总体来看，这一时期各厂的发展情况如下。

华商水泥公司的创办。第一次世界大战期间，欧美国家的水泥产品在中国市场几乎绝迹。国内市场主要由 5 家水泥厂即启新洋灰公司、广东士敏土厂、华记水泥公司、日商小野田水泥制造株式会社的大连和山东支社瓜分。

近代的上海被称为"冒险家的乐园"，是近代中国的金融中心和东亚地区最大的商埠之一。20 世纪 20 年代，上海大规模的城市建设使其对水泥的需求量大增。此时各行各业大兴土木，租界内外大量新建工厂、新式住宅，高楼大厦拔

---

① 吴清泰：《中国水泥工业发展的过程及现况（1936）》，上海社会科学院经济研究所藏《刘鸿生企业档案资料》，卷号 02-013。

地而起。而据当时上海公共租界工部局捐务处报告，1912 年公共租界内华式房屋为 52461 幢，洋式房屋为 3216 幢，到了 1920 年分别增加为 60989 幢和 3498 幢。据统计，1919 年上海公共租界内有工厂 28 家、堆栈 52 家，1920 年则分别增至 51 家和 84 家。上海对水泥的需求称得上"日增月盛"。[①] 商人对市场的嗅觉总是最灵敏的，对水泥旺盛的需求使许多企业家的投资热情高涨。

1920 年夏，上海商人李翼敬（裕生锰矿公司经理）与刘宝余（怡和华顺栈房买办）二人打算创办一家水泥公司，他们同德国人马礼泰（湖北水泥厂前工程师）商量，认为创办水泥厂不是仅靠个人财力所能实现。于是他们找到刘鸿生、刘吉生兄弟，并邀集当时上海总商会会长朱葆三及商人谢仲笙、李拔可、张效良、杜家坤、韩芸根、赵文焕、陈箴堂、洪峨卿、祝伊才、张云江、吴寄尘、吴耀庭、夏履平、董杏荪、沈耕莘、徐作梅、田甫祥等共 23 人，共同创办水泥公司。[②]

刘鸿生被李、刘二人邀集共同投资创办水泥厂，双方可说是一拍即合。实际上，刘鸿生对创办水泥企业有他自己独到的思考：第一，水泥是笨重之物，从国外远道运来，其费用不菲，而如果能在中国就地生产、就地销售，那么成本要低很多，而且只要水泥质量优良，肯定能与外国水泥一争高下；第二，水泥生产要消耗大量煤炭，而他经营的煤堆栈中经常积存很多难以销售出去的煤屑，这些煤屑正好可用作煅烧水泥熟料的燃料，这样既解决了煤屑的出路，又降低了水

① 上海水泥厂编《上海水泥厂七十年（1920—1990）》，同济大学出版社，1990，第 2～3 页。
② 上海社会科学院经济研究所编《刘鸿生企业史料》（上），上海人民出版社，1981，第 157 页。

泥的生产成本，可说是一举两得。经过多方权衡，刘鸿生同意参与出资创办水泥公司。

1920年9月19日，刘鸿生等人在上海举行了第一次发起人大会。经过讨论，会议决定将公司名称定为上海龙华水泥有限公司，公司额定资本120万银元，共分12000股，每股100银元。公司聘任刘宝余为经理、马礼泰为工程师，委派他们前往各地勘探原料和矿山，并赴外国订购水泥机器设备及相机处理其他计划建厂事宜。同年9月23日，公司召开第二次发起人大会，并决定公司名改为华商上海水泥公司，公司注册名称为华商上海水泥股份有限公司（简称华商水泥公司）。

1921年1月，华商水泥公司举行了第1次董事会会议，公推朱葆三为董事长，韩芸根为总经理。朱葆三是当时的上海闻人，有很高的社会声望，由他担任董事长有利于工厂建设。韩芸根是上海涌记煤号经理，有很强的经济实力，由他出任总经理是希望他能增加投资。然而，韩芸根后来不愿投资并自己提出了辞呈。1922年8月23日，在第10次董事会会议上，大家公推刘鸿生为总经理。当时公司实收资本127万银元，合12700股，其中刘鸿生出资66.33万银元，占总股本的52.2%；其弟刘吉生出资10万银元，占总股本的7.9%；其他股东出资50.67万银元，占总股本的39.9%。刘氏兄弟的股份在公司里面占了绝对多数。

华商水泥公司将公司厂址设在上海龙华镇。从理论上来说，像水泥生产这种需要使用大量原料而且原料价格低廉的行业，厂址应接近原料产地，但是华商水泥公司将厂址设于产品的销售地，为何会这样选址呢？首先，刘鸿生认为上海既是水泥的集散地，也是"万商云集之地，水陆交通之区，设厂于是，良有以也"，[1] 所以他权衡生产与运销等条件，认为设厂在上海要比在原料产地方便得多。其次，刘鸿生认为把厂设在自己身边便于管理。[2] 最后，考虑到运输便利，刘鸿生认为设厂在上海更合适。100 吨水泥原材料可制造 75 吨水泥，刘鸿生认为如果将厂基建在石山附近，制造的水泥由火车或船只运到上海，所需运费比运白石（水泥原材料）来上海的价格要贵一倍；要是水泥运到中途出现走漏或偶遭潮湿等现象，那么损失就非常大了；如果出现不幸的交通事故，船只在运输途中倾覆，那么损失的一船水泥的价值远远超过一船白石，这些也是"厂宜设于上海"的原因。[3] 虽然刘鸿生说的这些理由都很充分，也有一定的根据，但是以后的实践证明，华商水泥公司由于远离原料生产地，生产成本要高于设于原料产地的启新洋灰公司、中国水泥公司两家，后来华商水泥公司高层对设厂于上海一事也检讨说："敝公司制造水泥之成本，如原料、煤斤皆须取材异地，运输之来路既远，即物料之价值增高，较之启新原料、煤斤均在就地取材，相形见绌。至于出售之后，能否仿照启新之市价行销，此时更无把握"。[4] 成本过高也是后来华商水泥公司在市场竞争中处于劣势的原因之一。

1921 年，华商水泥公司派专人赴欧美采购机械设备。这

---

① 上海社会科学院经济研究所编《刘鸿生企业史料》（上），上海人民出版社，1981，第 159 页。

② 上海社会科学院经济研究所编《刘鸿生企业史料》（上），上海人民出版社，1981，第 159 页。

③ 上海社会科学院经济研究所编《刘鸿生企业史料》（上），上海人民出版社，1981，第 159 页。

④ 上海社会科学院经济研究所编《刘鸿生企业史料》（上），上海人民出版社，1981，第 174 页。

些专家经过对比日本、美国和德国等所产的水泥生产线设备，最后选定了德国伯力鸠斯公司生产的湿法回转窑生产线全套设备，含2台湿法回转窑、生料磨与水泥磨各1台等。时人评价说："该厂所定机器，均系新式，能用力少而出货多"。[①]

1922年，各种机器设备由德国陆续运抵上海龙华工地，厂房也进入全面施工阶段。1923年8月，各种机器安装就绪并正式开始运行。当年水泥产量为189635桶，1924年产量达到362623桶，实现了预期。该厂的设备及厂房在当时来说是非常先进的："占地二百亩，沿江广一千二百英尺。厂内屋宇俱用水泥造成，地基亦用水泥打底，故极坚固。烟囱亦系水泥所造，远东如上海一带，可称独一无二之烟囱。办事室及住宅，亦仿新式建筑。堆栈异常开敞，现已堆置无数应用什物。桶厂则专制造水泥桶者，瞬息之间，可将大木柱切成槽形桶板及桶顶，见之令人咋舌……该厂所采原料，俱系上选。"[②]

华商水泥公司生产的产品质量非常好，它采用"象牌"作为商标。1923年10月25日，该产品获得了工部局颁发的合格证，证明象牌水泥的可承受的拉力、压力等均超过了合格指标，适合各类建筑工程使用。象牌水泥因为质量较好，在众多水泥品牌的竞争中脱颖而出，在上海地区很快就取得了优势地位。

另一家崛起的民族企业是中国水泥公司。1921年初，姚锡舟与上海金融界巨头吴麟书和握有矿山资源的屠述三等人

---

① 上海社会科学院经济研究所编《刘鸿生企业史料》（上），上海人民出版社，1981，第168页。

② 上海社会科学院经济研究所编《刘鸿生企业史料》（上），上海人民出版社，1981，第168页。

开始筹组中国水泥公司。经友人推荐，姚锡舟等人将厂址定在南京龙潭镇。1921年2月，姚锡舟等人正式勘定龙潭镇青龙山的北麓作为厂址，并决定在这里开挖一条长430米的小河，与便民河相连直通长江。这样，水泥就可经长江顺流而下直接运输到上海市场销售。

厂址确定后，姚锡舟等人就开始紧锣密鼓地进行各项筹备工作。1921年5月，在公司召开的第一次建厂筹备会议上，众股东公推姚锡舟为筹备主任；在同年8月召开的董事会上，众股东公推吴麟书为董事长、姚锡舟为总经理，并通过了公司章程；1921年9月3日，中国水泥公司正式成立。

公司成立后首先要解决的是水泥生产机器设备问题。第一次建厂筹备会议后，姚锡舟等即着手订购机器和购置矿山与建厂基地房地产等事宜，并于1921年7月向德国订购了湿法回转窑生产线。

1926年中国水泥公司兼并了即将开工建设的无锡太湖水泥厂，并将尚未投入使用的两套德国制造的湿法回转窑生产线全部运到龙潭工厂安装，并于1927年竣工投产。这次兼并使中国水泥公司的日产能力达到510吨，一举成为当时中国民族水泥业的第二大厂。

总体来看，这一时期可以说是中国民族水泥业发展的黄金时期，一些华资新厂的建立为中国水泥业的发展奠定基础，结束了中国水泥业需要从外国进口水泥的历史。民族水泥业取得这样的成就和当时的社会环境是分不开的。

首先，这一时期，不管是北洋政府还是南京临时政府，都制定了有利于民族资本主义发展的工商业政策，这在客观上有利于民族工业的兴起和壮大。辛亥革命结束了中国几千年来的帝制，民主共和观念开始在中国人心中生根发芽，这对中国民族工业的发展是一个有利的因素。在辛亥革命的影响下，民族工商业社会团体如雨后春笋般纷纷成立，起到了维护民族资本家利益的作用。不仅如此，南京临时政府和北洋政府还制定了一系列的经济法规，如南京临时政府时期，实业部成立以后，拟定了《商业注册章程》，放宽商业注册的范围，准许各公司、商店、牙帖等自由注册，注册费也比清政府时期有所减少，这就便利了实业企业的集股创办和申报注册。实业部还为保护和倡办工商矿业、农林渔牧及垦殖等实业确定官产范围、交还被强行没收的商产，做了一些具体的工作。① 1912 年袁世凯命令工商部"从速调查中国开矿办法及商事习惯，参考各国矿章、商法，草拟民国矿律、商律，并挈比古今中外度量衡制度，筹定划一办法。"1913 年又命令"凡关于保护兴业各法令，业经前清规定者，但于民国国体毫无抵触，应即遵照前次布令概行适用，次第施行……一面由农林、工商两部，迅将各种应行修订法律分别拟议草案，提交国会公决施行。"刘揆一任工商总长，特别是张謇任工商总长、农林和农商总长期间（1912 年 8 月至 1913 年 7 月和 1913 年 9 月至 1915 年 9 月），是民国初年比较有系统地制定与颁布经济法规的时期，如《工艺品奖励章程》《公司条例》《公司注册规则》等法律法规都是在这期间颁布的。②

其次是社会对水泥的需求日益增加。1914 年 8 月爆发的第一次世界大战，给了民族资本主义一个千载难逢的发展机

---

① 徐建生：《民国时期经济政策的沿袭与变异（1912 – 1937）》，福建人民出版社，2006，第 12 ~ 13 页。

② 徐建生：《民国时期经济政策的沿袭与变异（1912 – 1937）》，福建人民出版社，2006，第 81 ~ 82 页。

遇。大战期间，欧洲各国忙于战争，暂时放松了对中国的经济侵略，是为中国民族工业发展的黄金时期。民族工业蓬勃发展，水泥需求量大增。"洋灰为土木工程所不可缺之物。我国建筑渐趋西式，近年增筑日多，而道路、桥梁、堤防等工作亦渐众。洋灰销路既广，进口、生产之数亦随之递增。以进口而论，一九二一年进口之额约当战前之四倍，尤以自一九一九年来进步最速，工场增筑之多，当为一大原因也。"时人王澹如也指出："近年以来，中国对于水泥之需要，日增月盛，诚为空前之事。推其增加之原因，不外城市之改良与工商业之发达。"国内水泥的需求是推动民族水泥工业逐步壮大的重要原因。

另外，受一战影响，进口水泥数量日趋减少。一战发生后，帝国主义暂时放松对中国的压迫，主要表现在商品侵略方面有了较明显的削弱。根据海关统计，在1914年至1918年大战时期，我国进口额较一战前大大减少。其中，1915年比1913年减少了20.3%。同时，我国出口额则逐年增加，一战开始后的四年与1913年相比，都增长了14.8%～20.5%不等。所以，中国历年逆差严重情况，也获得了很大的改善，逆差由1914年的2.1亿海关两，减为1919年的0.16亿海关两，这是中国自1878年以来对外贸易逆差的最低点。① 国外进口商品的减少，在水泥业中表现得非常明显，国外进口水泥"忽然完全断绝。水泥之需要现象，公然表现于国人。国内实业家及一般有识之士，目睹此种情景，乃乘机建议，相继提倡组织水泥公司，以谋极力扩张中国之水泥事业焉"。顺应这种大好国际经济形势，国内实业家相继设立和扩建水

---

① 凌耀伦、熊甫、裴倜编《中国近代经济史》，重庆出版社，1982，第316页。

泥公司，以满足国内水泥市场的需求。[①]

最后，水泥业的高额利润吸引大量资本涌入。一战后，水泥的销路异常好，水泥价格高，这使水泥业成为最有利可图的行业之一。"欧战期间，各国对于工业用品，大都自顾不周，运输停顿。舶来水泥在国内市场，可称绝迹……三厂（启新洋灰公司、华记水泥公司、广东士敏土厂）的销路异常发达，每桶水泥市价由五元飞涨到十二元。在这几年间，启新一厂获利最巨。本业原有各厂，便趁此时期，计划增产。国内的资本家对于水泥工业，更认为投资的唯一出路。1922 年就有几处新厂组织成立，同时老厂的增产计划也都实现。"[②]

飘摇阶段：1926～1931 年

1926～1931 年是民族水泥业发展的最困难时期，主要是由于以下几个方面的原因。（1）一战结束后，帝国主义国家的经济侵略卷土重来，它们在中国大肆倾销过剩产品，加紧了对半殖民地中国的经济掠夺。（2）国内经济又因为军阀连年内战的影响，农村经济趋于破产，整个国民经济一片恐慌，人民购买力降到极点。（3）国内政治上又提出节制资本，提高劳工待遇的口号，国内的工人运动此起彼伏，"劳资纠纷，层见叠出，本业危机万状，几濒破产"。[③]（4）1929年发生的世界经济危机，对资本主义各国的经济造成了极大的冲击。各帝国主义国家为了转嫁其本国的经济危机，加紧

---

① 上海社会科学院经济研究所编《刘鸿生企业史料》（上），上海人民出版社，1981，第 155 页。

② 上海社会科学院经济研究所编《刘鸿生企业史料》（上），上海人民出版社，1981，第 155 页。

③ 吴清泰：《中国水泥工业发展的过程及现况（1936）》，上海社会科学院经济研究所藏《刘鸿生企业档案资料》，卷号 02-013。

了对中国的经济侵略，从而使国内的民族水泥厂家的经营更加艰难。国外水泥业的冲击和国内水泥企业间的无序竞争使水泥业的发展更趋困难，民族水泥业在这段飘摇时期痛苦地挣扎。广东士敏土厂就是在这一时期创办的。

一战爆发后，中国民族工商业获得迅速发展，广东省水泥市场需求量急剧增长。然而，广东省只有一家水泥厂——河南士敏土厂，该厂技术落后，设备陈旧，产品质量较低劣，每天水泥产量仅 35 吨左右，占广东省市场份额不到 10%。由于国产水泥在质和量上都不能满足市场的需求，国外水泥大量进入广东。

1928 年 3 月，南京国民政府为修筑粤汉铁路，专门派人到广东省考察水泥供应事项。广东政商各界人士一致认为，乘着修筑粤汉铁路的机会在广东省建设水泥厂，应该有利可图。

新厂厂址最初选定在拥有石灰石资源的广东省英德县白石咀，后来由于感到交通不便，管理困难，便将厂址改选在广州西村狮头岗。由于原有的士敏土厂位于广州的河南，而新厂在广州的西村，所以将新厂定名为广东西村士敏土厂。1933 年 7 月，广东省建设厅将河南士敏土厂并入西村士敏土厂，并将其改名为广东西村士敏土厂河南分厂。1935 年 4 月，河南士敏土厂因工艺设备陈旧落后而关停。广东西村士敏土厂从此成为当时华南唯一的一家水泥厂。

成熟阶段：1931～1937 年

1931 年起，中国水泥业开始进入了稳定的独立发展时期。这一时期新设立的水泥厂家有西北水泥厂。该厂于 1935 年建成并投产；另外江南水泥厂和重庆水泥厂也相继建成并投产，这一时期全国水泥生产总量、销量以及水泥价格都比前一时期要好。

1936年国内各水泥厂年生产能力合计为735万桶，以之与1932年的365万桶相比较，整整增长了1倍多。启新洋灰公司的资本，1921年为651.4万元，后经3次增资，1930年为1234.1万元，增资主要来自利润积累，1921～1936年共赢利24524万元。其日产能力1920年为2100桶，1923年增至4700桶，1932年增至5500桶。刘鸿生创办的华商水泥公司1921年资本为120万元，1928年增至150.51万元，1931年增至163.86万元。中国水泥公司初始资本100万元，1928年增至200万元。江南水泥公司为1935年由颜惠庆等创办，厂址在南京栖霞山，资本400万元，购美国水泥生产线一套，日产能力4500桶。此一时期新开设的水泥企业还有致敬水泥公司，设于济南梁家庄，资本20万元，日产约250桶，主要销往山东。另外阎锡山所办西北水泥厂，日产能力3000桶。四川水泥厂日产能力6000桶。这两厂1936年尚未正式投产。[①]

这一时期国内水泥厂家的布局更加合理，西北水泥厂和四川水泥厂的建立，弥补了中国西部及西北地区无水泥厂的历史，从为以后中国的抗战所做出的贡献来看，是一个很大的进步。这一时期民族水泥业之所以会出现这种兴盛的局面，主要有两个方面的原因。

第一，国内政局的稳定促进了水泥业的发展。1927年国民政府定都南京后，政治日趋稳定，特别是1930年中原大战后，国内军阀割据的局面渐渐得到改变，政令趋于统一。这种有利的国内政治环境无疑对民族水泥业的发展起到了很大促进作用，"从民国二十年起，本业才进入自立时

---

① 许涤新：《中国资本主义发展史》（第3卷），人民出版社，2003，第162页。

期。国内虽仍有内乱，但次数比较减少，发生战事的时间，也隔离得长久。尤其劳资双方，结过一番纷扰之后，已渐渐的觉悟起来"。①

第二，保护性的关税也是保持水泥业平稳发展的重要原因。1928年中国开始逐步获得了关税自主权，1930年中国同日本之外的主要国家签订了关税协定，并同日本签订了协定关税；1933年中国颁布了新海关税则，提高了大部分进口产品的关税税率，这对于受日本产品倾销的中国民族企业是非常有利的。在实施新税则前，外国水泥每桶缴纳关平银3钱2分，便能通行全国；而国产水泥转口，除须同样完税外，还有落地关卡厘金等种种负担，所以"国产水泥，受不良税制的压迫，万难和外货竞争"。1931年起，外国水泥进口关税增加，每桶水泥的关税由关平银3钱2分改为关金1元4角1分（合法币3元5角）；同时，对国内每桶水泥征收的统税由法币6角加征至1元2角。吴清泰认为，中国水泥工业能发展的最重要的原因，是得到了关税的保护："有了这样的重税的壁垒，外货便不易侵入，国产水泥才有立足之地。"② 可以说，关税自主权对于保护民族产业的发展及阻碍外国产品进口起了极大的作用。

二　降低成本：水泥业反倾销的根本

就在中国水泥业蓬勃发展的时候，世界经济危机爆发，

---

① 吴清泰：《中国水泥工业的发展过程及现况（1936）》，上海社会科学院经济研究所藏《刘鸿生企业档案资料》，卷号02－013。

② 吴清泰：《中国水泥工业的发展过程及现况（1936）》，上海社会科学院经济研究所藏《刘鸿生企业档案资料》，卷号02－013。

日本水泥业开始向中国大量倾销其过剩产品，日本水泥的倾销对中国同业的冲击非常大，中国水泥企业市场份额不断减少，利润率降低，开工不足，有些企业甚至因此陷于停工和破产的境地。而要保护国内产业安全，最根本的手段是提升产业和企业的的竞争力。换言之，近代企业在激烈的竞争中能否立于不败之地，从根本上取决于企业的综合素质和竞争力。以反倾销为主的保护和救济措施只能使国内企业产品与国外产品处于公平竞争的地位，并不能消除竞争，也不能赋予国内产品在价格或非价格竞争方面以任何优势。若企业一味地强调这些保护措施，而不重视自身素质及产品质量的提高，则这些措施也难以起到预期效果。

近代中国民族水泥企业在帝国主义国家水泥业的倾销压迫面前，非常重视自身竞争能力的提高。要在外国水泥的降价倾销面前生存，提高产品质量、降低生产成本是至关重要的一环，这也是近代中国水泥业和日本水泥业商战胜败背后的决定性因素。降低成本的技术可以分为两类：一类是通过解决能源和资源问题来降低成本的技术；一类是通过提高管理效率来降低成本的技术。在外国水泥不断向中国倾销的情况下，中国企业家已认识到产品成本和价格的高低直接决定着企业在市场上有没有竞争力。

合理选择厂址

现代企业厂址的选择，需要考虑资本、劳工、原料、市场、运输等成本因素，必须把它们综合在一起进行分析，才能比较合理地选择工厂厂址。近代中国水泥厂址的选择涉及方方面面的问题，但是从根本上来说，能否使企业在经营上降低成本和获得最大效益才是最关键的。

近代中国水泥工业在发展中有两种选址思路。一种是以华商水泥公司为代表的将工厂建在靠近市场、远离原料处的思路；一种是以中国水泥公司为代表的将工厂建在靠近矿山但远离市场处的思路。这两种厂址的选择思路各有利弊，从理论上来说，像水泥业这种需要大量使用原料而且原料价格低廉的行业，厂址的选择应接近原料产地，但也有的选择了靠近销售市场。当然，最后的选择则与当时当地的经济制度和社会环境密切相关，从后续这几个厂的经营效果看，他们都成功地实现了自己的目标。

启新洋灰公司选址的特点是交通方便，靠近原料产地。"工厂（指启新洋灰公司）位置之适当可称无比"，[①] 它所享特别之利益有几点。第一，与开滦矿区相近，可以享受廉价的燃料煤。第二，该矿正好位于北宁路的中心地带，运输极为便利。不仅如此，启新洋灰公司因为与附近煤矿有特殊关系，所以其出品可搭装煤船行销远处，这样其销售成本自然可以达到最低。第三，厂区离水泥原料棉石黏土矿极近，这就极大地方便了原料的运输，"棉石黏土之采掘即在厂之左右，且质量均称丰富"。[②] 第四，当地的土质比较适合水泥的生产，因为当地黏土有红黄两种，黄土产量较丰，含硅率3.66%，而红土则夹杂于棉石层内，产量较少，含硅率为2.25%。但是正是因为红黄土质所含硅率的不同，所以才能够比较自如地调配水泥的原料成分，这是生产优质水泥的前提条件。

---

① 南开大学经济研究所等编《启新洋灰公司史料》，南开大学出版社，1963，第132页。

② 南开大学经济研究所等编《启新洋灰公司史料》，南开大学出版社，1963，第132页。

　　华记水泥公司的地理位置也非常优越。厂址选定在湖北省大冶县黄石港明家咀，该地紧靠石灰石矿山，面临长江，距华中政治、经济中心武汉仅143公里，由水路可直达下游南京、上海各大商埠，交通运输十分便利。

　　中国水泥公司厂址更优越，地处江苏省南京市龙潭镇，该镇地处江宁县与句容县交界处，三面环山，北临长江，石灰石资源丰富。而且这里煤炭资源很丰富，很早以前就建有石灰窑和煤窑。可以说，这里是建立水泥厂的最佳位置，石灰石原料、黏土原料和煤炭均可就地取材，而且还有长江的航运优势，这使得水泥的运输成本大大降低。

　　以上三家企业在选址上的共同特点是靠近原料、燃料产地；华商水泥公司与广东士敏土厂则属于另外一类，它们共同的特点就是远离原料、燃料产地，靠近销售市场。

　　华商水泥公司厂址选择在产品销售地附近，离销售地较近可以节约产品的运输成本和仓储成本，减少产品的损耗，并适应市场的变化，及时将产品投入市场，"以适近大市场有捷足先登之便，又以产量较小，不受市价限制，而可因时竞售，易渡难关"。但是因为远离原料产地，产品制造成本较高，"难关潜伏，并不能根除"。不仅如此，华商水泥公司还重视厂房的建设，其厂房的修筑在当时来说是比较现代化的，这使得水泥生产有了可靠的质量保证。"该厂占地二百亩，沿江广二百英尺。厂内屋宇俱用水泥造成，地基亦有水泥打底，故极坚固。烟囱亦系水泥所造，远东如上海一带，可称独一无二之烟囱……桶厂则专制造水泥桶者，瞬息之间，可将大木柱切成槽形桶板及桶顶，见之令人咋舌。"水泥的保存也很可靠，"（仓储建筑）颇似古代巴比伦建筑，并不似近时建筑品，此盖取其能以持久之故"。①

广东士敏土厂地理位置也较好，交通方便，西临珠江河涌，河上能通航运载量数百吨的船只，大批原料和燃料可通过货船运抵该厂。此外该处有储量丰富的黏土，而且花县的飞鼠岩石灰石矿离西村厂址也不算很远。此外还有一点比较重要的是，由于新厂址离广州市不远，所以招工也方便，生活和治安条件都很好。

从对以上几个企业的选址分析来看，近代中国水泥厂优越的地理位置是其能降低生产成本、与外国水泥竞争的前提。

更新设备

近代水泥企业为了在市场竞争中取胜，多通过更新设备来降低生产成本。

电力设备是水泥工厂重要的设备之一，启新洋灰公司最初所使用的电力来自开滦煤电厂。后来随着水泥生产设备的不断增加，其所需电量也相应增加，启新洋灰公司一方面为了降低水泥生产成本，另一方面为了摆脱对开滦煤电厂的依赖，选择大力发展原动厂。其原动厂随水泥产量的增加而逐次扩建，其发展可分三个阶段。

1905～1910年是引擎发动时期，由于这一时期启新洋灰的设备是旋窑，以1000马力的二级卧式汽力引擎推动，以绳轮带动总轴，再带动各部机器引擎。由于采用的是人工加煤的方式，并且没有预热水管设备，所以这种引擎的效率并不高，它很快就为更先进的引擎发电设备所代替。这种引擎发

---

① 上海社会科学院经济研究所编《刘鸿生企业史料》（上），上海人民出版社，1981，第168页。

电机是由西门子公司出品，功率为 1260 千瓦，是电压为 3000 伏 50 周率的三相交流引擎发电机。引擎与发电机直接相联，仍然采用人工加煤的方式。通过这种改进，其原动效率大大提高。

1922 年以后，启新洋灰公司又开始采用透平发电的方式，从美电公司购置功率为 1400 千瓦、电压为 2300 伏 25 周率的三相交流透平发电机。在初期，由于水泥销路还算不错，透平发电机也还能应付。1926 年公司经济稍稍宽裕之后，为了统一电源和增进效率，又添置了 6000 千瓦的透平发电机一具。这种发电机所用的调度器为油压式，凝汽器为冷面式，共有冷面 850 平方米，所用冷水都是从工厂旁边的陡河中用新式电泵吸取，因该河水量充足，无论冬夏都能使用，所以还算便利。又由于以前所用的锅炉式样旧，效率较低，所发出的蒸汽不足供给透平机之用，所以同年又装置废热锅炉三具，利用大窑废热蒸发蒸汽。这种锅炉购自德国，每具有发热面积 900 平方米，每具锅炉每小时平均可出蒸汽 9 吨，无须加原料，所以自装置了废热锅炉后，生产成本得以降低。

1932 年，启新洋灰公司因为 6000 千瓦的透平机电力不够，于是在次年添置 10000 千瓦透平发电机一具，以及发热面积为 380 平方米的最新式水管锅炉工具。[①] 经过这些设备的更新，启新洋灰公司的生产效率得到极大的提高，生产成本也得到相应的降低。

华商水泥公司非常重视对产品的改良。1928 年 2 月 17

---

① 南开大学经济研究所等编《启新洋灰公司史料》，南开大学出版社，1963，第 140 ~ 141 页。

日的第 35 次董事会上，总经理提案就要求改良该厂的水泥磨，以降低水泥成本，提出"本厂原有水泥磨颇多缺点，影响于水泥产额及成本方面殊非浅鲜，实已早有改良之必要"。该提案在董事会上得到赞同，公司很快进行了水泥磨的改良。改用 Kordt and Rosch 钢球磨后，产量及质量方面都有提高，每日的生产量由 350 吨提高至 401.5 吨，细度由 11.5% 降至 7.5%。①

华商公司水泥产品质量虽然不错，但是考虑到当时的国内及国际竞争形势，其同业竞争压力还是很大的："同时得到消息，则广东士敏土厂已实行扩充计划，其扩充部分明年即可出货。启新公司自东北事变后，销途日隘。据闻除已注意于内部之改良，以期减轻成本外，刻正尽力推广其中部及南部销路。若其粤省销数再受士敏土厂之排挤，则将转而集中中部，是可断言。"与此同时，外国列强也角逐中国市场，"环顾强邻，则日、俄又正伺隙谋我"。而公司对中国的关税政策是否能有效抑制外货的倾销，则无十分把握："关税壁垒是否即能杜绝其倾销，亦不可必。"在这种内外压力之外，华商水泥公司"瞻念前途，殊觉未敢乐观"。②

为应对这种内外压力、提升企业的竞争力，关键是提高产品质量、降低产品成本，"为安不忘危计，唯有就生产方面力求注意……俾出品成本得以逐渐减低，将来如遇艰阻，亦可资所维持也"。

促使华商水泥公司加快产品改良的是海外销售的刺激。

---

① 《华商上海水泥股份有限公司抗日战争前编制的本厂历史资料参考稿本》，上海市档案馆藏档，卷号 Q414-1-20。
② 上海社会科学院经济研究所编《刘鸿生企业史料》（中），上海人民出版社，1981，第 93 页。

1933 年，公司在荷属印度的代理写信给刘鸿生，要求华商水泥公司运销五万桶水泥到该地，每桶价格定为 1 荷盾（合银元二元零二分），以与日货竞争。华商水泥公司认为这种价格远在成本之下，公司无利润可图，因此拒绝了该要求，而将此信息转与启新洋灰公司，启新洋灰公司愿以每桶三元一角的价格出售，但是荷方还是嫌价格太贵，最后并未成交。华商水泥公司深感公司成本之高，因而有意降低成本："因念启新既愿以三元一角出售（纸袋装），则可料其必不在成本之下。苟与本厂相较，其差额当在四分之一之谱。即此以观，可知本厂出品，此后如不从生产及效能各方面，力求改进，以期减轻成本，则不特对于外货难与抗衡，即与国产各厂相竞争，亦不免多所困难。"[①] 事实上也确实如此，综观当时国内的水泥业，启新洋灰公司最老，但根基深厚，产量巨大，所以具有强大的竞争力。中国水泥公司产量也已增加四倍，比原来大有扩充；广东士敏土厂在扩建后，产量大增，而且设备先进，也已经成为很强的竞争对手。反观华商水泥公司，虽然建厂之初拥有最先进的设备，但是到 20 世纪 30 年代，其设备已很过时，"相形之下，华商厂设备既旧，而每窑产量仅六、七百桶，未免见绌。查当时设计，不用日产一千二百桶之大窑，而用六百桶之小窑二只，原则上已不经济"。而当时的行业内，水泥烧制技术已有很大的进步，"窑身式样时有改良，机磨效能日益增进，关系成本甚为远大"。而华商水泥公司的设备已经使用了 12 年，进行更新是势所必然的了。

　　有感于此，华商水泥公司积极计划进行扩充，"为减轻

---

① 上海社会科学院经济研究所编《刘鸿生企业史料》（中），上海人民出版社，1981，第 93 页。

成本，以为同业竞争之准备"。①他们认为，"今日所最可顾虑者，同业之竞争所关犹小，而日货之倾销，实足以制吾死命。虽有关税作相当之抵御，若吾人不在成本上求办法，终非长久之道"。虽然说华商水泥公司经过历年的技术改良，每桶成本也已降至四元，但即使与国产水泥相比，也不是最低的，"若以现在之设备，欲再降低，恐甚不易"，唯一比较现实可行的办法就是通过扩大生产规模了。

华商水泥公司积极同浙江兴业银行接洽，希望能得到金融支持。双方经过多次谈判，最后达成初步的协定：借款总额为 250 万至 300 万元，以公司全部财产为担保，年利率 1 分。后兴业银行考虑到当时的经济不景气，又将贷款总额降为 150 万元，利率不变，并附加了很苛刻的贷款和还款条件。即便如此，浙江兴业银行对履行合同也心存疑虑并最终单方面毁约。华商水泥公司的扩建计划最终落空，但从这个过程中我们可以看到其在降低生产成本方面的努力。

引进成本会计制度

近代中国旧式企业一般都沿用老式流水记账法。这种老式流水记账法对产品成本不能随时做出精确的计算，尤其是对在制品的成本计算方面更是先天不足。因此，企业经营管理者很难对企业的业务活动做出正确的判断，也就很难适应当时企业经营管理的需要。不仅如此，这种旧式簿记方法还有一个最大缺点：它不是以收、付作记账符号。在记账的时候，除了经济业务中发生人欠、欠人的债权债务等要做成对

---

① 上海社会科学院经济研究所编《刘鸿生企业史料》（中），上海人民出版社，1981，第 94 页。

应记录外，其他大多数业务只做单方面的记录，不能平衡结算，所以不容易发现错误和作弊行为，这也是中式簿记本身存在的缺点。① 华商水泥公司在实际运行中也遇到过类似的问题。企业创办之初，华商水泥公司内部管理都完全交给外国人来负责，这些外国专家虽享受着优厚的待遇，却对工作并不十分认真，以各种方式来敷衍应付刘鸿生的检查，以致刘鸿生对企业生产中的常规问题如生产效率高低及出货品质优劣等都缺乏了解。有鉴于此，刘鸿生决定在华商水泥公司引进成本会计制度。

成本会计最初起源于英国，后来传入美国及其他国家。18～19 世纪的英国是资本主义世界最发达的国家，随着产业革命的完成，英国国内开始用机器生产代替手工劳动，用工厂代替手工工场。另外，随着这一时期英国企业规模的不断扩大，同业竞争日渐加剧，企业降低生产成本的要求也日渐强烈。英国企业里面的会计人员为了满足企业管理需要，对成本计算进行研究。起初只是对成本进行估计，后来又采用统计方法计算成本，但由于缺乏连续、全面、系统的记录，成本计算精确度较低。为了提高成本计算的精确度、适应企业外部审计人员的要求，会计人员将成本计算同普通会计结合起来，从而形成了成本会计。20 世纪初，在美国等发达资本主义国家，企业为了加强内部管理，竞相开始推行泰勒管理制度。泰勒管理制度的核心内容为企业内部实现各项生产和工作的标准化，以此来提高生产和工作效率，尽可能减少一切可能的浪费，从而提高企业利润。为与此相适应，

---

① 赵友良：《中国近代会计审计史》，上海财经大学出版社，1996，第 241 页。转引自郭庠林、张立英：《近代中国市场经济研究》，上海财经大学出版社，1999，第 186 页。

会计改革的重点也就放在了对产品成本的确定和控制上。

为此，刘鸿生不惜重金聘请了留美会计师，并设计了一整套成本会计制度。有了成本会计制度，就可以对每道生产工序精打细算地核算成本，对各个企业的生产成绩、原料耗用、工资、制造费、管理费和利润等逐项比较分析，将分析的结果报送各厂作为改进经营效益的依据。与此同时，公司还派会计人员到各厂和营业所里进行核算和监督，并设稽核员到各厂和营业所查账。刘鸿生的成本会计表包含两方面的内容。（1）按成本要素编制的成本表。刘鸿生利用成本会计制度，对组成水泥产品总成本的诸要素逐项做出精确的计算，从而形成按成本要素编制的成本表。这些要素包括制造直接成本和费用，如原料、物料、工值、燃料、水电等支出；厂事费用，如厂事务所的支出以及化验、厂房修理、职工宿舍修理、医务室、厂场道路等的支出；各项准备费用，如折旧准备、特别准备等；产品包装费用；堆栈费用，包括水脚、下力等支出；管理费用，如管理部门的薪水、医药费、房租、捐税、家具折旧、书报邮电费、法律费、董监事车马费等支出；营业费用，如营业部门的薪水、佣金、交际费、广告费、房租捐税等支出；财务费用，如利息、票贴、呆账等支出。（2）按工作实绩编制的成本表。刘鸿生还按企业各部门的工作实绩编制成本表，把全厂分成生料部、熟料部、水泥部、煤粉部、水电部、原料组、包装组、栈务组8个部门，分别按原料、物料、工值、燃料、水电、监管等要素计算费用。根据上述两个成本表，华商水泥公司高层可以分析各项费用支出多寡的原因，从而依照客观情况予以改进。成本会计制度实行后确实对企业的发展起很大的作用。

（1）方便企业高层了解自身经营状况。有了成本会计制度，刘鸿生对企业内部的了解就更深刻、简明、方便了，他可对企业的业务活动做出准确的判断。根据成本会计制度的要求，企业任何一项产品，自原料开始，至加工、包装、存栈与推销于市场为止所发生的一切费用，都可以分解为制造成本、管理成本和推销成本三个部分，它们共同组成该项产品的总成本。采用成本会计制度可以正确而迅速地计算各项费用开支，精确掌握各项成本，为改良内部管理提供科学依据，这对企业制定正确的业务方针是极其重要的。在实施成本会计制度以前，外国技师或顾问经常向刘鸿生隐瞒各种企业经营数据，而刘鸿生对此无可奈何。采用成本会计制度以后，如果外国专家不肯就企业内部问题给出一个明快的答案，刘鸿生就会明白企业肯定存在一些问题，他可以通过成本会计分析找到问题，"以后即用数目字同外国技师或顾问来商量各种问题，的确比较单讲感情来得有效多了"，刘鸿生也自感"从此脱去了暗中摸索的烦苦"。①

（2）有助于降低企业经营成本。由于实施成本会计制度，华商水泥公司内部各项管理工作得到了加强，公司所产水泥成本逐渐下降，降幅最大的1934年，平均成本比1933年下降了13.3%，②企业也因此提高了产品的市场竞争力。刘鸿生深有体会地说："若是我们不再研究，不再改良，（成本的计算）仍旧照以前糊里糊涂地去做，那是非失败不可的。"③

---

① 徐宗涑：《中国之水泥工业》，《经济建设季刊》第1卷第4期，第108页，1943。

② 《上海水泥厂档案抄件·产销业务卷》，上海社会科学院企业史中心收藏。转引自黄汉民、陆兴龙：《近代上海工业企业发展史论》，上海财经大学出版社，2000，第175页。

③ 刘鸿生：《我为什么注重成本会计》，《银行周报》第17卷第14期，1933年4月18日。

对于在市场竞争中的任何企业，"只有降低成本，才能提高竞争能力，增加企业利润。每一个企业负责人，必须重视成本核算，分析企业盈亏原因……哪里有浪费，需要想法子克服。成本会计是你的眼睛"。① 实行成本会计后，刘鸿生对企业内部情况了如指掌，也因此避免了企业内部大量无谓的浪费。他认为，"一个公司要赚钱，无非在能增加卖价而减轻成本。否则，至少要能减轻成本，而不低减卖价。增加卖价的权，是不在你手中的，但是减轻成本是完全你自己的事，别人不能干涉。有本事的商人，不怕竞争，因为他知道设法减轻成本。没有本事的才不知道这一点，于是乱杀价钱。结果自己固然蚀本、破产，别人家亦往往就被他拖下水去。所以我很希望实业界的同志们，都用成本会计，大家晓得大家的成本，就不得作无谓的竞争，弄得两败俱伤，于社会也毫无益处"。② 可以说，刘鸿生对成本会计的重要性有充分的认识。因此，刘鸿生在华商水泥公司内部大力推行成本会计制度、加强企业内部科学管理，也在很大程度上降低了水泥的生产成本。民国时期的经济学家徐宗涑对华商水泥公司引进成本会计制度有很高的评价："（华商水泥公司）因实用成本会计，管理上早已卓有成效。到了二十四年（1935 年）上海竞售风起，预知牺牲若干以与抗竞争，就是因为确知自己成本同成本内各因素之因果。"③

① 刘念智：《实业家刘鸿生传略》，文史资料出版社，1982，第 65 页。
② 刘鸿生：《我为什么注重成本会计》，《银行周报》第 17 卷第 14 期，1933 年 4 月 18 日。
③ 徐宗涑：《中国之水泥工业》，《经济建设季刊》第 1 卷第 4 期，第 108 页，1943。

多途径降低生产成本

当时的水泥企业还懂得利用赋税特权降低成本。启新洋灰公司为了避免重税盘剥，曾呈请袁世凯豁免或减轻税额。其招股章程载明："本公司制造各货，前已详请咨部覆准，援照湖北织布等厂成案，无论运销何处，只完值百抽五正税一道，沿途概免重征，并豁免出口税项，嗣后自应仍遵原案办理。"[①] 1928 年 9 月 1 日，启新洋灰公司的金森与军长刘振邦会晤，双方谈到公司当时的困难情形，金森要求其向褚督办请求豁免水泥特捐，得到刘振邦的允诺，启新洋灰公司因此得以免缴水泥特捐。[②] 华商水泥公司正式投产后，为了减轻水泥捐税负担，也呈请北洋政府农商部援照启新洋灰公司成案享受减免。1923 年 11 月 10 日也获得农商部批准。[③] 这些免税措施使民族水泥公司获得更多利润。

利用燃料特权来降低成本。煤是启新洋灰公司的大宗燃料，开滦矿务局曾抬高煤价，干扰启新洋灰公司开工。为了降低生产成本，启新洋灰公司与开滦矿务局订立互惠合同，"滦矿售煤与洋灰公司，应酌减价值，不得过于开平市价的十分之七"，[④] 启新洋灰公司卖给开滦矿务局水泥时也降低 30% 的价格，保证启新洋灰公司可以长期得到廉价

---

① 转引自凌宇、方强：《启新洋灰公司发展策略浅论》，《唐山师范学院学报》2006 年第 3 期。

② 南开大学经济研究所等编《启新洋灰公司史料》，南开大学出版社，1963，第 47 页。

③ 上海水泥厂编《上海水泥厂七十年（1920—1990）》，同济大学出版社，1990，第 9 页。

④ 南开大学经济研究所等编《启新洋灰公司史料》，南开大学出版社，1963，第 97 页。

的煤炭。

通过运输特权来降低成本。启新洋灰公司与各铁路及招商局均定有减收运费合同，一般只按七八折收费，保证产品顺利而廉价地运往全国各地的分销处。

采用新科学技术来降低生产成本。1933年以前，中国生产的水泥多采用麻袋或铁桶包装，每袋或每桶重170公斤。由于启新洋灰公司没有卷桶机，铁皮由国外进口，宝顺德五金电料行在公司东门外设木工厂做桶盖，成本较高。包装水泥时用人工从磨机上直接将水泥灌进桶内，工人用棍子敲实后再封口，效率极低。桶装水泥较重，搬运起来也很不方便。1933年，启新洋灰公司从国外购进灌包机，在北平加工牛皮纸袋，每袋可装50公斤，采用纸袋包装，成为我国水泥包装工艺的一次重大改革。[①] 这种改革在很大程度上节约了水泥的生产成本，提高了劳动效率，又减轻了工人的劳动强度，对降低水泥生产成本具有重要意义。

1930年，上海华商水泥公司的技术工人经过反复试验，研发出用黄浦江淤泥代替黏土及用煤炭代替铁矿砂作为水泥原料的技术，成为近代水泥业一项重大技术创新，[②] 华商水泥公司也因此而免去了长途去佘山采购黏土的运费。华商水泥公司对燃烧过的煤渣，也循环利用以节约成本。华商水泥公司自备发电厂锅炉所用原煤，燃烧以后推出的煤渣，每日达到9吨，而这些煤渣中含有未充分燃烧的煤炭，最多时达

[①] 《新中国建材工业的创业者》编辑委员会编《新中国建材工业的创业者》，中国建材工业出版社，1992，第369页。

[②] 上海社会科学院经济研究所中国企业史资料研究中心抄件：《上海水泥厂第一全宗历史考证》，见《上海水泥厂沿革（1920—1949年）》，第48页。转引自马俊亚：《规模经济与区域发展——近代江南地区企业经营现代化研究》，南京大学出版社，1999，第156页。

到 18%。华商水泥公司将一部分煤渣招标售出，筛出较佳的煤块，供本厂老虎灶使用。其余废渣多用于厂内的建筑，如铺路、作新水泥栈地脚、填扩江边道路等。后来华商水泥公司化验师丁继光又发明了在生料浆内掺加煤渣的办法，从而变废为宝，不仅提高了水泥质量，而且降低了水泥生产成本。[①]

近代民族水泥企业正是这样尽一切可能来降低水泥的生产成本，这些措施无疑为他们的反倾销提供了坚实的基础。

三　提高质量：水泥业成功反倾销的保证

近代中国水泥业为了在市场竞争中获胜，非常重视自身产品品质的提高，并以此作为抵御日本水泥倾销的重要基础。民族水泥企业在诞生之初就面临着巨大的生存压力：帝国主义列强通过它们已获得的在市场和技术方面的垄断优势，企图扼杀尚在摇篮中成长的民族企业，从而达到垄断中国市场、攫取更多利润的目的。在如此恶劣的环境下，民族水泥企业怎样才能获得自己的生存空间呢？为了避免被淘汰，在生产技术落后和技术人才极度缺乏的情况下，民族水泥企业极为重视技术创新，他们通过引进先进设备、开发新材料和新工艺等方法，不断提高产品质量，达到可与外国同业一争高下的水平。

新技术的引进

近代中国水泥企业在其创始阶段，对技术落后的教训有

---

① 上海水泥厂编《上海水泥厂七十年（1920—1990）》，同济大学出版社，1990，第 18 页。

着深刻的认识。近代中国水泥工业最早发轫于唐山细绵土厂，该厂为开平矿务局督办唐廷枢所办。但该厂创办后不久即因为生产技术落后、生产成本过高而倒闭。后来周学熙在1907年8月16日恢复该厂生产（改名"启新洋灰有限公司"），并吸取了原厂因生产技术落后、产品质量低下而导致失败的经验教训，锐意革新技术。他首先抛弃了落后的立窑生产方式，采用了当时世界上最先进的干法回转窑技术，并不惜重金向丹麦史密斯公司购买了2台干法中空回转窑，以及生料磨、水泥磨和其他相应设备，同时聘请德国人昆德为总技师、德国人鲍楼布克和马赤担任烧窑工，以确保生产顺利进行。先进技术使启新洋灰公司产品的质量有了很大的提高，从而确立了在当时的国产水泥业中龙头老大的地位。

1911年和1920年，启新公司又分别进行了两次技术引进。1911年公司进行了第一次扩建，扩招股本150万银元，公司高层决定从股本中抽取一部分资金，从丹麦史密斯公司购置2套干法中空回转窑生产线设备，建成后日产水泥1200桶。由于当时干法烧制水泥，掺和原料后不甚均匀，可能影响成色，所以改用半湿法制造水泥。1920年，由于当时国内对水泥的需求激增，市场供不应求，所以启新洋灰公司又进行了第二次更大规模的扩建。这次增添股本228万银元，又从丹麦史密斯公司购置2套干法中空回转窑生产线设备，原料圆长磨4具、丹式洋灰磨2具、煤磨2具、烤煤罐3具、烤料立窑4具及其他附属设备，并于1922年建成投产，日产水泥2600桶。① 经过这两次扩建，启新洋灰公司的总生产能

---

① 南开大学经济所、南开大学经济系编《启新洋灰公司史料》，南开大学出版社，1983，第136页。

力由日产水泥 700 桶增加到 4500 桶，即年产水泥由 3.6 万吨增加到 23 万吨，生产技术得到很大的提升。

华商水泥公司是由近代著名企业家刘鸿生创办，公司自创办起就十分重视引进先进的生产技术。1921 年公司派专人赴日本和欧美采购机械设备，这些专家经过对比日本、美国和德国的水泥生产线，最后选定了德国伯力鸠斯公司生产的湿法回转窑生产线全套设备，含 2 台湿法回转窑、生料磨与水泥磨各 1 台等。湿法回转窑生产技术是当时世界上最先进的，其熟料质量比干法回转窑优越。当时有行家就评价说："该厂水泥机器……系轮转式，每日包出一千二百桶，每桶净重三百七十五磅。其制造水泥方法，系用湿法，较之干法所出之水泥，品质为优。盖以湿法能使原料混合均匀故也。该厂所定机器，均系新式，能用力少而出货多。"[1] 选择当时最为先进的湿法回转窑生产工艺和设备，这不能不归功于刘鸿生等人的长远眼光。

中国水泥公司也是这一时期创办的比较成功的民族水泥企业，该厂由姚锡舟等人共同创办。在中国水泥厂第一次建厂筹备会议后，姚锡舟等人立即着手订购机器、购置矿山和选址建厂。1921 年 7 月，公司向德国公司订购了 1 条湿法回转窑生产线的全套设备，时间比华商水泥公司晚两个月。1922 年 4 月开工建设厂房，同年 7 月设备运抵上海。1923 年 3 月厂房竣工，同年 4 月，工厂正式开工投产，日产水泥 500 桶，投产时间比华商水泥公司早了 4 个月。

中国水泥公司龙潭工厂由于只有一台小窑，产量低，成

---

[1]　上海社会科学院经济研究所编《刘鸿生企业史料》（上），上海人民出版社，1981，第 168 页。

本高；另外当时国内环境不安定，军阀混战，交通受阻，产销不畅，以致投产后连年亏损。为提高企业的竞争力，1926年中国水泥公司用工厂全部固定资产作抵押，向上海银团贷款100万两，兼并了即将开工建设的无锡太湖水泥厂，并将尚未投入使用的两套德国制造的湿法回转窑生产线的设备全部运到龙潭厂安装，并于1927年竣工投产。这次兼并使中国水泥公司的日产能力达到510吨。1934年，中国水泥厂又从德国购回了一套湿法回转窑设备，并于1935年投产，全厂水泥日产量提高到715吨，一举成为当时中国民族水泥工业的第二大厂。

改进生产技术

除了重视引进先进的生产机器，近代民族水泥企业还非常重视工业技术的改进。他们在生产过程中，采用新工艺，更新原有技术，企业生产水平也因此得以提高。

水泥包装技术的革新对于降低水泥生产成本有很大的作用，除了前述启新洋灰公司用纸袋取代铁桶的创新，另外还有原材料的改进等诸多本土创新。

特别值得一提的是，中国水泥企业产品都有很好的质量。如启新洋灰公司的马牌水泥质量非常好，可与进口水泥媲美，获得了客户的好评，"长年以来，供给京张、张绥、京汉、京奉、津浦、陇海、汉粤川各路，以及葫芦岛开埠局等处用灰，无不极承交口称赞。"[1]

启新洋灰公司的产品质量提高很快。将其1920年和1934

---

[1] 南开大学经济所、南开大学经济系编《启新洋灰公司史料》，南开大学出版社，1983，第165页。

年的产品相比较可以发现，1920 年可承引力尚只有 25.0，
1934 年即增为 36.9；1920 年可承压力为 259.0，1934 年即增
至 598.0。[①] 马牌水泥的质量，全部符合国际先进水泥生产国
的国家标准中的各项指标要求，并具有自己的性能特点，如
凝固时间正常、硬化速度快、早期强度高、长期存放标号不
易降低及对添加剂的广泛适应性等。[②] 下面我们再来看看马
牌水泥和日本水泥质量的比较（见附表 3 - 6）。

　　马牌水泥产品质量超过了日本水泥质量的平均标准，将
其与小野田水泥大连支社产品比较可以发现，马牌水泥耐压
力比小野田水泥大连支社产品稍低，抗张力则差不多。

　　启新洋灰公司生产水泥的重要原料石膏，一部分从外国
购买，一部分则从山西省购买，石膏的品质都是非常优良
的。[③] 这些优越条件，使其产品具备较强的市场竞争力。如果
将其与当时国内外同业产品相比较，启新洋灰公司的产品毫不
逊色。日资的黑龙江牌水泥由于磨灰较细，所以比启新的产品
质量稍好一点。[④] 马牌水泥与中国水泥公司的泰山牌"成色相
同"，但广东日光牌水泥"成色远不如"马牌水泥。至于其与
华商水泥公司产品相比，由于华商水泥公司所产灰样"（经过
第 4900 号筛，其筛余为 3.4%）较我厂（启新）之灰细（经
过第 4900 号筛，其筛余为 6.5%），故其抗力亦较大"。[⑤] 可

---

① 南开大学经济研究所等编《启新洋灰公司史料》，南开大学出版社，1963，
　　第 159 页。
② 程莉：《近代实业家周学熙研究》，合肥工业大学出版社，2006，第 93 页。
③ 南开大学经济研究所等编《启新洋灰公司史料》，南开大学出版社，1963，
　　第 133 页。
④ 南开大学经济研究所等编《启新洋灰公司史料》，南开大学出版社，1963，
　　第 161 页。
⑤ 南开大学经济研究所等编《启新洋灰公司史料》，南开大学出版社，1963，
　　第 161 页。

见，启新洋灰公司不但产品质量好，而且也十分注重与同行企业的比较，"知己知彼"，重视产品质量对销路的影响。

启新洋灰公司的产品还多次在国内外获得大奖：1904年荣获美国圣路易斯赛会头等奖章；1905年荣获意大利赛会优等奖；1909荣获荣湖北武汉第一次劝业会一等奖；1911年荣获意大利都灵博览会优等奖章，同年获农商部奏奖南洋劝业会头等商勋奖；1915年荣获巴拿马赛会头等奖，同年获农商部国货展览会特等奖章；[1] 1933年马牌水泥荣获芝加哥博览会筹委会嘉奖，在东南亚一带赢得了极好的声誉。马牌水泥被当时国内重大建筑工程如津浦铁路、黄河大桥、北平图书馆、南京中山陵纪念塔、上海中汇银行等采用，作为主要建筑材料。[2] 1935年，中国的第一座现代化大桥——钱塘江大桥所用的防海水水泥亦为启新洋灰公司所提供。

华商水泥公司生产的象牌水泥质量更好，这一点就连其竞争对手启新洋灰公司也不得不承认。从水泥产品的原料来看，华商水泥公司对原料的挑选是非常严格的——它们大多选自湖州或松江，因为"该厂于二处自备石山……该厂所采原料，俱系上选"[3]，优质的原料保证了水泥产品的质量。刘鸿生很自豪地说："我们的产品，比市场上任何一种水泥为佳。根据目前情况观察，我们有充分能力击败竞争者。"[4]

华商水泥公司的产品初入上海市场时，虽然有可靠的质量作保证，但是由于其产品新上市，"上海各建筑家及各筑

---

① 程莉：《近代实业家周学熙研究》，合肥工业大学出版社，2006，第94页。
② 程莉：《近代实业家周学熙研究》，合肥工业大学出版社，2006，第94页。
③ 上海社会科学院经济研究所编《刘鸿生企业史料》（上），上海人民出版社，1981，第168页。
④ 上海社会科学院经济研究所编《刘鸿生企业史料》（上），上海人民出版社，1981，第175页。

头，多未谂其底蕴，故定购者尚未纷至沓来"。为了在上海打开市场，产品就需要有权威的认证，"化验单上有洋人签字，似觉其货高超，营业方面未始无关系"。① 当时对水泥认定的权威证明是工部局化验单："按水泥成色之优劣，向根据于工部局化验单为标准"。华商水泥公司将自己的产品交予工部局分期化验，于1923年10月25日顺利取得了工部局所发的化验单，"证明象牌水泥之拉力压力，均已超过合格程度，适合各项建筑之用"。②

该产品还获得了上海工部局发给的合格证，证明象牌水泥的拉力、压力等均超过了合格指标，适合各类建筑工程使用，成为工部局承认的质量免检产品。要知道，上海工部局以挑剔和严格著称，能够得到其高度认可的产品自然不会有很大的质量问题。

不仅如此，华商水泥公司非常珍视自己的品牌。1925年，华商水泥公司华南分销经理针对日本水泥在该地区低价推销其劣质产品的情况，认为华商水泥公司要控制市场，应该"制造一种次等水泥，仍用原来牌号但加以标志，使与标准水泥有所区别，其售价可减为每桶四元二角或四元四角"。对此请求，华商水泥公司断然拒绝："关于所提应出产一种次级水泥，贱价出售，使汕头分销处能得同其他廉价水泥竞争一点，似非良策，碍难接受"。③ 这反映了华商水泥公司视产品质量如生命的经营理念。

---

① 上海社会科学院经济研究所编《刘鸿生企业史料》（上），上海人民出版社，1981，第175页。
② 上海社会科学院经济研究所编《刘鸿生企业史料》（上），上海人民出版社，1981，第176页。
③ 上海社会科学院经济研究所编《刘鸿生企业史料》（上），上海人民出版社，1981，第182页。

其他的水泥公司也非常重视产品的质量。济南致敬洋灰股份有限公司的发展同样与技术的改良密切相关。1921 年该公司曾设技术研究部，该部由德国人施法（Schva）任技师，后又聘德国人席伯勒（Schiebeler）协助工作，主要从事水泥生产工艺的改造及设备的调试。1931 年，公司又从唐山启新洋灰公司聘来刘天升、朱顺琴、赵明山三位技师，从事水泥配料的研究及煅烧工艺的试验。1931 年，山东省政府实业厅在博山城北柳行庄建立山东省立窑业实验厂，进行日用陶瓷、耐火砖和下水管道等产品的研究及试制。[①] 可以这样说，民族水泥企业过硬的产品质量源于它们在技术方面所进行的大胆引进和锐意创新，这也是中国水泥得以畅销国内外的重要原因。

四 同业联营：水泥企业反倾销的推动力

卡特尔是产生于近代西方国家的一种垄断组织形式，1883 年，德国开始出现第一个卡特尔，此后此种企业间的联合组织形式得到了飞速的发展。据德国全国工业联合会 1925 年的统计，此种类型的组织不下 1500 家，德国政府的调查数据则显示垄断组织总数已达到 3000 家（其中工业 2500 家，商业 500 家）。[②] 这表明卡特尔垄断组织开始成为主导资本主义国家社会经济发展的重要力量。而在当时的中国，由于民族企业发展刚起步，同业垄断组织几乎没有。那么是谁首先提倡并把这种同业垄断组织介绍到国内的呢？是近代中国著

---

① 山东省地方史志编纂委员会编《山东省志建材工业志》，山东人民出版社，1994，第 258 页。

② 杨端六：《工商组织与管理》，商务印书馆，1946，第 146 页。

名的企业家刘鸿生。

刘鸿生同业联营的思想理论来自其在欧美的考察经历。他在 20 世纪 20 年代考察欧美期间，看到国外不少企业有集中垄断的趋势，感触很深，他决心在相关的行业也实行垄断经营，以达到垄断市场的目的。1928 年，刘鸿生在致中华火柴厂董事长陈源来的信中说："弟自前年游历欧美回来，鉴于美国联合事业之发达，与夫吾国火柴业之不振，以为欲图发展，必须同业联合起来，作大规模之制造，方能有成功之望。"① 1932 年，刘鸿生写信给正在英国留学的儿子，表达了他想通过同业联营（合）来发展刘氏各企业的理想。他说："现在，我正集中精力于企业合并。例如，我的夙愿是把所有的火柴制造厂及其有关企业归并在一个庞大的联合公司之中。我力图把这一特殊行业发展成为一个巨型的民族工业……我对这一个别行业的观点，同样地也可以实行于我们所经营的其他行业。"② 虽然他在信中所谈及的行业并非水泥企业联营，但信中却反映了其吸取外国先进企业组织形式的过程，刘鸿生认为这种同业联营是促进企业发展壮大的最佳途径。因此，刘鸿生在实践中积极引导组织同业联营，使处于襁褓中的华商水泥公司渡过了早期的经营难关，获得了飞速的发展。

中国水泥同业联营的形成

20 世纪二三十年代是中国民族水泥企业发展的最艰难时

---

① 《1930 年 1 月 3 日刘鸿生致神户合昌号陈源来函》，载上海社科院经济研究所编《刘鸿生企业史料》（上），上海人民出版社，1981，第 127 页。
② 《1932 年 9 月 20 日刘鸿生致留英诸子函》，《刘鸿记账房档案》，卷号 14 - 042，转引自江满清：《中国近代股份有限公司的演变：刘鸿生企业组织发展史研究》，华中师范大学出版社，2007，第 116 页。

期，国际国内的经济形势都很不利于中国民族企业的发展。一方面，中国民族资本主义发展的黄金时代已经结束，各帝国主义国家的对华经济侵略卷土重来，它们千方百计想挽回其在中国原有的市场，所以不择手段地打击中国的民族工业。另一方面，20 世纪 30 年代爆发了世界性经济危机，危机促使竞争加剧。

正是因为以上两个方面的原因，这一时期中国水泥市场上的竞争空前激烈。一方面，以日本浅野、小野田等为主的列强水泥企业，为了转嫁其本国的生产过剩危机，开始加大力度向中国等半殖民地市场进行水泥倾销；另一方面，由于水泥市场供过于求，当时国内比较大的水泥企业如启新洋灰公司、华商水泥公司及中国水泥公司等之间的竞争也越来越激烈。国内水泥价格战日趋白热化，使当时水泥价格下跌非常明显，1925 年 3、4 月间每桶水泥价格仅为 3 两白银左右，"为十年来水泥之最低价目"。[1] 1935 年，华商、中国两公司为争夺江浙一带的市场，双方重启价格战。中国水泥公司首先降价竞争，启新洋灰公司与华商水泥公司也不得不参与这种价格竞争，"以致售价之低，为历来所未有"。[2] 可以说，国内水泥业的无序竞争使各方都损失惨重、伤痕累累。随后国内民族水泥企业是如何来化解这种生存危机的呢？他们学习了当时在西方世界流行的卡特尔组织形式，将同行业组织起来，形成同业联营。同业联营能在水泥行业中出现，既是靠经济发展的推动，也是民族水泥业积极进行组织创新的结果。

---

[1] 上海社会科学院经济研究所编《刘鸿生企业史料》（上册），上海人民出版社，1981，第 190 页。

[2] 上海社会科学院经济研究所编《刘鸿生企业史料》（中册），上海人民出版社，1981，第 85 页。

1925 年 6 月，启新洋灰公司和华商水泥公司订立同业联营合同，联营期限为五年。合同规定：双方联合营业区域为江苏的苏州、松江、太仓、常州、镇江五旧府和浙江、福建、广东全省；双方在联合营业区域的总销数定为 70 万桶，销售比重为华商占 55%，启新占 45%；两家公司每月商品的售价，按照各自本年度过去各月份实际销数协议规定；对于水泥销售价格的提高或降低，双方通过协商进行；双方通过共同涨价或降价，联合起来抵制外国水泥的倾销；华商水泥公司生产的象牌水泥退出华北和华中市场，启新洋灰公司生产的马牌水泥也不再向江浙和华南地区推销。双方通过划分市场，取得了各自联营区域内的市场优势。①

但是这一双赢局面并未维持很久。1928 年，国内水泥业形势发生了变化，新成立的中国水泥公司收购了无锡、太湖两家水泥厂，其股本从 100 万元增加到 200 万元，水泥日产量从 500 桶增加到 2500 桶，这给当时的中国水泥市场带来了很大变化。刘鸿生对此评论称："此项增出之货，国内既属供过于求，海外亦无销路可通。为中国公司计，讵有坐视壅积之理，自非强在国内开一血路不可。"② 由于水泥市场供过于求，水泥企业间的互相倾轧日益严重，三家公司展开了新一轮的价格战，马牌和象牌水泥先后共降价 4 次，最后每袋水泥跌至 2.15 两白银，与跌价前相差约 1 两白银。价格竞争的结果是谁也没有形成绝对优势，各家公司都是精疲力竭，于是联营之声又起。

---

① 上海社会科学院经济研究所编《刘鸿生企业史料》（上），上海人民出版社，1981，第 190~191 页。

② 上海社会科学院经济研究所编《刘鸿生企业史料》（上），上海人民出版社，1981，第 210 页。

　　启新洋灰公司、华商水泥公司、中国水泥公司三家公司通过反复协商，终于逐渐达成一致。1931 年 7 月 1 日，三方订立联合营业草约[1]，近代水泥行业的第二次联营正式形成。其主要内容有：（1）划定联合营业区域，即联营三方以中国全境及国外市场作为联合营业区域；（2）协定销数，由技术委员会或专家来决定各公司的生产能力，并以此作为协定销数的比率；（3）协定售价，三公司共同根据市场的供求协定各地水泥售价；（4）联合营业管理，由三公司各派委员一人，共同组织联合营业管理委员会，该委员会负责产品的销量、售价及其他一切联合营业事项。另外，三方还商定了一致联合抵制外国水泥竞争的办法："如遇其他国内外同业相与竞销，则不论为和为战，三公司当共同一致进行。如有损失，应按额分担之"。[2]

　　三家商定同业联营为期一年。1932 年 7 月期满以后，三方多次努力协商，但是因为存在较大分歧，未能达成继续联营的协议。[3] 1936 年，三方再次提出联营计划，最终还是没能达成一致。抗日战争开始后，沿海一带为日本侵占，启新洋灰公司、中国水泥公司的销售地盘也逐步被日本势力所控制，水泥公司同业联营已经没有任何意义。1940 年，启新洋灰公司、中国水泥公司之间的联营也已期满，合同遂行终止。

　　近代水泥业达成的同业联营合同具有如下几个特点：（1）划定企业间的销售区域和销售比例；（2）协定销售价

[1] 上海社会科学院经济研究所编《刘鸿生企业史料》（上），上海人民出版社，1981，第 221 页。

[2] 上海社会科学院经济研究所编《刘鸿生企业史料》（上），上海人民出版社，1981，第 221 页。

[3] 上海社会科学院经济研究所编《刘鸿生企业史料》（中），上海人民出版社，1981，第 85 页。

格；（3）联业管理，即企业间进行统一的管理；（4）同时各公司都保持独立。从这几个方面来看，同业联营通过对企业产量、产品价格和产品销售区域等方面的限制，达成了规避竞争风险和谋取超额利润的目的。其在销售价格和销售区域方面形成了一种垄断，在形式上已经具有近代西方企业垄断性卡特尔组织的基本特征。

近代中国很多行业在发展过程中都存在着同业残酷竞争的问题，为什么独有水泥业得以比较顺利地形成同业联营？纵观几次同业联营过程，刘鸿生在其中发挥了至关重要的作用。刘鸿生是近代中国比较成功的企业家之一，他先后创办了50多家企业。在经营这些企业过程中，他善于审时度势，引进和利用国外先进企业的组织形式，达到迅速发展自己企业的目的。华商水泥公司在开办之初，企业的资金、销售量等都远不及当时处于垄断地位的启新洋灰公司，如果一定要和这样的巨无霸正面竞争，结果肯定是两败俱伤，甚至完全被对方打倒。所以在这种情形下，作为华商水泥公司的总经理，刘鸿生极力赞同与启新洋灰公司结成同业联营，以达到双赢的目的。正是他在经营理念上的这种高瞻远瞩，使公司渡过了早期的经营难关。

水泥同业联营与反倾销

近代水泥企业的同业联营由于形成了行业垄断，从而获得了超额垄断利润，避免了竞争，有利于企业的生存和发展。从企业内部来看，同业联营由于统一了国内的销售市场，有助于在营业方面节省开支，实现水泥产、供、销的合理化运营。对外而言，同业联营有助于凝聚民族水泥企业的力量，一致共同抵制外货倾销，这也是近代中国民族水泥业结成同业联营的另一个重要原因。

近代中国水泥业虽然本身获得了很大的发展，但是这些民族企业时时刻刻都受到来自帝国主义国家企业的竞争和威胁，它们无时不想打倒发展中的中国民族企业，以独霸中国的市场、攫取更多的超额利润。为应付这种外来的压力，民族企业只有团结起来，才能应对这种残酷的竞争。近代中国水泥业的同业联营，虽然从时间上看时断时续，但对近代水泥业抵制外货的竞争特别是倾销还是起了很大的作用。

第一，从企业内部来看，由于同业联营统一了国内的销售市场，各企业节约了营业开支，实现了水泥产、供、销的合理化运营。水泥的运销费用巨大，如果能对各公司水泥的销售根据产地划定区域、就近销售，则可节省各公司的运输费用。历次的同业联营合同都明确规定了各方的联合销售区域及其销售额在各区域的占比，这样就避免了市场的无序竞争，降低了产品的运输费用。华商水泥公司经理华润泉在给启新洋灰公司的信中对联营的优点说得非常透彻："其在营业方面，因三家合组营业机关，所有权利义务，悉按额定销数比例分配。诈虞既泯，倾轧自废。循序进行，利益日增。"①

刘鸿生在总结1925年的营业情况时，对同业联营在节省运输费用方面深有感触："本公司自与启新洋灰公司协定成立之后，营业范围顿形缩小……好在本公司设厂上海，只要本埠营业日形发达，外埠销数之消长尽可不必重视，且运销外埠之货因转运上之损失甚巨，所得货价远逊本埠（每桶约差五、六角左右），故本年度之外埠营业虽因协定无形减

---

① 上海社会科学院经济研究所编《刘鸿生企业史料》（上），上海人民出版社，1981，第211页。

色，而本公司之营业非特无损，反属有利。"[1] 时人评价说："同业联合后，一切推销、广告、购买原料各方面都可以联合进行，人力和财力，同时都比较经济些。"[2]

第二，同业联营有助于以共同的力量抵制日本水泥的倾销。在20世纪二三十年代，特别是1929年世界经济危机爆发后，各主要资本主义国家的工业产品均陷入生产过剩的困境，于是纷纷将中国作为其过剩产品的倾销地，这就给中国的民族企业带来了很大的压力。启新洋灰公司就指出当时中国水泥业所面临的艰难处境："本年状况，以全球各大国之经济问题，几全感枯窘，是以各国灰厂大都供过于求。德灰既以廉价东输，日本之灰复西运中国，吾国灰厂连合而后，若云免除国内相互之竞争则可，倘谓抵制外灰，则在吾人各争减价时期，日灰尚有力以更低价夺去工部局之算。"[3] 赢得国际水泥特别是日本水泥产品的竞争，是摆在民族企业面前的主要任务。而启新洋灰公司想要如以前那样独霸国内市场，已经再也不可能了，"至谓实际将两公司推倒，则际斯实业日兴时期，即云如愿，亦将此倒彼继，独家经营一层，为已往成绩，事实上所必难再有，是营业联合的互筹，诚不容缓"。[4] 面对这样的国内国际局势，1930年启新、华商和中国三大水泥公司在《联合营业商榷书》中指出中国民族水泥业所必须采取的措施："欲图抵制，我三公司必须合力同

① 上海社会科学院经济研究所编《刘鸿生企业史料》（上），上海人民出版社，1981，第199页。
② 《科学管理下之推销问题》，《申报》1933年2月9日，第18版。
③ 南开大学经济研究所等编《启新洋灰公司史料》，南开大学出版社，1963，第210页。
④ 南开大学经济研究所等编《启新洋灰公司史料》，南开大学出版社，1963，第210页。

心，成立坚固之团体，庶克有济"，"按抵制外货之方法，不外乎关税保护及廉价竞销……竭力竞销，实我分内之责。然若三公司间不先有持平之协定，必难免互相冲突之处，稍一不慎，即易失去抵制外货之本旨，而成为自相残杀之局势。故在抵制外货之先，必须我三公司成立联合营业之契约，如三公司间之权利义务，各得其平，各个公司均克自立，无动摇之处，自能永久同心协力，专对外灰作有秩序之抵制，方可收得较大之效果也"。[1] 该文指出了抵制外货倾销的关键是三方团结一致，共同行动，同心协力。只有这样，才能击败强敌。

在实际联营过程中，不管是启新、华商两家公司的第一次联营还是启新、华商和中国三家公司的第二次联营，它们基本上能够做到协同抵制外货。例如，1925 年 10 月，日本小野田生产的龙牌水泥和黑龙牌水泥"常有到货。贩卖者在市面均颇活动，恐其获利之后，又将续定，后患无已，亟须防堵"。于是华商水泥公司提议"协议抵制"，启新洋灰公司"同意其抵制方法"，最后双方协定"两公司同等减价，马牌、象牌每桶价各减三钱，即马牌定为三两二钱，象牌定为三两一钱……均自夏历八月十五日起实行"。[2] 这样双方通过联合降价，达到了抵制日本水泥倾销的目的。

1926 年，日本水泥开始在中国大量倾销，每桶日本水泥价格降到"黑龙牌价 3 两 1 钱，船牌 2 两 9 钱，扇子牌 2 两 8 钱，送力均在内"。这种大大低于成本价格的倾销，对民族

---

[1] 南开大学经济研究所等编《启新洋灰公司史料》，南开大学出版社，1963，第 238 页。

[2] 上海社会科学院经济研究所编《刘鸿生企业史料》（上），上海人民出版社，1981，第 196～197 页。

水泥业造成了很大的冲击，以致启新洋灰公司在上海"上月只销二百余桶"。所以他们认为"处此竞争剧烈之场，若再因循坐视，必致我灰销路尽为外灰所夺"。有鉴于此，启新、华商两公司决定"协议减价……利用我马灰力量为抵制外灰之计，使向贩外灰之定户，见我两公司售价涨跌无常，以后不敢放手再定外货，而在我则乘此运道渐畅之际，能多销数万桶，以弥补上半年缺销之额"。①启新洋灰公司销售计划之所以能顺利实行主要就依靠和华商水泥公司的联营。

1928 年，日本水泥业开始组织成立联合体，"日本水泥厂公会将于八月十三日召集大会。届时浅野氏拟提议将该公会各厂所存水泥悉予收集，以为运销国外之用。浅野氏谓改善日本国际账务一举，实为该国目前最切要之问题，推广日本水泥国外销路，即为解决此问题之一着。故虽稍受损失，亦所不计"。②日本水泥"各厂结合对外竞争"，这一行为引起了启新洋灰公司的高度重视："据此情形，则我灰营业方针，必当随机应变……但日灰如果过于猖獗，则我与华商必当一致合力抵制"。启新洋灰公司制定了相应的营业策略："目前日灰既有结合对外竞争之事，我两公司应即协商抵制之策，故我灰售价除闽粤各埠向为日灰畅销之区，应即从速调查其最近零售整批价格之如何，函报核夺外，在上海售价，有无酌减之必要，务望确查市况，会同华商协谋抵制。"启新洋灰公司还希望通过与华商水泥公司的协同抵制，以使"日灰除已

---

① 南开大学经济研究所等编《启新洋灰公司史料》，南开大学出版社，1963，第 216～217 页。

② 《日本浅野水泥之屯并计划》，《刘鸿记账房档案》卷号 003－029，转引自江满清：《中国近代股份有限公司的演变：刘鸿生企业组织发展史研究》，华中师范大学出版社，2007，第 116 页。

得标之两工部局外，勿任其在市面再有周旋余地"。[1]

华商水泥公司、启新洋灰公司、中国水泥公司三家公司还通过联合的方式同日本水泥业竞标上海公共租界工部局每年建设用水泥。1931 年以前"数年均系日人得标"，后"经我三公司协商之后，以为在"九一八"事变之后，国货团体自应急起直追，合力与日商竞争"。于是三家水泥厂合力竞标，最终击败了日本水泥商，拿下了工部局的项目。从某种意义上说，三家联营集合了三家的优势、三家的实力，这种团体的力量是单个厂家所无法比拟的，所以说"三公司的联合在抵制外国水泥在华倾销方面，无论如何，总比各自为谋来得有力量"。[2]

① 南开大学经济研究所等编《启新洋灰公司史料》，南开大学出版社，1963，第 217 页。
② 上海社会科学院经济研究所编《刘鸿生企业史料》（上），上海人民出版社，1981，第 223 页。

第四章　协力抵制：社会力量与反倾销

由于民族意识的觉醒，近代社会的各种民间力量在反对日本水泥业的倾销方面发挥了较大的作用。水泥同业组织以促进行业发展为己任，向南京国民政府建言献策，希望政府制定并颁布反倾销税法并以法律规范的形式来抵制倾销；由于各种政治原因而发起的全国民众的抵制日货运动和提倡国货运动也成为近代反倾销的一支重要力量，在遏制日本水泥进口、提倡使用国货方面起到了不可替代的作用。

一　中华水泥厂联合会与反倾销

南京国民政府时期的同业组织是比较活跃的群体，它们曾在税收、财政及金融诸方面向政府建言献策，对于沟通官商关系、维护商权方面发挥了重要作用。但是很少有学者注意到这样的事实，即有些法规的出台是和近代同业组织的影响分不开的，而其中最具有代表性的案例就是近代反倾销法规的颁布与实施。近代水泥同业组织为什么会如此积极致力于反倾销的立法实践？它以什么样的方式来影响政府的决策，又取得了多大的成效？研究这些问题无疑有助于我们加深对南京国民政府时期同业组织的认识，有助于进一步了解这一时期南京国民政府、同业组织及商人之间的关系。下面试以中华水泥厂联合会的反倾销实践为中心，对其在近代反倾销中的主体作用进行深入的探讨。

中华水泥厂联合会的成立与发展

第一次世界大战前，中国民族水泥业的发展比较缓慢，水泥制造厂总共只有 3 家，即唐山启新洋灰公司、湖北水泥厂和广东士敏土厂。第一次世界大战爆发后，由于国内工商业日益繁荣，基础设施建设百废俱兴，而外国的水泥供应却因战争而断绝，这使得国产水泥需求量急剧增加，民族水泥工业因此而蓬勃发展起来。20 世纪 20 年代相继投产的有上海华商水泥公司和厂址设于南京的中国水泥公司。由于湖北水泥厂在 1914 年被启新洋灰公司所收购，实际上在 20 世纪 20～30 年代国内的水泥企业总共只有四家，即华商水泥公司、中国水泥公司、启新洋灰公司和广东士敏土厂。

而第一次世界大战结束后，国内水泥业发展面临非常严峻的国内外形势：一方面外国水泥在华大量倾销，以图夺取中国民族水泥厂家的市场份额，挤垮民族水泥企业；另一方面，当时国内水泥同业的竞争也非常激烈，水泥市场价格因无序竞争而急剧跌落。这要求中国的水泥业必须联合起来，改变各自为政的局面，以便协同一致，实现国内水泥业的共同发展。正是基于以上的原因，中华水泥厂联合会于 1927 年 3 月在上海成立。中华水泥厂联合会是一个民间性质的同业联合组织，它的创办目的是为了谋求国内水泥行业的共同发展，"各本互助之精神……藉谋同业公共之利益"，"以互助精神改进及维护水泥事业为宗旨"。[①]

南京国民政府成立后，为了规范工商业同业组织的发展，于 1929 年 8 月 17 日颁布了《工商业同业公会法》，1930

---

① 《中华水泥厂联合会缘启》，上海档案馆藏，卷号 Q414-1-382。

年 1 月又颁布了《工商同业公会法施行细则》，规定当时在中华民国境内的所有工商业团体均须依法备案。由于同业公会法规定，只有达到 7 家企业以上的行业，才有资格成立同业组织，但是中国近代水泥企业只有 4 家，实际上不满足同业组织的成立条件，所以无法组织水泥同业公会。

对于水泥行业这种不符合同业公会法相关规定的法人团体，南京国民政府也有相关规定。实业部在 1931 年 10 月 2 日颁布了《实业部农工矿业团体登记规则》，对于"经营或研究农工矿业者组织之团体，于农会、工商同业公会外，有依民法总则公益法人及其他法令各规定成立者，应向实业部呈请登记"，"农工矿业团体呈请登记时应具申请书……连同章程及成立时许可登记各文件，呈送实业部核办"。① 这意味着中华水泥厂联合会应依据民法的有关公益法人的相关规定，向实业部呈请登记。该规则还对各同业团体的义务和权利进行了规定："实业部得委托农工矿业团体调查或筹议各本业事项……农工矿业团体所研究或改良之事项得建议于实业部。"② 也就是说，同业团体有义务完成实业部指定的各项行业调查任务，也享有向实业部建言献策的权利。1935 年根据中华民国有关同业公会的规定，中华水泥厂联合会改组为中华水泥工业联合会，其历史使命也正式结束。

中华水泥厂联合会在其存续的 8 年时间里，在协调同业企业之间的关系及对南京国民政府经济政策的建言献策方面做出了很大的努力。正如其在给实业部的呈文中所说："历

---

① 《实业部农工矿业团体登记规则》，《工商半月刊》第 3 卷第 20 期，1931，第 119~127 页。

② 《实业部农工矿业团体登记规则》，《工商半月刊》第 3 卷第 20 期，1931，第 119~127 页。

年对于政府调查咨询事项，辄当随时贡其献替之忱；而有关同业公共利害者，亦复研究兴革，不遗余力，曩者政府修改进口税则时，并经尽量搜集资料，提出建议，用佐执政者之参考。"① 虽然这些话可能不无自夸，但不可否认的是，中华水泥厂联合会在促进政府和民间交流方面确实做出了一定的贡献，其中最为突出的是促进南京国民政府颁布并实施反倾销法规。

近代反倾销法规

日本水泥不计成本的倾销严重损害了中国水泥企业的利益，引起了中华水泥厂联合会的高度重视并决定对日本水泥发起反倾销。那么反倾销又该从何处入手呢？从国际贸易的历史经验看，反倾销最有效的策略是对外国水泥征收反倾销税，以这种惩罚性关税来抑制外国商品的倾销，从而达到发展民族工商业的目的。但是这种方式在中国行得通吗？

要想对外货征收反倾销税，最重要的是倾销税法的颁布与实施，有法可依才能依法征税。所以尽快要求南京国民政府颁布反倾销法律法规，就成为中华水泥厂联合会的迫切任务。

1931 年 2 月 9 日，南京国民政府正式颁布《倾销货物税法》，从而揭开了近代中国反倾销的新篇章。从现存的资料来看，《倾销货物税法》的颁布和中华水泥厂联合会的推动存在很大的关系。1931 年 7 月 7 日，中华水泥厂联合会在给实业部的一封呈文中说："前经敝会检举日货屯并实据呈奉，钧部转咨财政部，蒙订倾销税法公布施行。"② 这段话包含了

---

① 《中华水泥厂联合会缘启》，上海档案馆藏，卷号 Q414－1－382。
② 《倾销税法施行细则》，《中华水泥厂联合会呈》，中国第二历史档案馆藏，卷号 422－4－1176。

以下几个方面的信息：（1）中华水泥厂联合会对日货在华倾销的证据进行了广泛的搜集，并将这些证据上呈实业部，"检举日货屯并实据"，然后由实业部转交财政部；（2）《倾销货物税法》的颁布和中华水泥厂联合会的积极呼吁有直接关系，"前经敝会检举……蒙订倾销税法"，据此可以推断，中华水泥厂联合会在促进反倾销税法的颁布方面起到了很重要的作用。

《倾销货物税法》虽经正式颁布，但是由于种种原因，南京国民政府一直没有制定相关的施行细则，这使法律仅仅局限于条文，而难以得到真正的贯彻执行。

在1931年7月7日的呈文中，中华水泥厂联合会称："查吾国水泥需用日繁，揆诸原理，业此者当有发展可能，乃以备受日本水泥屯并政策压迫之故，致使国内少数之水泥工厂，咸现无以图存之象，若不力施救济，则斯业危亡可立而待。"①有感于此，中华水泥厂联合会迫切希望制定倾销税法细则，使法律能够得到较好的实施和执行："……只以施行细则迄未昭示，以致日货仍得施其伎俩，扰乱吾国水泥市场，积极防微，其何能缓，爰再不揣冒渎，具文呈请……（希望财政部）将前项公布施行之倾销税法迅行规定施行细则，俾促进行而留国货水泥一线生机。"②在中华水泥厂联合会的多次敦促下，财政部协调实业部"先行拟定该项施行细则草案，咨送过部，再行订期会商，俾利进行"。③

---

① 《倾销税法施行细则》，《中华水泥厂联合会呈》，中国第二历史档案馆藏，卷号 422 - 4 - 1176。
② 《倾销税法施行细则》，《中华水泥厂联合会呈》，中国第二历史档案馆藏，卷号 422 - 4 - 1176。
③ 《倾销税法施行细则》，《中华水泥厂联合会呈》，中国第二历史档案馆藏，卷号 422 - 4 - 1176。

由于没有得到满意的答复，1931 年 8 月 15 日该会再次呈文，要求"迅将《倾销税法施行细则》制定公布，并克日施行，以维国产"①。该会的多次呈文要求，无疑对实业部的拟订施行细则有促进作用。同年 8 月 26 日，实业部就将《倾销货物税法施行细则草案》拟定完毕，并送财政部查核，在其写给财政部的咨文中，实业部声称该草案的拟定是"据中华水泥厂联合会迭次呈请，迅予办理到部，兹经拟定该项细则草案，送请贵部查核"，② 并去电安慰中华水泥厂联合会："该项施行细则草案业经本部拟就，送请财政部查核，须俟同意后始能公布施行，特电知照。"③从这些电文内容来推断，正是在中华水泥厂联合会的"迭次呈请"下，实业部才以最高的效率制定出倾销税法的施行细则草案。

1931 年 9 月 14 日，仅一个月后，中华水泥厂联合会再一次呈文实业部，要求对该细则"迅予颁行，以维国产"，④实业部也很快回电："本部正商财政部着手规定，俟手续完毕后，即行公布施行。"⑤

经过多次对细则草案的修改，在广泛征求实业部下属商业司、农业司、矿业司和工业司的意见并做出一定的修改后，施行细则于 1932 年 12 月 7 日正式公布。从整个出台过

---

① 《倾销税法施行细则》，《中华水泥厂联合会呈》，中国第二历史档案馆藏，卷号 422 - 4 - 1176。

② 《倾销税法施行细则》，《中华水泥厂联合会呈》，中国第二历史档案馆藏，卷号 422 - 4 - 1176。

③ 《倾销税法施行细则》，《中华水泥厂联合会呈》，中国第二历史档案馆藏，卷号 422 - 4 - 1176。

④ 《倾销税法施行细则》，《中华水泥厂联合会呈》，中国第二历史档案馆藏，卷号 422 - 4 - 1176。

⑤ 《倾销税法施行细则》，《中华水泥厂联合会呈》，中国第二历史档案馆藏，卷号 422 - 4 - 1176。

程来看，实业部和财政部都非常谨慎而认真，正如实业部在一份呈文中所说："查《倾销货物税法》事属创举，该项施行细则之厘定自应审慎周详，方符实用。"[①] 具体实施办法的出台，使有关规则更加细化和具有可操作性。

从《倾销货物税法施行细则》的颁布过程我们可以看到中华水泥厂联合会在其中所起的重要推动作用。《倾销货物税法施行细则》正是在中华水泥厂联合会一而再再而三地向南京国民政府呈文催促下制定与颁布的。

中华水泥厂联合会在法律的制定与颁布方面发挥了行业代表作用，那么它在反倾销法规的实施方面又做出了什么样的努力，对最后反倾销的结果又有什么样的影响呢？

1929 年爆发的世界经济危机，一开始对中国的影响还不是太大。但是 1932 年以后，国际经济形势发生了很大的变化，国际金融市场上金贱银贵，也就是说中国的货币在升值，这对中国出口贸易很不利，效果等同于降低了中国的关税税率，中国的国际收支因此日趋恶化，外国商品开始大量涌入中国市场。与此同时，中国的出口贸易也急剧减少。1932 年中国的出口商品价值比 1931 年减少了近 30%，比 1929 年减少了 40% 以上。[②] 所以国内外市场的缩小，出口大减，价格大落，首先影响进出口贸易的平衡。而外贸出口的锐减，又使国内农业、手工业和资本主义工商业都遭到程度不同的打击。而且当时很多资本主义国家通过本国货币贬值及政府补贴压价倾销的方式，对其他国家实行以倾销为主的经济侵略。在这种情况下，中国的贸易逆差大幅度上升，

① 《倾销税法施行细则》，《中华水泥厂联合会呈》，中国第二历史档案馆藏，卷号 422－4－1176。

② 王相钦主编《中国民族工商业发展史》，河北人民出版社，1997，第 487 页。

1919～1921 年为 2.82 亿元，1929～1931 年为 6.18 亿元，1933 年为 7.34 亿元。[1] 帝国主义国家加紧向中国市场倾销大量工业产品，排挤和打击了本来力量就很弱小的中国民族工商业，民族企业纷纷被迫歇业甚至破产，这种情况不能不引起民族工商界的不安，他们迫切希望政府能采取有力措施以制止外货的倾销。虽然《倾销货物税法》和《倾销货物税法施行细则》相继得以颁布，但能否得到执行、由谁来实施执行及如何执行是反倾销问题的另一方面。面对危局，中华水泥厂联合会再次担负起官商沟通的重要责任，积极要求南京国民政府依法对日本产品征收反倾销税。

1933 年 2 月 7 日，中华水泥厂联合会向实业部、财政部呈文，指出当时外国水泥的进口状况："十七年（1928年）度值关平银二百七十余万两，十八年（1929 年）度增为三百四十余万两，十九年（1930 年）度又增为三百八十余万两。如此突飞猛进，漏卮之巨，岂可忍言。设国货供不应求，固犹可说，而实际则生产过剩，有如前述，为丛驱雀，尤可痛心。"[2] 进口水泥量的急剧增加，造成中国的水泥严重过剩，"就全国国产水泥厂而论，全年产量，至少可达三百六十五万桶，而全年销数，则以民国二十年（1931 年）之最高额计之，亦仅二百七十八万桶。其余之一百万桶左右，因受外货倾销，遂至生产过剩。复因生产过剩之故，使销售成本无形提高。而各厂之发展，遂直接受其影响"。如何对待倾销的打击呢？唯一的挽救办法就是增加关税，"如果不于关税方面，严定保护政策，则国货前

---

① 王相钦主编《中国民族工商业发展史》，河北人民出版社，1997，第488页。
② 上海社会科学院经济研究所编《刘鸿生企业史料》（中），上海人民出版社，1981，第79～226页。

途之危机，势将益无底止"。①

其中最可忧虑的、对中国水泥业打击最大的是日本水泥的倾销。1930 年日本出口水泥总数共为 3979770 桶，其中倾销到中国市场的水泥数量约占总额 1/4 ~ 2/5，所以 1930 年实际出口到我国的水泥数量，至少 100 万桶，"以每桶合关平银三两计，占该年度全年进口外货总值七分之六，是可断言"。② 正是基于以上推测，中华水泥厂联合会认为"增加水泥进口税后，对于其他各国关系殊微，而日货方面不无影响，或可转为发展本国水泥业之助，此则属会同人所深致跂望者"。③ 中华水泥厂联合会强烈要求对日本水泥的倾销采取一定的措施，"在属会同人之意，非请政府增其关税，以资调剂，实不足以杜倾销，而维国产"。④

1933 年 2 月 25 日，中华水泥厂联合会呈文给当时刚成立不久的审查外货倾销行为的主管机构——倾销货物审查委员会，指出这样的事实：虽然在历年的海关贸易册统计资料中，香港进口水泥排第一，日本进口的水泥排第二，但是事实上，由香港进口的水泥中，除了英国青洲牌水泥少数运到广东省外，其余大多数都是日本水泥，"日泥之在我国进口水泥中，确占第一位，实无疑义"。⑤ 中华水泥厂联合会在文

---

① 上海社会科学院经济研究所编《刘鸿生企业史料》（中），上海人民出版社，1981，第 79 页。
② 上海社会科学院经济研究所编《刘鸿生企业史料》（中），上海人民出版社，1981，第 80 页。
③ 上海社会科学院经济研究所编《刘鸿生企业史料》（中），上海人民出版社，1981，第 80 页。
④ 上海社会科学院经济研究所编《刘鸿生企业史料》（中），上海人民出版社，1981，第 80 页。
⑤ 上海社会科学院经济研究所编《刘鸿生企业史料》（中），上海人民出版社，1981，第 83 页。

中还极力强调民族产业面临的危机，希望引起政府的重视："夫以青洲水泥厂资本之雄厚、基础之巩固，尚不免因日货之压迫而至于停业，回顾国内各厂方在幼稚时代，苟非政府及早维护，讵能幸存？此尤敝会会员各公司深为危惧，而同时切盼贵会加以扶植者。"[1] 中华水泥厂联合会希望国民政府借鉴青洲水泥厂失败的前车之鉴，维护民族产业的发展。

与此同时，中华水泥厂联合会收集了日本水泥在中国市场上大量倾销的证据，以供政府进行反倾销判定的参考。1932 年 12 月 9 日，中华水泥厂联合会在呈送实业部、财政部的函件中还列举了所收集的日本水泥厂在华倾销的确凿证据："检齐各项倾销证据，并编成日货水泥倾销实况，分呈实业、财政两部"，"催促规定倾销税率，克日实行"。[2]

该会收集的证据非常丰富，包括三井、三菱公司代销浅野牌水泥的报价单、日本水泥的产销情况、国产水泥的产销情况以及日本水泥、国产水泥的售价对照表。从这些证据中可以清楚地看出当时日本水泥在中国市场上的倾销情况。中华水泥厂联合会根据调查结果，认定日本水泥"较其本国售价，每桶约减去银 2 两以上。属会旷观趋势，深觉日货倾销即有显著之事实，非请政府迅予征收倾销税，则国产水泥前途实有不堪设想者"。[3] 该会还在上呈实业部的函件中指出："日货在日与在华售价之差额，计为每桶银二两零一分，日货与国货售价之差额则为每桶银一两二钱二分。现经详细调

---

① 上海社会科学院经济研究所编《刘鸿生企业史料》（中），上海人民出版社，1981，第 84 页。

② 《日本水泥对华倾销》，上海社会科学院经济研究所藏《刘鸿生企业档案资料》，卷号 02 - 012。

③ 南开大学经济研究所等编《启新洋灰公司史料》，南开大学出版社，1963，第 59 页。

查，则其实在差额犹不止此，日货倾销之烈与国货各厂痛苦之深以及属会盼望政府维护之切于此，益可证明。"有鉴于此，中华水泥厂联合会强烈要求南京国民政府财政部"规定日货水泥倾销税税率克日施行，以慰颙望，而维国产"。①

由于考虑到直接对日本水泥征收反倾销税有可能引起中日两国外交上的纠纷，而当时适值中日关税协定期满、两国重修关税税率之时，于是南京国民政府主张通过增加税率的方式阻止其倾销："日本水泥及日煤、抚顺煤两案，均属倾销成立。并经拟定日泥倾销税率为每担征 0.64 关金单位……而当时适值进口税则修订中，且实际上与其另征一种倾销税，不如就原有关税酌增其税率，以便施行，故结果于日煤、水泥之制止，均采用增高进口税之办法，于水泥每百公斤改征 0.83 关金单位。"从最后的结果来看，税率的提高也达到了防止外货倾销的目的。如以倾销比较严重的日本水泥来说，其税率从原来的 0.39 关金单位提高到 1933 年税则的 0.83 关金单位，这样一来，形势变为"日本产品在当地市场的销路完全没有希望"。1932~1934 年，水泥的进口量减少了 13.3万吨，其中主要是日本水泥，而民族水泥业的全国产量据称增加了 9.4 万吨。② 国内最大的水泥企业启新洋灰公司高度评价提高关税的意义，认为进口量减少"殆不在社会之抵制外货，在关税增加所收之效果也"。③ 可以说，提高关税已经

① 《日本水泥对华倾销》，载上海社会科学院经济研究所藏《刘鸿生企业档案资料》，卷号 02 - 012。

② 申报年鉴社编《申报年鉴》，1936，第 716~718 页，转引自〔日〕久保亨：《走向自立之路》，王小嘉、朱荫贵译，中国社会科学出版社，2004，第 208 页。

③ 〔日〕久保亨：《走向自立之路》，王小嘉、朱荫贵译，中国社会科学出版社，2004，第 208 页。

起到了防止水泥进口倾销的效果。

近代水泥业反倾销的胜利，是多种因素相互作用的结果，但我们也不可否认中华水泥厂联合会在其中所发挥的重要作用。南京国民政府虽然没有加征反倾销税，但正是在该会的反复呼吁和努力推动之下，最终通过提高关税的方式，达到了遏制日本水泥倾销的目的。

一部法规、一种群体认同

一部法规的颁布与实施如此紧密地与资产阶级团体联系在一起，这在民国时期是很少见的；一个团体如此一而再再而三地呼吁颁行维护自己权益的法律，可以说也是绝无仅有的。从近代水泥业的反倾销实践中，我们可以看到中华水泥厂联合会在其中所发挥的主体作用，看到久违的维权意识在近代同业组织身上的回归。中国近代反倾销税法规的制定、颁布与实施过程是民族资产阶级反抗外国经济侵略，以提案、议案及呼吁等方式维护自己权益的缩影。虽然我们无法判定反倾销的成果里面有多少成分是中华水泥厂联合会争取的结果。但有一点却是毫无疑义的：它们为维护自己的权利进行过多次呼吁，做出了相当的努力并最终影响了南京国民政府的反倾销决策。与晚清和北洋政府时期的同业组织相比，这一时期的同业组织在维权意识方面无疑有了很大的进步。它们的维权行为之所以能对经济政策的制定产生直接影响，是由当时中国社会政治、经济环境共同决定的。

首先，从大环境来看，南京国民政府时期同业组织的功能与作用得到进一步的强化，同业组织享有更多的权利。1929 年 8 月 17 日，南京国民政府颁布了《工商业同业公会法》，其中第二条规定："工商业同业公会以维持增进同业之公共利益及矫正营业之弊害为宗旨"。[①] 实业部则于1931年10月2日公布了《实业部农工矿业团体登记规则》，进一步强化了同业组织的权利，"农工矿业团体所研究或改良之事项得建议于实业部"。[②]同业团体享有向实业部提供建议之权，这些法律规定使同业组织在维护自身权利和利益时具备了更充分的依据。

中华水泥厂联合会作为水泥行业的同业组织，首先在面临外货倾销时，一方面利用本身的合法地位，积极参与政府决策，反映企业呼声，取得政府支持；另一方面各个水泥企业以该组织作为自己的利益代表。正是通过这种方式，中华水泥厂联合会在政府、企业与市场之间扮演行业利益保护者角色，为该行业的健康发展发挥了不可替代的作用。

其次，同业组织在维护行业权益方面具有单个企业所无可比拟的优势。由于有些权益损害是整个行业共同承担的，而行业共同行动的影响力最大、成本最小。如面对外货倾销，单个企业的力量太小，难以花费大量时间、资金和精力进行反倾销；而政府由于远离市场，它的政策难以迅速地回应经济发展的挑战。相比而言，同业组织则处于政府与企业之间，具有相对的独立性和公正性，它们在掌握市场信息方面有较强的优势，可以利用自己的优势促进政府和企业间的信息互动，从而维护企业利益。

再次，这一时期同业组织本身维护行业利益的意识也日

---

① 中国第二历史档案馆编《中华民国史档案资料汇编》第五辑第一编·财政经济（八），江苏古籍出版社，1994，第689页。

② 《实业部农工矿业团体登记规则》，《工商半月刊》第3卷第21期，1931年10月，第119～127页。

渐觉醒。五四运动以后，西方的民主思想日益改变着商人的旧式思维，"在商言商"的传统观念逐渐淡化，商权维护意识日渐加强。中华水泥厂联合会正是站在商人的立场上，充当行业利益的保护者，维护了行业利益。

最后，当时南京国民政府实施了积极发展民族工商业的政策，对工商业的支持较多，所以民族资产阶级也多能较自由地发表自己的言论，他们的观点也多能被接受，这也是中华水泥厂联合会能够发挥维权作用的先决条件之一。

在21世纪的今天，我国的不少企业和产品也不断面临外国商品的不正当竞争，以致遭受很大的损失。在面临外国商品在国内倾销和出口企业遭受国外的反倾销情况下，我国的很多企业习惯"单兵作战"，它们一旦面临起诉就只能退出已占据的市场，从而遭致惨重的损失甚至破产。因此，在现阶段下，我们可以而且也有必要充分发挥同业组织的优势，使同业组织成为我国行业发展的设计者、行业经济运行的协调者、行业政策的建议者、行业利益的维护者、行业成员的服务者。

二　国货运动与中国水泥业的反倾销

国货运动是指近代中国民族工商企业在曲折而坎坷的发展历程中，由于不胜外货倾销的压迫，从而不断出现的社会群体经济自救运动。① 国货运动的发生和发展是由于中国近现代社会的特殊经济状况决定的：旧中国各种不平等的条约

---

① 潘君祥：《近代中国国货运动研究》，上海社会科学院出版社，1998，序言（二）。

束缚着中国经济的发展：关税不能自主，民族统一市场难以形成，走私进口泛滥，外货倾销的形势日趋严重。这些客观经济原因都阻碍着中国工商业的发展，民族企业处于生存艰难的状态。在这种情况下，民族工商业不得不借助于在城乡社会群体中自发掀起的国货运动。国货运动的作用是多方面的，本章主要研究国货运动在反对外国商品倾销与反倾销方面的作用及影响。

国货运动的发生与发展

国货运动产生的最早契机是民国建立前后改易服式的浪潮。1912 年南京临时政府成立以后，以孙中山为代表的资产阶级革命派顺应时代潮流，发布了一系列除旧布新的法令。这些法令中重要的一条就是"变更冠服章制"，借以冲击清朝的旧制度、旧习俗。这股随政治革命而来的改易服式浪潮对衣帽业产生了巨大的影响。1911 年 12 月，上海绪纶公所、农业公所等 10 个团体为维持国产衣帽的销售和生产，成立中华国货维持会，以"提倡国货，发展实业，改进工艺，推广贸易"为宗旨。[①] 中华国货维持会的早期活动主要是提倡国货销售，而且主要限于服装衣帽等行业的国货。

此后，国货运动开始蓬勃发展，全国各地国货组织如雨后春笋般成立起来。上海有中华民国民生国计会、劝用国货会；杭州有全浙国货维持会，安庆有安徽商务研究会，福州有保存国货公会，哈尔滨有黑龙江实业总会等等。这些国货组织以提倡国货为宗旨，直接推动了国内实业的发展。

---

① 《会史》，见《中华国货维持会廿周年纪念刊》，转引自潘君祥：《近代中国国货运动研究》，上海社会科学院出版社，1998，第 6 页。

这一时期的国货运动得到了政府多方面的支持。张謇任北洋政府农商总长时期的农商部就认为，"凡日用品向由外国供给，而为本国所能仿制者，此类工厂尤应特别保护"。① 为了扩大国货的销售市场，农商部还饬令政府各部所属学校，"以公家之力，限定购用，以重国货"。②

同时政府还积极安排国货参加国际博览会，参与国际竞争。1915 年北洋政府农商部于北京举行了规模空前的近代中国第一次国货展览会——中华国货展览会，全国 18 个省都安排了产品参展，展出的国货产品总数达 10 万件，每天参观的人数不下万人，中华国货展览会取得了圆满成功。

1927 年南京民国政府成立以后，也开始采取一些保护国内产业发展的措施，如实行税制改革、关税自主、裁撤厘金、统一度量衡等。除此之外，南京国民政府还特别提倡保护国货工业。在南京国民政府发布的《施政纲要》中，"提倡保护国内之实业"是一条重要的内容。1928 年 4 月 20 日，南京国民政府发布通告称："海通以还，外货充斥，经济压迫，源涸流枯，国人触目惊心。权衡利害，应以提倡国货为先，顾提倡之方，必须心理与物资双方并进。"通令还从一些具体方面对此进行了规定：（一）在审编中小学教材时，应注重把提倡国货运动的内容编入；（二）由工商部制订速筹振兴工业的

---

① 《关于整饬国货办法给大总统呈文》（1915 年 3 月 6 日），载沈家五编《张謇农商总长任期经济资料选编》，南京大学出版社，1987，第 274 页。转引自潘君祥：《近代中国国货运动研究》，上海社会科学院出版社，1998，第 324 页。

② 《关于整饬国货办法给大总统呈文》（1915 年 3 月 6 日），载沈家五编《张謇农商总长任期经济资料选编》，南京大学出版社，1987，第 274 页。转引自潘君祥：《近代中国国货运动研究》，上海社会科学院出版社，1998，第 324 页。

计划，严禁商人以外货冒充国货；（三）由财政部实行保护国货的政策；（四）政府各部及内外官署、学校，除购用图书、机器及其他中国所无而必须购用的物品外，应一律购用国货；（五）由各省市政府分别布告民众，一律倡用国货。提倡国货的通文中，特别要求政府机关带头购用国货。[①]

工商部在 1928 年颁布了《国货陈列条例》，鼓励各地发起筹办国货陈列馆。先后成立的有北平、浙江、福建、河北等地的国货陈列馆。在 1928 年 6 月 9 日的通令中，审计院还特别强调了政府机构要带头购用国货，给民众做出表率："国货之或代洋货者正多，各机关所用物品应即尽量采用，以资提倡，振兴实业庶乎有望，否则政府不能表率，民众更加漠视……对于全国各机关所用物品如有国货可以适用而仍购用洋货者，一律以不经济支出论。"[②] 该提议得到南京国民政府的赞同："提倡国货人有同情，况在公家所用物品尤不宜任意购用洋货，贻人口实……应会知各机关切实奉行。"[③] 1929 年 5 月 1 日，行政院在给国民政府的呈文中提出"凡属公用物品，除尚无相当国货，又为事实所必需者，始得采购舶来品外，应一律尽先购用国货，以示限制，而资提倡"。[④]

---

① 《军事委员会关于提倡国货办法的公函》，中国第二历史档案馆编《中华民国史档案资料汇编》第五辑第一编·财政经济（八），江苏古籍出版社，1994，第 736 页。

② 《国民政府关于购用洋货者以不经济支出论的有关文件》，中国第二历史档案馆编《中华民国史档案资料汇编》第五辑第一编·财政经济（八），江苏古籍出版社，1994，第 737 页。

③ 《国民政府关于购用洋货者以不经济支出论的有关文件》，中国第二历史档案馆编《中华民国史档案资料汇编》第五辑第一编·财政经济（八），江苏古籍出版社，1994，第 739 页。

④ 中国第二历史档案馆编《中华民国史档案资料汇编》第五辑第一编·财政经济（八），江苏古籍出版社，1994，第 739 页。

　　1928 年孔祥熙任工商部部长以后，就在上海举办了工商部中华国货展览会。南京国民政府对国货运动的提倡产生了很大的影响。浙江省于 1929 年 3 月 1 日举办了西湖博览会，武汉政治分会主席李宗仁也电请举办汉口展览会，河北、河南各省都有筹备展览会的计划。[①] 为了有效地组织全国各地的展览会，行政院制定了《全国举办物品展览会通则》，以有效地统筹规划和管理全国的国货展览会。该通则具体规定了展览会的类型、展览会的会期、展览物品的保管办法以及对参展物品的税费及运费的减免。[②]

　　1930 年，国民党中央党部做出决议，将推动国货列为基层党部七项工作之一，七项工作为识字、造林、造路、保甲、卫生、合作、国货。[③] 对一些知名国货品牌，政府更是大力支持，1930 年工商部就曾下令全国都使用飞虎牌油漆。[④] 蒋介石在 1934 年提倡"新生活运动"时，也将采用国货列为最主要的一项。[⑤] 政府有关部门还对一些不响应倡用国货号召的公职人员实施纪律处分，希图以儆效尤。如 1934 年山西省河曲县第一区长袁纯德因使用进口公文用纸，被人检举

① 《行政院关于颁行全国举办物品展览会通则的呈》，中国第二历史档案馆编《中华民国史档案资料汇编》第五辑第一编·财政经济（八），江苏古籍出版社，1994，第 720 页。

② 《行政院关于颁行全国举办物品展览会通则的呈》，中国第二历史档案馆编《中华民国史档案资料汇编》第五辑第一编·财政经济（八），江苏古籍出版社，1994，第 720～722 页。

③ 机联会：《会务报告》（第四期），第 12～13 页，转引自潘君祥：《近代中国国货运动研究》，上海社会科学院出版社，1998，第 327 页。

④ 《机联会刊》，第 24 期，上海机联会出版，1930，第 8 页。转引自潘君祥：《近代中国国货运动研究》，上海社会科学院出版社，1998，第 327 页。

⑤ 《国货月报》第 1 卷第 3 期（1934 年），第 57 页，转引自潘君祥：《近代中国国货运动研究》，上海社会科学院出版社，1998，第 327 页。

揭发，被记过一次。① 山西省介休县政府督学张钟禧、前沁水县政府第三科科长武敬事也因使用非国产纸名片，而被给予警戒处分。② 这些典型事例有一定的形式主义之嫌，但从中也可看出，政府在国货运动中还是起到了一些推动作用。

在 1930 年 11 月实业部召开的全国工商会议上，国货运动又一次成为焦点。会议收到的提案共 420 多件，其中直接与国货活动有关的提案就有 44 件之多，提倡和发展国货成为这次会议讨论的中心议题之一。全国工商会议结束时发表了会议宣言，明确地指出提倡国货运动是工商界所关心的"最切要之根本问题"之一。

这一期间，比较有影响力的国货运动如下。

（1）中华国货展览会。1928 年，孔祥熙出任工商部部长，为"策励工商，提倡国货"，提出了在上海筹办工商部中华国货展览会的提议，"征集全国出品，陈列展览，以示奖励而资观摩"。③ 这一提案得到国民政府第 72 次委员会议通过。工商部组织了有虞洽卿等 52 位著名人士参加的筹备委员会，并将参展的国货产品共分染织工业、化学工业、饮食工业、电机工业、手工制造、艺术出品、教育用品、医药用品、工业原料及其他商品 10 个大类。为扩大展览会的影响力，在展览会筹备期间，筹委会就组织了大量宣传国货活动的新闻稿件，分送当时的《申报》《新闻报》《民国日报》《时事新报》《中央日报》《时报》《商报》等，以"引起社

① 《国货要讯：晋河曲区长不用国货，省府予记过》，《首都国货导报》第 41 期，1937 年，第 19 页。

② 《公务员名片非国产纸从严惩处》，《首都国货导报》第 35 期，1936 年，第 44 页。

③ 《工商部孔部长拟筹设国展会提案》，中华国货展览会编《工商部中华国货展览会实录》第 1 编，中华国货展览会，1929，第 1 页。

会对于提倡国货之注意，民众赴会参观购置之热诚"。各大
报纸也都纷纷刊出展览筹备的新闻，有的还刊发了中华国货
展览会的专号，以支持展览会的筹备。①

　　这次展览会于 1928 年 11 月 1 日正式开展。陈列品共计
13271 件，中国水泥公司也参加了这次展览会。展览会还对
陈列品进行了评奖，共选出获奖产品 2182 个，分别授予特等
奖、优等奖、一等奖和二等奖。②

　　（2）西湖博览会。西湖博览会是由何应钦提出、由张静
江主持的。1928 年 10 月，西湖博览会筹备委员会成立，建
设厅厅长程振钧出任主席，筹备委员共达 600 余人，集中了
当时各方面的专家和技术人才，筹备工作长达半年。为了扩
大宣传、广征展品，筹委会还在安徽、江苏、上海及浙江省
内 75 个县设立分会；在南圻、万隆等地设立出口委员会。
博览会原定征品以国货为限，后又征集外国机器、原料以供
国内厂商参考。经过各地的精心挑选，共计征集展品 147604
件。全国各地的商家闻讯纷纷赶赴杭州，在博览会场地内设
店摆摊，仅上海国货工厂联合会就向该会借地设店 100 余
家，其中浙江省本地的有 60 余家。

　　1929 年 6 月 6 日下午 2 时，酝酿已久的西湖博览会开幕
了，盛大的开幕典礼在西湖以北新建的大礼堂内举行，数百
名嘉宾和十万余名观众参加了开幕典礼，张静江致开幕词，
国民党中央委员林森升旗，南京国民政府代表孔祥熙主持启
门礼。开幕式由浙江省广播电台向全国实况转播。

　　博览会会址选在断桥、孤山、岳王庙、北山、宝石山麓

---

① 潘君祥：《中国近代国货运动》，中国文史出版社，1996，第 33 页。
② 潘君祥：《中国近代国货运动》，中国文史出版社，1996，第 34 页。

与葛岭沿湖地区，周长4公里，面积约5平方公里。博览会设有八个展馆（革命纪念馆、博物馆、艺术馆、农业馆、教育馆、卫生馆、丝绸馆、工业馆）、两个陈列所（特种陈列所、参考陈列所）和三个特别处（铁路陈列处、交通部临时电信所陈列处、航空陈列处）。博览会汇聚了全国商品的精华，又兼展海外华侨带来外国展品，展品丰富，蔚为大观。

1929年10月11日，西湖博览会举行闭幕式，工商部部长孔祥熙、行政院代表陶公衡及国民党浙江省党部、浙江省政府各委员、各机关团体代表4000余人出席，由张静江致闭幕词，博览会持续时间达4个月。

西湖博览会还对每一件参会的展品进行评定，在所有的参展产品中，评出特等奖85个，优等奖236个，一等奖249个，二等奖399个，另外还颁发感谢奖状和奖章43个，总共评出获奖产品969个。

西湖博览会以推销国货、救济工商业为号召，为厂家提供了一个大规模的交流平台，为工商业产品打开了销路。博览会期间，各商场的生意十分兴旺，此次博览会具有商品展销会的性质。[①]

（3）九厂临时国货商场。1932年9月，"九一八"事变爆发一周年之际，中华国货产销协会会员工厂中的中国化学工业社、美亚织绸厂、五和织造厂、中华第一针织厂、三友实业社、中华珐琅厂、胜德织造厂、一心牙刷厂、华福制帽厂九家企业联合组织了"九厂临时国货商场"，由九家国货工厂各出两种国货商品，共18种产品，举行为期一周的"大廉卖"，寓意纪念"九一八"，毋忘国耻，并在《申报》

---

① 华瑶：《1929年的西湖博览会》，《民国春秋》2001年第6期。

上大事宣传。九厂临时国货商场也被人称为"九一八商场"。这次联合大义卖活动号召爱国和抵抗侵略，引起了社会的极大关注，顾客出于爱国热情踊跃购买，活动期间 8 天的营业额达 3.8 万多元，活动取得了巨大的成功。义卖活动结束以后，部分国内工商界人士见国货有如此巨大的号召力，立即利用九厂临时国货商场的原址，开始筹设上海国货公司，作为国货推销的永久场所。

（4）国货年。1933 年，在上海市民提倡国货会、上海地方协会等团体的倡导下，确定当年为国货年。国货团体参与各种国货商品的展销工作，成立国货介绍所和国货指导所，建立国货流动推销团，力图将国货产品进一步销往农村市场。上海的国货团体发起并开设了 7 个国货展览会。南京在同一年也先后举办了国货用品展览会、首都国货展览会、第四年度南京国货展览会等。全国各地如广州、济南、嘉兴、温州、青岛、北平、天津、徐州、蚌埠、威海卫、镇江、松江、盐城、泗阳、靖江等地也都举办了国货展览会和流动国货展览会。在国货宣传的热潮中，还有其他各种宣传方式，如上海的国货汽车游行大会、南京的国货提灯大会，以及全国各地的民众国货演讲会。

（5）1934 年的妇女国货年。上海地方协会、上海市商会、中华国货产销合作协会、上海妇女提倡国货会、中华妇女节制协会、家庭日新会共 6 个团体，认为"社会之组织，始于家庭，而家庭之组织，乃以妇女为主体"，公定 1934 年为妇女国货年。上海国货运动的指导机关精心组织了元旦汽车游行，由上海最著名的 26 家国货企业组成载有国货和带有标语的汽车宣传队，进行了盛大的宣传活动。同年的 3 月 8 日，又组织了妇女界的国货联欢活动。妇女国货年运动委员会在静安寺附近举办了沪西国货临时商场，1934 年年底还组织了国货提灯大游行和国货商标标品展览。

（6）学生国货年。1934 年底，上海的国货团体决定将 1935 年作为学生爱用国货年，将国货运动的宣传动员工作重点转向学生，具体工作由上海市学生国货年推行联合会主持。① 1934 年 12 月，学生国货年召开筹备会议，提出在学生国货年期间全国学生一律使用国货，全国学校一律购用国货，全国学生家庭、教师及其家庭一律使用国货，全国学生劝导全社会一律使用国货，毕业学生努力为国货界服务，提倡制造或推销国货，全国教师和学生领导全社会使用国货。拟定了国货教育实施方案，就学校、教职员、教材和课外作业等方面进行了详细规定，以作其他学校之参考。1935 年 1 月 10 日，《申报》刊出学生国货年专号，指出"今年是'学生国货年'的第一年，便是'妇女国货年'的第二年，也是'国货年'的第三年"，要求学生"不分你和我，不分贫和富，重担共一肩，责任大家负"②，阐明了学生应起的作用和需要担负的责任。

学生国货年的活动中心在上海，其他各地如湖北、湖南、四川、北平等纷纷响应。为促进学生国货年活动的开展，上海成立了学生国货年推行联合会，定期召开常务理事会。为积极推行国货宣传，上海市特别举行分区展览会，同时附设售品部，专营国货产品。

（7）全国铁路沿线出产货品展览会。铁道部也为推动国货的销售举办了全国铁路沿线出产货品展览会，该展览会

---

① 潘君祥：《中国近代国货运动》，中国文史出版社，1996，第 9~41 页。
② 仰莽：《大家来挑这副担子》，《申报》，1935 年 1 月 10 日，第 15 版。

1932～1935 年先后共举办了四届，分别在上海、南京、北平及青岛。它是由铁道部举办的，以铁路沿线产品为特色的全国范围的展览会，展览会展品主要由各路专馆馆长派人与各路总段段长接洽，由总段长协同办理。征集的对象主要包括沿线各商会、矿厂、较大的行商等。在每届铁展会的后半段时间里，铁道部都会出面组织审查委员会，对与会展品进行研究、审核，并分级别给予奖励。评奖的目的是鼓励沿线实业发展，使社会各界能对参展商品有全面的认识。铁道部为了保证评审工作的公正性、准确性，特别聘请了农、工、商、矿各行各业的专家担任展品的评审工作。①

国货运动是一种主要由民族资产阶级倡导的、由众多社会阶层参加的爱国的社会经济运动，是近代中国人民反抗外来经济压迫的一种手段。其目的是推广国货、保护国货生产、发展民族经济。国货运动不仅对民族企业的发展有积极的促进作用，而且对近代中国的社会进步也起到了十分重要的作用。

干预粤汉铁路进口

近代中国水泥业也积极参与各社会团体组织的国货运动，希望通过这些运动唤起国民的爱国情感，达到推销国产水泥的目的。民族企业家利用这种难得的机遇，帮助自己的企业走出困境。国货运动对民族水泥业的促进主要表现在以下几个方面。

第一，参加各种展览会，扩大水泥品牌的知名度，从而

---

① 相关内容参见尚姗姗：《20 世纪 30 年代铁路沿线出产品展览会述评》，《郧阳师范高等专科学校学报》2007 年第 5 期。

达到推销国货的目的。1926 年，华商水泥公司参加了上海总
商会商品陈列所举办的第四届国货展览会，该厂象牌水泥在
临时国货商场陈列馆展出后，受到广大消费者的热烈好评。
该厂产品获得了上海总商会颁发的优质产品证书，"上海水
泥公司水泥物质优美，遐迩闻名，深受欢迎，特此证明"。①

　　1928 年春，孔祥熙出任南京国民政府工商部部长，他将
创设中华国产馆、商业博物馆、建国博览会等列入计划。济
南"五三惨案"发生以后，民众抵制日货情绪高涨，倡导国
货的活动也随之活跃。受这股潮流的推动，孔祥熙为"策进
工商，提倡国货"，提出了在上海筹办工商部中华国货展览
会的设想，拟"征集全国出品，陈列展览，以示奖励而资观
摩。"② 为全面开展国货展览会的筹备工作，决定先在"上海
商场征集夏秋令用品，开一临时国货展览会，以为先导"。③
展览会初定于 10 月开幕，这一提案在 6 月获得国民政府第
72 次委员会议通过。④

　　中华国货展览会于 1928 年 11 月 1 日在上海南市新普育
堂工艺学校正式开幕，12 月 31 日宣布闭幕，但适逢元旦，
又延期三天，于 1 月 3 日正式结束，展会历时 64 天。开幕之
日，盛况空前，中外来宾 1 万多人，观者 5 万余人，蒋介石

---

① 《华商上海水泥股份有限公司关于上海总会商品陈列所第四届展览会附设临
　　时国货商场陈列本厂象牌水泥的证书壹纸》，上海档案馆藏，卷号 Q414 -
　　1 - 659。
② 《工商部孔部长拟筹设国展会提案》，见《工商部中华国货展览会实录》第
　　1 编，第 1 页。引自潘君祥：《中国近代国货运动》，中国文史出版社，
　　1996，第 403 页。
③ 《工商部孔部长拟筹设国展会提案》，见《工商部中华国货展览会实录》第
　　1 编，第 1 页。引自潘君祥：《中国近代国货运动》，中国文史出版社，
　　1996，第 403 页。
④ 潘君祥：《中国近代国货运动》，中国文史出版社，1996，第 403 页。

亲临会场举行了升旗礼。

华商水泥公司的水泥产品在此次展会上获得特等奖。[①]
1935 年 12 月，华商水泥公司的象牌产品又参加了由铁道部
举办的全国铁路沿线出产货品展览会，经展览会评审部"审
查评定，应给予超等奖状"。[②] 通过参加这些国货运动，华商
水泥公司一方面成功地推销了自己的产品，另一方面在一定
程度上加深了人们的国货情结，对于发展民族产业和抵制外
货倾销起了很重要的作用。

第二，南京国民政府以各种命令的形式要求国内的建筑
工程必须采用国产水泥。1933 年粤汉铁路开工以后，粤汉铁
路局置国产水泥于不顾，"采购大批法国水泥，免税进口于
先"；又有广西省政府采购"日本水泥二十五万包于后"。[③]
不仅如此，粤汉铁路局和广西省政府对此还辩解说，使用外
国水泥是因为国货水泥品质较差，只有对此加以改进，才能
"以副需要"。[④] 这种苍茫无力的辩白当然不能说服国货厂商，
他们严正地质问："一若国货水泥每年生产之四百余万桶犹
不足以供该局一段路工之需求？"实际上，国内水泥的品质
是非常好的，"各公司出品，已超过各国规定之品质标准"，
"（如果这还不能）适合该局路工之应用者然，以此立论，非

① 《华商上海水泥股份有限公司关于象牌水泥送往工商部中华国货展览会陈
　　列经审查评定发给特字第壹三号特等奖状壹纸》，上海档案馆藏，卷号
　　Q414 - 1 - 347。

② 《华商上海水泥股份有限公司关于象牌水泥送往铁道全国铁路沿线出产货
　　品展览会展览所给超等奖状青会奖字第三三零号壹纸》，上海档案馆藏，
　　卷号 Q414 - 1 - 660。

③ 《伪市府关于禁止外国水泥应采用国货的命令》，上海档案馆藏（缩微胶
　　卷），卷号 Q235 - 1 - 360。

④ 《伪市府关于禁止外国水泥应采用国货的命令》，上海档案馆藏（缩微胶
　　卷），卷号 Q235 - 1 - 360。

事实若谓价格方面尚有问题"。① 事实上也确实如此，一方面是国产水泥销路日滞，另一方面是外国水泥的大量进口，"际此白银外溢，金融枯竭之时，而部辖机关、地方政府尚不顾全国经济之濒于绝境，一再购用巨量外货……痛心之事，宁遇于斯？"②

基于以上几点原因，中华水泥厂联合会上书实业部要求以政府命令的形式对此种行为采取必要的措施。南京国民政府行政院出面以政府命令的形式予以制止，命令行政院所属各部、各省市政府及各机关单位遵守国民政府"以前通令，嗣后一切建设所需水泥不得再有购用外货情事，以维社会经济"。另外，行政院还命令广东省政府"从速取消限制他牌国产水泥入境办法，以维行业而培国本"。③

总的来看，南京国民政府时期的水泥业一方面通过参加国货展览会扩大自己品牌的知名度，使广大民众乐于使用国货水泥；另一方面也呼吁政府发布行政命令，要求各级机关及部门在进行工程建设时均采用国产水泥，以维持国货的生产和销售，这也是近代中国水泥业反倾销的武器之一。

三　抵货运动与水泥业的反倾销

抵货运动是中国人民反抗外来侵略的一种经济斗争手段。抵货运动本来是由政治原因而引起的经济绝交行为，它

---

① 《伪市府关于禁止外国水泥应采用国货的命令》，上海档案馆藏（缩微胶卷），卷号 Q235 - 1 - 360。

② 《伪市府关于禁止外国水泥应采用国货的命令》，上海档案馆藏（缩微胶卷），卷号 Q235 - 1 - 360。

③ 《伪市府关于禁止外国水泥应采用国货的命令》，上海档案馆藏（缩微胶卷），卷号 Q235 - 1 - 360。

的本来目的是抗议帝国主义国家对中国的军事侵略和政治欺压。但是由于这种行为对外国商品的进口起到了一定的限制，所以在外国商品大肆倾销的年代，抵货运动起到了其他手段所不具备的反倾销作用，对民族工业的发展有一定的促进作用。

中国历次抵制日货运动

在旧中国，由于受各种不平等条约的束缚，海关权利不能自主，民族市场不能独立，加上外国资本的侵凌和外国商品的压迫，民族企业的发展空间有限，国产商品的销售范围狭小。因此，抵制外货成为中国人民抵制外来侵略的一种经济手段，是"弱国对付帝国主义侵略最无办法的消极方策……每当外交的棘手，外侮的侵凌，国民激发于爱国热忱，常以抵货为消极的抵抗"。① 近代中国多次发生抵制日货运动，有几次运动历时一二年之久，较短的也有两三个月。

20世纪初，中国民众发动的抵制日货运动先后达7次之多。

（1）"二辰丸"事件与中国第一次抵制日货运动。1908年2月，广东水师截获往澳门私运枪支弹药的日本商船"二辰丸"号。由于罪证确凿，日轮船主承认了违法罪行并服从惩处，中方撤去该船所挂日本国旗。面对这样一桩违法走私定案，日本政府却照会清政府的外务部，要求中方赔礼道歉并赔偿损失。

面对日本政府的外交压力，清廷做出了巨大让步。1908年3月15日，中国接受了日本提出的无理条件，这不仅使国

① 吴兆名：《日本帝国主义与中国》，商务印书馆，1934，第477页。

家受到屈辱，而且无异于要默认澳门领海非中国所有，这被广东人民认为是奇耻大辱。3月18日，粤商自治会召开大会，掀起了中国第一次抵制日货运动。继粤商自治会发起抵制日货运动后，梧州商会、上海及各地商会也发来通电，表示支持粤商自治会。由此，中国第一次抵制日货运动以广州为中心在沿海地区掀起。这次抵货运动取得了一定的成效：该年日本对华出口贸易额较上年减少2500万元，从中国的进口贸易额也减少800万元。①　中日间贸易额的减少，虽然有其他因素的作用，但"主要原因，仍在抵货之影响"，以至于第二年抵货运动风潮平息后，日本对华贸易总额仍减少800万元，"日方之损失，亦不为小"。②

（2）安奉线改筑问题与第二次抵制日货运动。第二次抵制日货运动是因为日本强索安奉铁路铺设权事件而起。1909年，日本政府强逼中国承诺日本有延长吉海铁路及改筑安奉线的权利，中国政府提出了抗议但是没有任何效果。这种强盗行为不仅受到了吉林安东民众的极力反对，北平、上海、香港、天津及其他各地民众也都表示极度愤慨，于是引发了中国近代第二次抵制日货运动。留日学生是此次抵货运动最主要的倡导者和组织者。由于这次抵货运动仅发生在中国东北地区，未能波及全国，而且时间很短，所以收效甚微，"是年日本对华出口贸易，较前年仅减少八百万元；进口贸易，仅减少五百万元"，③　但不管怎么样，毕竟给日本的经济造成了一定的损失。

（3）"二十一条"与中国第三次抵货运动。1915年1

---

① 邵德厚：《抵制日货之考察》，日本评论社，1933，第3页。
② 邵德厚：《抵制日货之考察》，日本评论社，1933，第3页。
③ 邵德厚：《抵制日货之考察》，日本评论社，1933，第3页。

月，日本政府向中国政府提出了企图把中国山东领土、政治、军事及财政等都置于日本控制之下的二十一条无理要求，它是日本帝国主义以吞并中国为目的而强加于中国的单方面的"条约"。这种严重侵犯中国利益的行为激起了中国人民强烈抗议，在全国范围内引发了轰轰烈烈的抵制日货运动。这次抵货运动历时 6 个月（1915 年 1 月至 6 月），给日本经济造成了重大打击。1915 年，日本对华出口贸易额比 1914 年减少 2000 万元。特别是 5 月份"二十一条"提出以后，日本对华贸易额急剧下降，同年 2～4 月日本对华贸易额都在 1200 万元以上，5 月贸易额即因抵货运动而降至 939.5 万元，6 月更降至 864.6 万元，7 月也仅为 1000 万元。后来因为日本政府要挟北洋政府发布命令，通令全国停止抵制运动，抵货运动方告结束。

（4）山东问题与第四次抵货运动。1919 年 5 月，巴黎和会上各国尚未签约，中国国民为阻止中国代表签署丧权辱国条约并促使政府对日提出抗议，决议全国抵制日货。这次抵货运动不仅是一次排斥日本帝国主义的爱国运动，而且是一次反抗本国政府的政治运动。所以这次爱国运动范围较大，组织较严密，抵制日货的成绩远较之前的三次显著。从抵货运动最激烈的几个月来看，1919 年 5～7 月，主要日货进口都受到沉重打击：进口日本棉纱减少 68.3%，纸减少 64.6%，布正减少 80.7%，伞减少 97.7%，火柴减少 46.6%，帆布袋减少 66.9%，平均减少 70.7%。进口其他日本商品数量也都急剧减少，如玩具、药品、肥皂、瓷器、帽类、袜类以及棉织品类，平均减少 54%，可见"抵制日货效力之大"。①

---

① 邵德厚：《抵制日货之考察》，日本评论社，1933，第 4～5 页。

（5）"山东悬案"与第五次抵货运动。1921 年因为解决"山东悬案"的会议重开，日本坚持必须与中国谈判，而中国政府则坚持在华盛顿会议讨论太平洋及远东问题之际将中日争端问题提出公决。由于意见分歧很大，双方相持不下。这种侵犯中国主权的行为引起中国民众的极度反感，于是中国民众再次行动起来发起对日抵货运动。这次抵货运动的目的，一方面是迫使日本放弃在华的不合理权利，另一方面则在于唤醒政府，使其明了中国普通民众对此问题的态度。1921 年日本对华贸易损失极大，对华出口贸易额比 1920 年减少 82%，该年进口日货减少五千余万元。可以说，这次抵货运动获得了巨大成功。

（6）"五卅惨案"与第六次抵货运动。1925 年 2 月上旬，上海日本纱厂以"养成工"代替成年男工并拘捕工人代表，工人群起反对厂方并愤而罢工。5 月 15 日，上海日本纱厂资本家对罢工工人实行报复，枪杀工人顾正红并伤 10 余人。与此同时，租界当局还宣布要在上海增加码头捐、实行交易所注册等，这些行为损害了中国工商业者利益，这就进一步激起中国人民的愤怒。于是，工商界发起了全国范围内的抵制日货运动。

（7）"九一八"事变及第七次抵货运动。1931 年 9 月 18日夜晚，日本关东军在沈阳北郊柳条湖村附近炸毁了"南满铁路"的一段路轨。然后诬称中国军队破坏"南满铁路"、袭击日本守备队，向中国东北军驻地北大营和沈阳城发动了进攻。这就是震惊中外的"九一八"事变。全国人民对日本帝国主义的武装侵略无不义愤填膺，全国掀起了空前规模的反日浪潮。全国许多大城市都召开了各界抗日救国大会，举行游行请愿，参与阶层之广和规模之大都是空前的。9 月 26

日上海举行抗日救国大会，参与人数在 20 万以上，会后举行声势浩大的反日示威游行。9 月 28 日，北平各界召开抗日救国大会，参与的有 250 多个团体、20 多万人，大会通电全国，"要求厉行对日经济绝交"。全国各城市的爱国工商业者也起来实行对日经济绝交，他们在各地举行了声势浩大、成效显著的抵货运动。"这运动一开始就得到全国的响应，全国民众检查的检查，宣传的宣传，在汹涌澎湃的呼声中，在人山人海的环视下，一堆的仇货烧了，又一堆的仇货毁了，这种运动不得不使日本资本家发起抖来。"[1] 这次抵货运动使当年日本对华贸易遭受了重大损失。[2]

抵货运动对中日贸易的影响

从近代中外历史来看，抵制外货运动大都发生在殖民地和半殖民地国家，尤以中国发生的次数最多、规模最大，而且每次运动持续的时间也最长。在这些抵货运动中，虽然中国也遭受了一定的损失，但对日本出口贸易的打击则更大。

在历次抵货运动期间，日本对华贸易出口金额都有所下降。1915 年、1921 年两年对华贸易出口金额减少最多，高达 80% 多，其他年份也大都在 20% 左右（见附表 4－2）。由此可见，抵货运动对日本商品出口的影响非常大。

下面我们以"九一八"事变后的抵货运动对日本贸易的影响作为重点考察对象。这次抵货运动由于涉及面广、时间跨度长，同时由于日本军事侵略行为对中国民众的民族心理有很大的刺激，所以民众抵货运动的决心最大，对日本的对

---

[1] 《过去抵货运动给予敌人的打击》，载中国经济情报社编《中国经济论文集》（第 3 辑），生活书店，1936，第 83 页。

[2] 王桧林主编《中国现代史》，北京师范大学出版社，1991，第 296～302 页。

华贸易的打击也最沉重。

（一）日本输华商品大幅度减少。1931 年"九一八"事变发生以后，接着在 1932 年 1 月 28 日，日本又在上海挑起了"一二八"事变，这种赤裸裸的侵略行为激起了全民族的爱国情绪，全国人民自发开展了抵制日本经济侵略的抵货运动。自 1931 年 9 月至 1932 年 2 月这半年多的时间里，中国民众发起的抵货运动对日本的对华出口贸易造成了极大打击。

1931 年 1 月到 1932 年 2 月的 14 个月间，日本对华出口贸易有几个值得注意的地方：（1）1931 年 1～8 月，日本对华出口贸易额 11.6 亿日元，与 1930 年同期的 14.5 亿日元相比，减少了 19%；"九一八"事变发生后，日本对华出口贸易继续恶化，随后五个月的对华出口贸易额环比分别减少 62.7%、78.8%、81.4%、71.7% 和 57.9%（见附表 4-3）。

1931 年 10 月，日本对华出口贸易额为 847.3 万日元，进口贸易额为 749.7 万日元，顺差为 97.6 万日元，与 1930 年 10 月对华顺差 120.5 万日元比较，降低趋势是非常明显的。1931 年 10、11、12 月和 1932 年 1 月，对中国的出口大幅下滑。据日本人自己的调查，日货中棉纱、纸、煤、糖及日用杂货各项的对华出口贸易额都减少百万乃至千万日元不等。1932 年 1 月，日本对华贸易出现了 1319 万日元的逆差。[①]当时日本国内报刊报道说："自辽宁事变发生后，抵货运动突起，故在该年九月间，日货进口仅千万两，较前八月，平均减二千一百万两，至十月中稍缓，然较前八月，平均减百分之三十四，十一月减百分之六十二，十二月减百分之五十八，迨淞沪战起，长江各埠，对日贸易停顿，全国日

货进口，遂由二十年十二月之一千三百万两减至一月及二月之九百万两。"①

（2）从地域来看，日本对华贸易在中国南部所受打击最大。华南地区是中国国民革命的根据地，该地区人民有着强烈的民族意识。抵货运动发生以后，华南成为抵货最激烈、最彻底的地区之一。抵货运动期间，日本对华南地区的出口贸易额只有3.4万日元。② 时人评论说："九一八以来，日货输入华南，于今年二月最为悲惨，当时正遇沪战激烈，国人抵货心异常坚决之故。"③ 日本向中国中部的出口与1930年相比也减少了75%，在北方减少了43%。④

（二）由于中国民众发起强烈的抵货运动，日本商人受到沉重的打击，有些日本商人则完全陷入破产的境地，特别是长江流域的日本商业，因"初受洪水之灾，继遭匪祸及排日之影响，贸易运命，业已全灭"。1932年上海"一二八"事变发生后，日商"濒于破产者，又相继而起"。⑤在重庆的日本商店全部闭歇，南京的日本商店闭歇一半，其他的如上海、九江、芜湖、汉口、济南、青岛、烟台等处日本商店也都无人问津。⑥两湖地区重要城市如武汉、长沙等地的日商受到的打击更大，"武汉三镇因排日而致破产者，既达四千户

① 《最近中日贸易之趋势》，《国际贸易导报》，第5卷第7期，1933年7月31日，第225～226页。
② 《从九一八到一二八——日本对华贸易所受的影响》，《国际贸易导报》第4卷第1期，1932年6月。
③ 《日货倾销中之日本对外贸易》，《国际贸易导报》第4卷第7期，1932年12月，第119～120页。
④ 《从九一八到一二八——日本对华贸易所受的影响》，《国际贸易导报》第4卷第1号，1932年6月，第3～13页。
⑤ 《汉口日货贸易商破产》，《国际贸易导报》，第4卷第3期，1932年6月。
⑥ 邵德厚：《抵制日货之考察》，日本评论社，1933，第8页。

之多，而湖南长沙之商业，亦一落千丈……即日本商人，亦皆全部坐食，分文不进，直至今日，尚无起色……日本商人不得不停业返国”。①

（三）日本商品在华严重滞销，存货堆积如山。仅上海一地，“堆积之日货，已达五千数百万元以上”。② 纵观“九一八”事变后抵制日货之成绩，从时间上看，以1931年11月、12月与1932年1月、2月共四个月的成绩最好。尤其是1932年1月、2月两个月，中日贸易下降最为明显，以后虽然有所回升，但还是给予日本对华贸易以沉重的打击，1932年日本对华出口贸易额同比减少了63.8%。③

显而易见，中国的抵货运动对日本的对华出口产生了重要影响，为什么会产生这种结果呢？日本经济对国际贸易的依赖及中国市场在日本贸易结构中的地位决定了中国的抵货运动必然对日本出口产生影响。

（1）日本经济严重依赖于国际贸易。日本是一个海岛国家，其土地狭窄，而且与当时发达的欧美资本主义国家相比，日本还是比较贫穷，人民生活水平还很低，城市市民与农民购买力都不强，国内市场太小制约着其国民经济的发展。所以其整个经济，严重地依赖于出口贸易，“日本必须依赖于出口贸易的兴旺，否则其工业的巨大发展会成为不可能……故日本对于维持乃至扩大国外市场的追求更感迫切”。④

（2）中国市场对日本非常重要。中国虽然不是日本最大

---

① 《长江日货滞销》，《国际贸易导报》第4卷第1期，1932年6月。
② 《沪变以后之中日贸易》，《国际贸易导报》第4卷第6期，1932年11月1日，第185~186页。
③ 王桧林主编《中国现代史》，北京师范大学出版社，1991，第296~302页。
④ 吴小甫：《日本对外贸易之研究》，《国际贸易导报》第7卷第9期，1935年9月10日，第17~21页。

的出口国，但中日距离最近，海运方便，所以中国是日本重要的贸易国。日本出口的最重要市场为美国，占日本总出口的42.5%，主要产品为生丝、丝织物、瓷器及玻璃、茶等。其次是对亚洲市场出口，占其总出口的42.9%，而中国市场又是亚洲市场最为重要的部分，其向亚洲出口的产品大部分销往中国内地、中国香港，占其在亚洲出口额的2/3。其余部分，除英属印度外，都销往亚洲其他华人居住区。由此可见，中国及亚洲其他国家华人在日本的对外贸易中占有极其重要的地位。如果不计运往美国的生丝，则对亚洲各地的出口占日本总出口贸易额的68%，中国又占其中的43%，而其棉织品则几乎完全依靠中国及其他亚洲市场（见附表1-11）。日本棉织品输往亚洲市场的占其出口总额的90%。从这个意义上来说，中国市场对于日本出口贸易发展确实居于极为重要的地位。

日本商品的对华出口一度快速增长。1911年为9101.7万海关两，1926年即达到3.37亿海关两（见附表4-4），增加了将近3倍。虽然以后几年因为抵货运动的关系，进口商品数额有所减少，但也保持了不小的数目。这种状况，一方面反映了日本商品支配地位的日益增强，另一方面也表示日本经济对华依赖的日益加强。[①]

1915年，日本农商大臣牧野伸显在其演讲中就认为中国市场对于日本的国外贸易占有极其重要的地位："中国……贸易市场之大，世界上其他国家无出其右。"而且中国的"教育渐趋发达，物质建设逐渐进步"，正因为如此，中国

---

① 孙怀仁：《中日交涉声中三个经济问题》，《申报月刊》第3卷第6期，1934年6月，第23～27页。

"商业之前途未可限量，因之列强咸欲在商业上政治上与中国谋密切关系"。对于这点，他认为，日本政府更应该高度重视，由于中国为日本近邻，是日本最大的市场，且中日政治商业关系较其他国家尤为便利。①

（3）与中国发展商业贸易更符合日本的利益。日本虽然也与欧美各国享有贸易上的利益，日本商品出口到美国的价值和数量也均有增加。但是日本与这些欧美国家的贸易存在多方面的阻碍：由于这些国家都属于发达资本主义国家，其商品质量较好，技术含量也较高，而且拥有较高的通商技巧，这些都是当时的日本工商业者所缺乏的。因此"与商业先进国周旋，较之与进步落后的国家通商为难"，而与"社会标准较低的国家交易较为容易而有利"。基于这种考虑，即使将中日两国间地理上的便利撇开，中国市场仍被日本视为"将来发展商业最有希望之地"。②

基于以上两点，牧野伸显认为："东方之于日本，犹如西方之于英国，其重要正同，以往我国对于中国之现状曾作种种详细的调查，藉此以期达到吾人理想的商业关系……扩展对华贸易，此正其时矣。如谓我国经济复兴之前途，大半赖乎日本商业在中国市场能否进一步的发达为定，并非过甚其辞。换言之，中国市场乃日本国家幸福之所寄，故吾人绝不能屈服于外国竞争势力之下，愿吾全国人士，视中国市场为吾国繁荣之基础，得之则商业前途可望繁兴，失之则必趋崩溃。"③ 这一段话既是日本帝国主义对中国的经济侵略野心的暴露，也反映了中国市场在日本工商业者心目中的重要性。

---

① 刘百闵：《日本国际贸易之分析》，日本评论社，1933，第6页。
② 刘百闵：《日本国际贸易之分析》，日本评论社，1933，第6页。
③ 刘百闵：《日本国际贸易之分析》，日本评论社，1933，第7页。

（4）日本维持贸易顺差很大程度上依赖于中国市场。中国对日本的贸易收支有着长期的逆差，自 1868 年至 1932 年总共 65 年间，除 1870 年及 1891、1892、1893、1894 年外，历年中国对日贸易均为逆差，平均每年的逆差额为 2437.8 万海关两，对日本的逆差约占中国逆差总额的 24.6%。

日本对中国贸易顺差的增长非常迅速。1905 年顺差为 2500 万两白银，1913 年增至 5300 万两。第一次大战以后数年均为 5000 万～6000 万两，1925 年顺差达到 1 亿两以上，1926 年竟达到 1.25 亿两，占该年中国逆差总额的 46%，1927～1932 年日本对华的贸易顺差虽有所下降，但 1930 年还是达到 1 亿两，最低的年份为 1931、1932 年，顺差减至 4000 万两。[①]

日本每年对中国的巨大贸易顺差不仅对日本绝对有利，而且在日本国际收支平衡中占有很重要的地位。日本对外贸易明治初年即由顺差转为逆差，第一次世界大战后尤甚。虽然日本有许多无形收入可以抵消部分贸易逆差，但是日本每年对外贸易逆差数额还是非常巨大。如 1927～1931 年平均每年日本对华贸易顺差为 9852.2 万日元，占同期日本年均贸易总额的 5.3%。若是没有对中国巨额的顺差以抵补一部分，则逆差当更为巨大。[②] 时人就感叹说："日本工业最为发达，其所用原料多系我国之出产，及制成物品后，又以我国为销售市场，若一日绝交，即可致其死命。"[③]

---

① 何炳贤：《中国贸易问题的研究》，《国际贸易导报》第 5 卷第 8 期，1933，第 36 页。

② 何炳贤：《中日贸易问题的研究》，《国际贸易导报》第 5 卷第 8 期，1933，第 42 页。

③ 《工业与物产：郑州皮业之概况》，《国际贸易导报》第 6 卷第 5 期，1934，第 290 页。

抵货运动与民族水泥业反倾销

中国市场对日本如此重要，中国民众的抵货运动自然就能对日本经济造成沉重的打击。水泥是中日间重要贸易商品，输入量的增加会阻碍民族水泥业的发展，所以抵制日本水泥进口和倾销也就自然成为中国民族企业发展的重要手段。

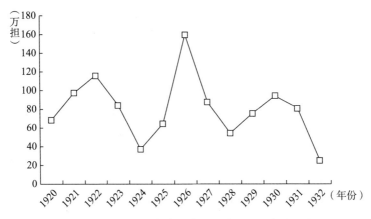

图 10　1920～1932 年中国市场日本水泥历年进口量

图 10 显示了 1920～1932 年中国历年从日本进口的水泥量，在 1920 年以前国产水泥厂家仅启新洋灰公司一家，其生产数量也不多，所以抵货运动对日本水泥进口影响不大。据启新洋灰公司的统计数据，1912 年全国水泥销售总量为 35000 吨，而该年中国进口外国水泥 24457.8 吨，也就是说进口外国水泥占了中国市场水泥总销量的 41.13%。主要原因是启新洋灰公司生产的水泥数量满足不了国内的需求，所以只能依赖外国进口水泥。也正因为如此，1920 年以前虽然发生过多次抵货运动，但由于国内市场对水泥存在刚性需求，外国水泥的销量虽然在抵货运动较激烈年度有所降低，但国内市场上中外水泥业的份额没有很大变化。

20 世纪 20 年代以后，中国水泥业取得了长足的进步，华商水泥公司和中国水泥公司相继成立，国内的水泥产量渐渐可以基本满足国内的需求。但对日本水泥的进口则呈迅猛增长的趋势，1926 年为日本水泥在中国销量最高的年份，达到 159.8 万担，其之所以能取得如此好的销售业绩，一方面是中国国内建设对水泥的需求与日俱增，另一方面也和日本水泥业采取的倾销政策有关。但之后随着中国国内政治局势的变化，进口日本水泥数量有所下降，虽然 1930 年增至 94.2 万担，但是 1932 年日本水泥在中国市场全年的销量仅为 29 万担，仅相当于 1930 年的 30.76%、1931 年的 38.40%。之所以会出现这种情况，主要是因为"九一八"事变，这次赤裸裸的侵略行为激起了中国人民的爱国热情，全国人民掀起了抵制日货运动，作为日本出口到中国的重要物资，水泥自然也受到抵货运动的影响。

与之相反，中国的民族水泥业则从中受益不少，主要体现在两个方面。

（1）国产水泥销量增加。国产水泥生产能力每年约共 367 万桶，以往因为日本水泥倾销，年生产量仅相当于年生产能力的一半，1931 年全国抵制日货，"故国货水泥之销数较前数年特多"。① 自"九一八"事变以后，"全国抗日空气突见紧张，国产销额因以激增，全年销至 280 万桶之谱，虽与生产力尚难相侔，而销数之多，已为从来所未有"。② 但是 1932 年上半年抵货运动开始松懈下来，国产水泥的销售情况

---

① 上海社会科学院经济研究所编《刘鸿生企业史料》（中），上海人民出版社，1981，第 81 页。
② 南开大学经济研究所等编《启新洋灰公司史料》，南开大学出版社，1963，第 59 页。

就受到影响，"日货又见活动，国货销路遂形呆滞"，1932 年的销售量同 1931 年相比"所减甚巨"。对此，中华水泥联合会发出警告："若不亟予设法救济，则此后销额之逐渐减少，尤在意中。"[①]

我们再以水泥企业个案来观察。1931 年启新洋灰公司水泥销量达到历史最高，为 29.2 万吨，公司自称当时的水泥"销路更旺，供不应求"。[②] 1931 年华商水泥公司的销量也非常好，水泥销量增加到 37.6 万桶（合 6.3 万吨），1932 年则增加到 43.6 万桶（合 7.4 万吨），为 1933 年新海关税则颁布前的最高销量。所以，华商水泥公司总经理吴清泰深有感触地说："还有点能使国产水泥间接受到生气的，便是'九一八'之役，从那天起，国民懔于国势日削，无不同仇敌忾，对于国货品，更多认识与爱护，国内工业便得到了不少的转机。"[③]

（2）日本水泥倾销势头得到遏制，国产水泥利润增高。

从图 11 可以看到，启新洋灰公司每年利润额在 80 万元以上，但是"九一八"事变后，其盈利额上升。我们再来看看华商水泥公司的历年盈利额，华商水泥公司由于创办时间不长，所以其早期盈利额不是很稳定，最高年份为 1928 年，盈利额为 24.8 万元，但是此后则盈利很少，1930 年仅为 7.6 万元。1931 年其盈利额则有大幅的提高，达到 48.3 万元，1932 年为 43.8 万元，1931 年盈利额大幅度上升的原因很多，

---

① 上海社会科学院经济研究所编《刘鸿生企业史料》（上），上海人民出版社，1981，第 81 页。
② 南开大学经济研究所等编《启新洋灰公司史料》，南开大学出版社，1963，第 154 页。
③ 吴清泰：《中国水泥工业的发展过程及现状（1936）》，上海社会科学院经济研究所藏《刘鸿生企业档案资料》，卷号 02 - 013。

但抵货运动无疑是重要原因之一。

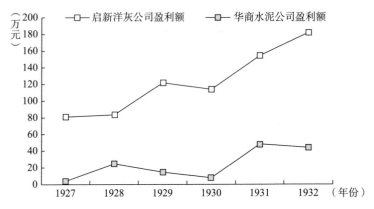

图 11　1927～1932 年启新洋灰公司和华商水泥公司盈利情况

综合以上的分析，我们知道抵货运动对进口日本商品有很强的遏制作用。20 世纪 30 年代是日本水泥在中国市场肆意倾销的年代，南京国民政府无法提供有效关税的保护，民族产业岌岌可危。在这样的环境下，民族资产阶级借助抵货运动实现了自保并获得了发展。

第五章　国家主导：南京国民政府与反倾销

日本商品的倾销给中国民族产业的发展带来了很大的威胁。为了挽救濒于破产的国内产业，南京国民政府在多个方面做出了积极的反应。先是积极制定反倾销法规，希图以法律的形式遏制外国商品倾销；1933 年颁布海关新税则，提高进口产品（包括水泥）的海关税率，特别是日本产品的进口税率，这无疑在遏制外国商品倾销方面起到了至关重要的作用。地方政府中，广东省则以水泥统制经营的方式成功地抵制了外国水泥，特别是日本水泥在该地区的倾销。全国和地方政府在反倾销方面的努力是近代中国水泥业取得反倾销成功的重要因素。

一　反倾销法规的制定、颁布及实施

倾销是国际贸易中一个不可忽视的问题，它对进口国国内产业的发展与经济安全有着重要的影响。反倾销法规则从法律上对外国商品的倾销行为进行遏制，它是救济国内产业、维护国内正常的市场竞争秩序的重要手段，是抵制外货倾销的最重要的武器。

20 世纪 30 年代，外货在华倾销的趋势日趋严峻，反倾销成为当时实业界考虑的头等大事。有鉴于此，在民族资产阶级的极力争取下，南京国民政府颁布了相关的反倾销法规，以图遏制外国商品的倾销。

世界反倾销立法的发展

世界范围内的反倾销立法是和倾销的发展紧密相连的。倾销在 19 世纪中叶已经开始作为一种重要的商业竞争手段盛行起来。1890 年英国开始向美国倾销货物，1890 年以后，美、德、法、日、比、奥等国相继效法，"于是倾销之风渐盛"。[①] 倾销的盛行直接催生了反倾销法，反倾销法的立法萌芽最早可以追溯到美国在独立之初对英国倾销商品的抵制。世界上第一部反倾销税法是加拿大于 1904 年颁布的《关税法》，它被后人视为世界上最早的以国内法形式建立的一套比较完整的反倾销法律制度。该法第 19 条规定对出口到加拿大、价格低于出口国公平市场价格的进口商品征收反倾销税。该法有两个重要特征：第一，只要认定外国商品在加拿大市场上存在低价销售，就构成倾销；第二，认定倾销后即可征特别关税，不需证明对国内产业存在损害。

加拿大政府制定该法的主要目的是反对美国钢铁公司在该国市场倾销铁轨。1904 年，加拿大西部平原对移民开放，建成于 1885 年的第一条横跨大陆的铁路开始赚取丰厚的利润，加拿大国内掀起了投资兴建铁路的热潮。美国钢铁公司意识到这是一个很好的赚钱机会，遂开始积极地向加拿大铁路制造商低价销售铁轨。面对美国铁轨的倾销压力，加拿大钢铁制造商向政府施加压力要求对美国铁轨征收更高的关税。

在加拿大钢铁制造商咄咄逼人的诉求之下，执政的加拿大自由党政府决定颁布反倾销法并付诸实施，世界历史上第

---

① 邵德厚：《抵制日货之考察》，日本评论社，1933，第 21 页。

一部相对完整的反倾销法诞生了。以后世界其他各国也模仿加拿大政府，纷纷以颁布反倾销法的形式来抵制倾销。

1905 年，新西兰政府为抵制美国收割机托拉斯在新西兰国内进行农具的倾销而颁布了《反倾销税法》。该法规定，新西兰政府可以强制征收反倾销税，或者向新西兰国内和英国制造商提供补贴，以此来对付外国特别是美国农具制造商发起的不公平竞争。

1906 年，澳大利亚为了反对美国托拉斯的倾销及其他所谓的不公平做法，在澳大利亚《工业保护法》中增加了反倾销条款，规定"政府可以斟酌情形，绝对禁止外货的进口，或对进口的商品加征倾销税"。[1] 澳大利亚反倾销的方式非常严厉，它有如下两种手段。（1）完全禁止外国商品的进口。由于外国商品在本国市场或其他国家的市场无利可图，只好销往澳大利亚来夺取市场。这些出口商的目的纯粹是打击澳大利亚本国商品，所以属于澳大利亚严厉禁止进口之列。[2]（2）以加征反倾销税的方式抵制外国商品的倾销。如果外国商品在澳大利亚的销售存在以下几种情形，都要加征反倾销税：无论澳大利亚是否有同样的产品，只要其价格低于生产成本；出口到澳大利亚的商品，只要影响到澳大利亚的工业，即使其价格比在本国市场销售时还要高；商品来自货币贬值的国家；原料购自货币贬值的国家而经第三国的工厂制成。[3]

---

[1]　董家潆：《欧美各国之取缔倾销》，《申报月刊》第 2 卷第 7 期，1933 年 2 月，第 13 页。

[2]　董家潆：《欧美各国之取缔倾销》，《申报月刊》第 2 卷第 7 期，1933 年 2 月，第 13 页。

[3]　董家潆：《欧美各国之取缔倾销》，《申报月刊》第 2 卷第 7 期，1933 年 2 月，第 13 页。

从澳大利亚的反倾销措施可以看出，澳大利亚对外国商品倾销的抵制措施是少有的严厉。但从反倾销法律条款的实际执行情况来看，第一种完全禁止外国商品进口的方法没有实行过，加征反倾销税的方式也只是在外国商品倾销比较严重时才使用。

相比而言，比利时的反倾销政策就比较宽松，它规定"凡出口比国的商品，是得到本国政府奖励生产或奖励出口的津贴的，或是该项商品乃来自货币跌价的国家，则比政府都课以倾销税"。① 可以看出，比利时的反倾销法是专门针对得到外国政府补贴的商品或者存在汇兑倾销国家的商品。比利时政府先后对德国、奥地利、西班牙与捷克的一部分商品加征过反倾销税。

西班牙反倾销法的相关规定和比利时差不多，"凡出口西班牙的商品，是得到本国政府奖励出口的津贴，或者他本国的货币比法定的价格跌落百分之七十"，西班牙政府就可加征反倾销税。

对后世影响最大的莫过于美国的反倾销法。1916 年，美国于《税收法》中的第 800 节和第 801 节对反倾销行为进行了规定，这是美国历史上首次进行反倾销立法。该法由于对认定倾销行为所需的证据要求甚高，因而实际上并未得到很好的执行。1921 年，在美国化学工业部门的要求下，美国国会又通过了《1921 年反倾销法》。该法为美国产业提起反倾销诉讼提供了宽松的法律环境，并为现代反倾销立法奠定了基础。该法有三个显著特征：（1）采取反倾销措施的条件之

---

① 董家溁：《欧美各国之取缔倾销》，《申报月刊》第 2 卷第 7 期，1933 年 2 月，第 13 页。

一是必须对美国产业造成损害；（2）由行政机关依行政程序处理反倾销案件；（3）征收反倾销税是抑制外国商品倾销的主要手段。

英国民众在1903年就发起了要求采取保护性关税的运动，但是因为当时自由贸易主张还占上风而没有得到实施。1921年，经过议会两院激烈辩论后，《工业保护法》终获通过，该法律规定对"关键工业"产品和来自货币贬值国家的产品征收进口税。[①]

总体来看，一战前世界范围内反倾销立法开始起步，一战后反倾销立法则获得了快速的发展，如日本、德国、罗马尼亚等许多国家都立法规定，当国内工业遭受不正常或不合理的外国竞争时可由有关当局加征关税。[②] 可以看出，这一时期西方资本主义国家之所以进行反倾销立法，很大程度上是为了保护本国在战时成长起来的工业部门。战争使得英国的汽车、电气、有色金属和化学等新兴工业部门暂时摆脱了德国的竞争威胁，因此获得了飞速发展。一战后，这些工业部门又从战败的德国那里获得了大量特许专利。尽管如此，英国仍然惧怕德国的竞争。反倾销立法像颗定心丸，可以为上述新兴工业部门提供进一步的保护。类似的情况也发生在美国。一战前，美国面临的进口竞争主要来自欧洲国家。一战期间，由于来自欧洲国家的竞争一度中断，美国原先缺乏竞争力的部分制造业得到了发展。战后初期，美国十分担心欧洲国家恢复对美倾销、重新占领美国市场并摧毁这些工

---

① 董家溎：《欧美各国之取缔倾销》，《申报月刊》第2卷第7期，1933年2月，第107～112页。

② 蔡镇顺、范利平、帅海燕：《反倾销与反补贴法研究》，中山大学出版社，2005，第32页。

业。美国尤其担心德国的商品倾销，因为战时成长起来的药品、光学玻璃、刀具、精密手术器械等领域，特别是有机化学等，正是德国的优势行业。即使在一战后，美国这些行业相对于德国仍然无竞争优势可言。以在工业和军事上有重要用途的化学染料为例，一战前德国几乎控制了全世界的生产，美国自己生产的产品仅能满足国内需求的10%，其余基本上依赖德国。美国化学染料业在一战期间终于成长起来，战争结束时生产能力已能基本满足和平时期的需求。尽管如此，美国化学染料业依然担心德国卷土重来。因此，1921年，美国先是出台了《1921年化学品控制法》，又于当年通过了首部反倾销法。上述英、美受保护行业在第二次世界大战爆发时，都已成长为具有相当规模和实力、并在这两个国家工业体系中占据比较重要地位的行业。这也说明，反倾销措施虽然具有反竞争的作用，但对于保护国家的劣势行业、使之免受外国优势厂商的倾销损害，无疑是一种有力的手段。①

南京国民政府《倾销货物税法》的制定与颁布

世界经济危机发生后，主要资本主义国家为了经济稳定、充分就业和"民族生存"，不惜采用一切手段争夺世界市场。中国由于与列强签订了协定关税，导致国内产品缺少关税保护，成为资本主义国家过剩产品的倾销尾闾，"中国的所谓国际贸易所起的作用就是尽了容纳资本主义国家的过剩商品与贡献原料的义务"。② 因此，在这种恶劣的经济环境下，南京国民政府及民族企业对遏制外商在华的倾销就显得

---

① 沈瑶：《倾销与反倾销的历史起源》，《世界经济》2002年第8期。
② 冯和法：《论中国国内贸易》，《国际贸易导报》第5卷第8号，1933年8月31日。

更加迫切了。

1928 年，国民革命军北伐成功，中国又成为形式上统一的国家。国民政府正式定都南京后，开展了恢复国内经济建设的运动。1930 年 11 月 1 日至 8 日，工商部在南京召开了全国工商会议，要求工商界就国内的经济建设问题广泛提出意见和建议。参加这次会议的人员达 220 人，大半是工商界的头面人物及专家学者，提交议案总数达 404 件。凡是对工商业发展献计献策的议案，不论是政府还是民间代表所提，大都顺利地获得大会通过。会议上所提问题及相应的政策建议，也大都成为此后经济政策的主要内容。

在这次会议上，外货的倾销问题受到了工商界的关注。工商部工商访问局提出了《请设置屯并①货物审查会审查屯并物课以屯并特税以期保护我国产业抵制外商压迫案》，要求国民政府设置反倾销税。该议案顺利地通过了审查并得到多数人的赞同，成为以后南京国民政府制定反倾销税法的起点。该议案认为增设反倾销税的理由有三点。

第一，国内产业处于萌芽阶段，需要政府提供保护政策。由于中国产品处于幼稚阶段，"初出制品时，其品质式样、装潢等不免有难敌洋货之处"，如果此时"洋货方面再用屯并手段故意贬价出售，使我国产品不能与之竞争，则我国货工厂正在萌芽时代，一遇劲敌，力自难支"。有感于此，工商部工商访问局建议"从速设置屯并货物审查委员会，由委员会认该洋货确用屯并手段竞争或准备用该项屯并手段时，得呈请工商部转咨财政部长课以屯并特税或附加关税或发追征命令以防止洋货之屯并，而资我国产品之

---

① "dumping"的音译。

保护"。①

第二，民族企业缺乏资金，难以与外资企业竞争。由于国内金融业不发达，企业资金短缺，"所出制品一遭洋货之屯并势必难以推销，金融上定受打击"。外国企业则不然，它们资本金充足，销路好、利润高，"故略事牺牲亦非所惜"，中外企业间的竞争是在不同的基础上进行的。而如果此时外国商品在中国进行倾销，民族企业就只剩下破产一条路了。要解决外货倾销问题，唯一有效的办法就是增设反倾销税，"非速设屯并货物审查委员会加以防止，实无其他善策"。②

第三，中国产品质量与外国产品质量相比处于劣势，难以抵制外商掠夺式倾销。由于国内产品质量较差，难以承受外商倾销的打击，外商以倾销的方式打倒中国工业后，即能以提高价格的方式对中国市场进行垄断经营，从而造成经济更大的损失，"我国货工厂除一二规模较大者外，大概仅能制造中级品以及低级品以替代洋货高级品，因资本不足、设备未周或技术未精，遂致未能制造者所在多有；而洋货方面对于低级品用屯并手段，故意放弃以打倒我国产品，而对于吾人所需要之高级品则又加价出售，以补偿低级品屯并时之损失。我国产品经洋货屯并之打击后，所受损失无法补偿，故须速行屯并特税以示遏制"。③

① 《请设置屯并货物审查会审查屯并货物课以屯并特税以期保护我国产业抵制外商压迫案》，实业部总务、商业司：《全国工商会议汇编》第二篇，实业部总务司编辑科，1931，第19～20页。

② 《请设置屯并货物审查会审查屯并货物课以屯并特税以期保护我国产业抵制外商压迫案》，实业部总务、商业司：《全国工商会议汇编》第二篇，实业部总务司编辑科，1931，第19～20页。

③ 《请设置屯并货物审查会审查屯并货物课以屯并特税以期保护我国产业抵制外商压迫案》，实业部总务、商业司：《全国工商会议汇编》第二篇，实业部总务司编辑科，1931，第19～20页。

此外，该议案还在倾销行为的认定、倾销审查的程序及倾销审查的机构设置等方面都提出了具体的方案，该议案实际上成为后来南京国民政府颁布反倾销税法及其施行细则的基础。

在这次全国工商会议上，江苏省政府也针对当时水泥行业中存在的外货倾销行为提出了反倾销立法的建议："举行水泥屯并税，以防外货之竞争"。江苏省代表在报告中指出，日本水泥在其本国每桶售价为 4 两零 6 分，海运到中国来销售，每桶须加关税、运输费用共 1 两 1 钱 7 分，这样算起来，日本水泥只有售价在每桶 5 两 2 钱以上，才能保本，但是其售价在中国仅为 2 两 8 钱 2 分，其售价之低，难以想象，"此种售价，在美国谓之屯并政策，是以本国剩余货物，故意贬价输往他国，用以摧残他国之实业。各国政府对于此种含有屯并性质之货物，均有另征屯并税之规定，以资救济"。该代表继续指出，这种反倾销税对于国内水泥业来说实在是非常必要："现查日本水泥每年进口仅 60 万桶，然国产水泥所受打击，已属不少，若非预设此种税目，将来我国大举建设需要增加，徒为外货造机会，国货水泥将无立足之余地矣。"①

可以说，这些建议在一定程度上代表了民族资产阶级的呼声。当时有论者就已提出："消极的对策：考各国对付外货倾销之办法，大率从反倾销立法下手……在今日我国情形下，制定反倾销法律，为刻不容缓之举，应规定倾销税，相等于该倾销日货之本国市价与出口价值之差数，俾其售价于课税后，得与国内市价相近，且此项反倾销法制定后，固不

---

① 中国第二历史档案馆编《中华民国史档案资料汇编》第五辑第一编·财政经济（六），江苏古籍出版社，1994，第 418 页。

仅适用于日货倾销，凡其他各国如有以货倾销吾国足以危害吾国工业者，则当与日货一律待遇，如美国倾销其农业，最近如澳洲麦子之运上海，已达到者百万包，续来者计有七十万包，如此则吾国农民经济，势必陷于不可收拾之地。"①

工商界人士的呼吁引起了南京国民政府的高度重视。1930 年 12 月，财政部开始着手制定反倾销税法，"特参照各国成例，拟具《防止屯并税暂行条例草案》"。其后南京国民政府行政院将该草案提交第四次国务会议讨论后，交"财政、实业、铁道三部长查复"。②

财政、实业及铁道三部部长详细地加以审核后，建议将原案标题改为《取缔倾销税条例草案》，并对相关条文做了一定的修订。随后，在行政院召开的第五次国务会议上，与会代表对该草案进行了讨论，一致决定通过，并将该草案送交立法院审议。

在立法院召开的第 123 次会议上，立法院下属经济委员会和财政委员会对该草案进行了认真的审议。在其后召开的经济委员会和财政委员会第 9 次联席会议上，众多委员就该草案进行讨论，经"详加审议"，一致同意将该草案标题修改为《倾销货物税法草案》，并对部分条文内容做了修改，这意味着反倾销税法基本上获得了立法院赞成。在立法院召开的第 129 次会议上，"将该审查修正案提出逐条通过，并省略三读，通过《倾销货物税法》"。③1931 年 2 月 9 日，《倾

① 邵德厚：《抵制日货之考察》，日本评论社，1933，第 25 页。
② 谢振民编著《中华民国立法史》（《民国丛书》第五编），上海书店出版社，1996，第 687 页。
③ 谢振民编著《中华民国立法史》（《民国丛书》第五编），上海书店出版社，1996，第 687 页。

销货物税法》正式由南京国民政府颁布。

《倾销货物税法》主要内容如下。第一，外国货物以倾销方法在中国市场与中国相同货物竞争时，除进口关税外，得征倾销货物税。第二，凡外国货物在中国市场之趸售价格有下列情事之一者视为倾销：（1）较其相同货物在出口国主要之市场趸售价格为低者；（2）较其相同货物运销中国以外任何国家之趸售价格为低者；（3）较该项货物之制造成本为低者。凡外国货物向中国出口时之出口价格，有前项第一款或第三款之情事时，亦视为倾销。第（2）项出口价格及趸售价格之计算，均应除去运输保险税捐及其他必需费用。第三，成立倾销货物审查委员会，委员会以财政部关务署署长、实业部农业司、工业司、商业司司长及国定税则委员会的三名委员构成。①

《倾销货物税法》的制定、审议、通过并颁布仅仅花了不到3个月的时间，可以说是异乎寻常的顺利。这不是偶然的，而是当时的国际经济形势和国内民族工商业的发展要求决定的。

首先，国际经济形势对该法的颁布有着直接的影响。由于世界经济发生严重的危机，为保护本国工商业的发展，各国纷纷运用反倾销手段以抵制不公平贸易对本国产业发展带来的冲击，其中最重要的手段就是颁布反倾销法："在过去历史上各国防止倾销办法也数见不鲜。最初一九〇四年加拿大有反倾销税的实行，其后新西兰澳洲及南非联邦亦相继采用。英国在各次关税立法中，也均有反倾销法的条文，到现

---

① 徐百齐编《中华民国法规大全》第三册，商务印书馆，1936，第3134~3135页。

在各国差不多都已有防止倾销的规定了"。[1]

当时主要资本主义国家纷纷制定反倾销法的行为，无疑为南京国民政府制定《倾销货物税法》创造了合适的经济氛围，不会给其他资本主义国家留下贸易保护主义的口实。可以说，世界经济的衰退和国际贸易保护主义的抬头是促成南京国民政府颁布《倾销货物税法》的直接原因。

其次，制定有利于民族工商业发展的政策法规是南京国民政府完善其法制建设的一项重要国策。南京国民政府为寻求民族资产阶级的支持，把保护国内产业发展作为一项重要职责。1930 年 12 月 24 日，行政院在发给立法院的公函《行政院咨请审议取缔倾销税条例草案由》中说："查各国对于外国进口货物，具有不当廉卖之情形者，多已施行屯并税法，原为防止商业侵略，藉维国内实业而设，我国工业幼稚，出品本难与进口外货相竞争，而预防进口货物之不当廉卖，实以仿行屯并税办法为要图。"[2]

可见，保护国内产业是南京国民政府的立法宗旨，《倾销货物税法》的颁布主要是为了防止外国商业侵略并保护国内尚不发达的工业。当时的报纸也评论说："财政部以我国工业幼稚，出品难与进口外货竞争，现为防止进口货物之不当廉卖起见，特制定屯并税条例，呈请行政院鉴核。"[3]

再次，南京国民政府正式成立后，国内政治局势相对稳定，民族工商业对相关政策需求较强烈；作为经济活动主体

---

[1] 君愚：《最近世界的关税制度》，《工商半月刊》第 7 卷第 24 期，1935 年 12 月 15 日，第 8 页。

[2] 《行政院咨请审议取缔倾销税条例草案由》，《立法院公报》第 1 卷第 8 期，1931，第 13 页。

[3] 《取缔倾销税条例内容（三部长审定条例）》，《工商半月刊》第 3 卷第 2 期，1931 年 12 月 15 日，第 3 页。

的民族资产阶级的政治地位也得到提高，他们多能较自由地发表自己的看法，所以在外货倾销的打击下，他们得以利用自己的经济和政治地位对政策施加一定的影响。可以说，民族资产阶级的积极参政，为《倾销货物税法》的出台提供了条件。

最后，《倾销货物税法》的目的主要是针对外商在华的不正当竞争，反对外货在华倾销，它不会触及国内经济集团的内部利益，这也是该法得以顺利制定并颁布的重要原因。

货物倾销审查委员会

南京国民政府正式颁布《倾销货物税法》后，由于没有制定相关的施行细则，法律仅仅局限于条文，难以得到真正的贯彻执行。这种有法而不执法的状况持续了1年左右。这主要有以下两方面的原因。第一，1929年开始的空前规模的世界性经济危机，对资本主义世界造成了极大的冲击，但对中国的影响不大。由于中国货币制度属于银本位体系，当时的世界金融市场上金贵银贱，银价的低落无形中对中国的产业起到了很好的保护作用，阻止了外国货物进口。第二，在当时的中国，虽然外国商品倾销的事件时有发生，但倾销幅度不算大，还没有对民族工商业的发展造成很严重的损害。因此，反倾销没有成为民族资产阶级非常迫切的要求，《倾销货物税法》的实施问题也就没有得到太多关注。

但是1932年以后，国际经济形势发生了很大的变化，国际金融市场上金贱银贵，也就是说中国的货币在升值，这对中国对外贸易是很不利的，等于降低了中国的进口商品价格，中国的国际贸易收支日趋恶化，外国商品开始大量涌入中国市场。1932年，中国的出口商品价值比1931年减少了近30%，比1929年减少了40%以上。所以国内外市场的缩小，出口大减，价格大落，首先影响到进出口贸易的平衡，中国的对外出口急剧减少。而出口的锐减，又使农业、手工业和资本主义工商业都遭到程度不同的打击。与此同时，很多资本主义国家通过货币贬值及政府补贴、压价倾销的方式，对其他国家实行经济侵略。丧失关税自主权、缺少关税保护的中国市场，就成为外国特别是日本工业产品倾销的尾闾。在这种情况下，中国的贸易逆差大幅上升，1919～1921年平均为2.82亿元，1929～1931年平均为6.18亿元，1933年为7.34亿元。①

帝国主义国家加紧对中国倾销大量工业产品，排挤和打击了本来就很弱的中国民族工商业，民族企业纷纷歇业甚至破产，这种情况不能不引起民族工商界的不安，他们迫切希望政府能采取有力措施以制止外货的倾销。

制止倾销最有效的措施非征收反倾销税莫属。《倾销货物税法》虽然已经颁布，但相关的施行细则一直没有出台，这就使法律难以得到实际执行。在这种情况下，代表民族资产阶级利益的工商业团体就负起了敦促政府早日制定《倾销货物税法施行细则》的重要责任。

中华水泥厂联合会在敦促政府方面做出了很大的努力。由于日本水泥的倾销，国内水泥工厂开工不足，水泥产销量减少，市场价格不断下跌，市场份额和利润率也不断下降。倾销在水泥业中表现得尤为突出，这也使水泥业同业组织在反倾销方面走在其他行业的前面。

---

① 王相钦主编《中国民族工商业发展史》，河北人民出版社，1997，第487～488页。

1931 年 7 月 7 日、8 月 15 日、9 月 14 日，中华水泥厂联合会三次呈文实业部、财政部，要求制定相关反倾销税法施行细则，"将前项公布施行之倾销税法迅行规定施行细则，俾促进行而留国货水泥一线生机"。① 在不到两个月的时间里，中华水泥厂联合会三次上书，要求制定施行细则。在中华水泥厂联合会的多次催促下，财政部要求实业部"先行拟定该项施行细则草案，咨送过部，再行订期会商，俾利进行"。②

1932 年 8 月 26 日，实业部将已经拟定的该项细则草案送财政部"查核"，经两部多次磋商，最终对该细则的内容达成了共识。从整个制定过程来看，实业部和财政部都是非常谨慎而认真的，正如实业部在一份呈文中所说："查《倾销税法》事属创举，该项施行细则之厘定自应审慎周详，方符实用。"③

实业部对细则草案做过多次修改，并在征求其下属商业司、农业司、矿业司和工业司意见后，于 1932 年 12 月 7 日正式颁布《倾销货物税法施行细则》。具体实施办法的出台，使有关规则更加细化且具有可操作性。

虽然《倾销货物税法》和《倾销货物税法施行细则》相继颁布，但能否得到执行、由谁来实施执行及如何执行仍然不甚明朗。面对危局，中华水泥厂联合会再次担负起沟通官商的重要责任，积极要求南京国民政府依法对日本产品征收反倾销税。

---

① 《倾销税法施行细则》，《中华水泥厂联合会呈》，中国第二历史档案馆藏，卷号 422 - 4 - 1176。
② 《倾销税法施行细则》，《中华水泥厂联合会呈》，中国第二历史档案馆藏，卷号 422 - 4 - 1176。
③ 《倾销税法施行细则》，《中华水泥厂联合会呈》，中国第二历史档案馆藏，卷号 422 - 4 - 1176。

1933 年 2 月 7 日，中华水泥厂联合会向实业部、财政部呈文，指出国货"因受外货倾销，遂至生产过剩。复因生产过剩之故，使销售成本无形提高。而各厂之发展，遂直接受其影响"。对于这种倾销的打击，唯一的挽救办法就是通过增加关税的方式，"如果不于关税方面，严定保护政策，则国货前途之危机，势将益无底止"，强烈要求政府对日本水泥的倾销采取一定的措施，"在属会同人之意，非请政府增其关税，以资调剂，实不足以杜倾销，而维国产"。①

与此同时，上海市商会也代表民族资产阶级要求从速对外货征收倾销税，以维护民族产业的发展："外人经济侵略，日甚一日，华商工厂，深受外货倾销之害，几有岌岌不可终日之慨，是以昨特呈请财政、实业两部，请举办倾销税，同时并请拟订原料返税办法，以救华商之困顿。"上海市商会指出了中国经济所面临的困境："窃以我国承历年兵荒之后，生产衰落，输入超过，逐年增大，兼以世界经济之萧条，关税壁垒之森严，群思以远东市场，为其物品过剩之尾闾，而苏俄之工业国营，大量生产，有向世界各国倾销之趋向，吾国以工业幼稚之国家，更所注意。"②

市商会认为：补救的办法不外以下几点："凡外国物品，合于倾销税条例第二第六两条之情形者，应由主管官署核拟倾销税率，呈院施行，一面并请钧部会商关系各部，迅将倾销货物审查委员会，组织成立，以凭着手为第一步之工作，一请依照各国通例，拟订制造品进口原料还税办法，以期幼稚工业，得资维护，惟为避免外人在华设厂，亦得援例起

① 上海社会科学院经济研究所编《刘鸿生企业史料》（中），上海人民出版社，1981，第 79～80 页。
② 《市商会请办倾销税》，《申报》1932 年 10 月 13 日，第 13 版。

见，咸以返税之制度，而适用奖励金之名义，期免藉口。"①

铁道部也极力主张征收反倾销税："吾国关税，业经自主，而倾销税条例，亦经明令公布，似应及时举办，以巩固关税之壁垒，而保障国产之销路。此外煤斛一项，前经中央政治会议另议救济办法，经本部复陈治本治标办法，亦以举办倾销税为先决问题，方有整个整理之望。"②

众多工商团体的请求引起了实业部的高度重视，实业部决定组建征收倾销税的执行机构。

1933年1月4日，行政院命令实业部"将倾销货物审查委员会从速依法在立，呈请鉴核备案"。1933年2月27日，倾销货物审查委员会依法正式成立，财政部关务署署长沈叔玉兼任主席。该委员会委员有国定税则委员会副委员长周典、盛俊，委员李斡，实业部农业司司长徐廷瑚、工业司司长刘荫蕴、商业司司长张轶欧，办公地点设在财政部关务署，"凡属商人呈请征课倾销税之案均经交该会调查审议"。③从人员配置中可以看出南京国民政府的重视。

沈叔玉，倾销货物审查委员会主席，留学英国，毕业于伦敦政治经济学院。1915年任沪宁铁路副经理。1922年任中华懋业银行总经理，1926年任沪宁铁路管理局及京沪铁路管理局局长，1930年任邮政储金汇业局副局长，1932年任财政部关务署署长，1935年任邮政储金汇业局局长；1932年起兼任国华银行董事，1935年起兼任交通银行董事。

---

① 《市商会请办倾销税》，《申报》1932年10月13日，第13版。
② 《铁道部呈请举办倾销税》，《银行周报》第17卷第37期，1933年9月26日，第2页。
③ 《检寄王儒堂倾销货物税法施行细则及倾销审委会第二次会议征课水泥倾销税各情形》，中国第二历史档案馆藏，卷号422-4-1179。

周典，国定税则委员会副委员长，河北大兴人。留英学习商学，转留美，获宾夕法尼亚大学商学学士学位。回国后，在北洋政府农商部任职，曾任华盛顿会议中国代表团成员。

盛俊，国定税则委员会副委员长，浙江金华人，曾留学日本。曾任财政部驻沪调查物价局局长，著有《海关税务纪要》。

李斡，国定税则委员会委员，江苏无锡人，清华大学毕业。1922 年获美国密苏里大学新闻学学士学位，1923 年于同校获文学学士学位。1927 年任哈佛大学经济学讲师、中央大学副教授，曾任《密勒氏评论报》特约编委，1941 年任驻美大使馆商务参赞，1946 年任南京国民政府最高经济委员会副秘书长。

倾销货物审查委员会的主要成员，都在关务署及其附属国定税则委员会兼有主要职务。例如，沈叔玉为关务署署长及国定税则委员会主席，其他如周典、盛俊、李斡等人均在国定税则委员会担任要职。从他们的求学经历来看，基本上都有留英、留美或留日经历，他们多数是以经济学或财政学专家的身份，作为学有专长的技术官僚默默地从事税务实际工作。

倾销货物审查委员会一开始是半公开状态。当时有刊物报道说："财实两部，因欲审定每种货物是否有倾销性之标准起见，曾合组一'倾销货物审查委员会'设立在南京财政部内。由财实两部有关系司署长负责审查，订立征税货物类。待审查完竣后，公布实行。惟于审查进行中，为慎重起见，保守秘密。"[1] 报道称该会的功能是"调查外货在华倾销情形，并已转咨外交部令饬驻外各领事，就近调查各货价

---

① 《财部筹备开征倾销税》，《银行周报》第 17 卷第 23 期，1933 年 6 月 20 日，第 1 页。

目。以定是否属于倾销。现悉该项调查手续，已告完毕，拟即由全国各地海关开始征收，唯闻此项倾销税征收标准，并不普及各货，只限于与我国产货物抵触而妨碍国货销路之外货，现已经确定征收者，为棉纱、丝绸、茶叶、布疋、米麦、木材、鱼类、灯泡、火柴等十种，至其他必需之外货，则仍照常收取进口税，不征倾销税，唯实行之期，则尚未确定云。"① 从有关加征倾销税的报道可以看出，倾销货物审查委员会当时还是一个很神秘的部门，民众对该部门充满了期待。

倾销货物审查委员会为实施反倾销做了大量的准备工作。反倾销的重点及难点是对外国商品的莝售价格及成本价格的调查。有鉴于此，该委员会将《倾销货物税法》及其施行细则印制了一百份，由外交部转发驻外各使领馆，要求在必要的时候配合倾销货物审查委员会进行外货倾销的调查。②

与此同时，倾销货物审查委员会也紧锣密鼓地对一系列案件进行了调查，包括：（1）洋粉倾销案；（2）日本纱厂在武汉倾销案；（3）日本水泥倾销案；（4）日本电灯泡倾销案；（5）日煤抚顺倾销案；（6）日本水泥、俄国水泥倾销案；（7）煤油倾销案；（8）日本生铁倾销案；（9）日本碳酸钙倾销案。经过审核，倾销货物审查委员会认为日本水泥和日本煤确实构成了倾销，其他倾销案件都不能成立。"所有审查完竣各案，并经报部考核，尚称妥适。"③

---

① 《征收外货倾销税标准》，《工商半月刊》第 5 卷第 12 期，1933 年 6 月 15 日，第 136 页。
② 《倾销税法及细则分发驻外领使馆案》，中国第二历史档案馆藏，卷号 422 - 4 - 1181。
③ 《实业、财政部会稿》，中国第二历史档案馆藏，卷号 422 - 4 - 1182。

倾销税法的如何落实

一国政府可以利用反倾销手段保护本国产业，维护本国产业免遭国外产品倾销的冲击。从这个意义上说，征收反倾销税是抵制外货倾销最有效的方法。当时就有学者认为"抵制外货倾销最善之方法，当为倾销税法，其法即对外倾销货物，按其倾销价格高低之程度，而分别课以附加税之谓"。[①]民族资产阶级对征收反倾销税也寄予了很高的期望，"咸谓施行新税以后，国产销路必有转机"。[②]

倾销货物审查委员会对日本产品的倾销行为既已认定，下一步就可以对其相关产品征收反倾销税了。南京国民政府倾销税法的实施效果如何？它起到了维护国内产业和抵制外货倾销的作用吗？

1934 年 2 月，在国民党中央执行委员会第四届第四次全体会议上，时任中央执行委员的吴敬恒、褚民谊、李煜瀛三名委员提出了《从速实行倾销税以保护新兴工业案》，对《倾销货物税法》的执行情况提出了质询："自税法公布已历两年余，施行细则公布、审查委员会设立又历一年许，未闻有一外货征收此税，岂外货竟无一种倾销者乎？"针对反倾销政策落实不力的情况，议案指出了解决的办法："国民政府令行政院、财政实业两部考核倾销货物审查委员会之工作，规定某种货物（如布疋、煤、水泥等）之倾销最烈者，应实施倾销税，如倾销税法有难以实行之处，当由立法院速

---

① 张彰：《制止外货倾销维护国内产业》，《国家与社会》第 2 期，1933，第162 页。

② 南开大学经济研究所等编《启新洋灰公司史料》，南开大学出版社，1963，第 59 页。

为修正，务于最短期间内实行之。"① 该议案代表了当时中国民族工商界大部分人的看法。

面对吴敬恒等对财政、实业两部有法不依的责难，倾销货物审查委员会做出了辩解。问题是，倾销货物审查委员会既然已经审查完毕各案并认定部分案件存在倾销行为，那么就应该对相关外货征收反倾销税。但是，事实上这些产品并没有被征收反倾销税。那么，当时的南京国民政府如何应对外货倾销呢？

实际上，当局对那些有倾销嫌疑的商品，通过适度增加关税税率的方式达到抵制倾销的目的。如日本水泥和日本煤，"均采用增高进口税之办法，于水泥每百公斤改征0.83关金单位（旧税率合每百公斤0.39关金单位），煤每吨改征1.80关金单位（旧税率合每吨0.89关金单位），抚顺煤现系适用进口税则，故亦可予抵制"。②

从税率的调整上可以看到，实际上是将日本煤和水泥的进口税率增加了1倍多，提高的幅度比较大，相当于征收了100%以上的反倾销税。对于有倾销嫌疑的货物，如布疋一项，虽然经过审查，还没有发现倾销的明显证据，但是由于其"带有倾销嫌疑，亦于进口税则内自旧税率合货价百分之十者，增为百分之二十五至三十"。此外，还有一些有倾销嫌疑的货物，如电灯泡和麦粉，对其进口关税也予以提高税率，电灯泡由以前的从价关税20%，改为从量税加征85%以上，麦粉则改为有税品，每百公斤征1.24关金单位。③

---

① 《请速实行倾销税以保护新兴工业案》，中国第二历史档案馆藏，卷号 422-4-1182。

② 《实业、财政部会稿》，中国第二历史档案馆藏，卷号 422-4-1182。

③ 《实业、财政部会稿》，中国第二历史档案馆藏，卷号 422-4-1182。

是什么原因妨碍了《倾销货物税法》的执行呢？这种通过提高进口税率的方式能够有效地防止外货的倾销吗？要回答这个问题，我们不得不考虑当时的国内、国际形势。应当承认的是，提高关税的方式是多种因素作用的结果，以之来抵制外货的倾销是有其特殊的原因和背景的。

首先，征收反倾销税有可能引起日本对中国政府外交上的抗议和军事上的冲突，这是阻碍执法的关键性因素。反倾销税是进口国当局在正常海关税费之外对倾销产品征收的一种附加税，它是一种惩罚性关税。由于当时中国国力孱弱，国际地位低下，所以即使倾销货物审查委员会能够确定某种商品的销售属于倾销行为，但是对外货特别是日本产品征收反倾销税，极可能引起外交方面的交涉，甚至有引起军事冲突的可能，这一点是倾销货物审查委员会不得不考虑的问题。如其所说，"查倾销税系进口关税外之一种带有处罚性质之特加税，施行时，难免引起货物国别问题，因而发生进口货物税率差别待遇之争执"。①

强加在中国身上的最惠国待遇条款也是一大掣肘。最惠国待遇是指一国在通商、航海、税收或公民法律地位等方面，给予另一国享受现时或将来所给予任何第三国同样的优惠特权或豁免等待遇。中国自晚清起，在帝国主义的炮舰威胁下，相继与英、美、法、日等诸强国都订立过不平等的最惠国待遇条款，一国享受的政治、经济等各个方面的特权，各国可以"一体均沾"，这对中国造成了严重的危害。"但令有一国取得最惠国之待遇，其余各国亦无不可援例，一经各国援例，吾人即不能对于某一国货物设定差别待遇之税则，

---

① 《实业、财政部会稿》，中国第二历史档案馆藏，卷号 422－4－1182。

对于与吾人竞争最烈国家之货物，亦不能限制其进口。"①

这给中国近代关税的自主权造成了难以估量的负面影响，"因此，外人加我之关税束缚，更不易解除"。②"即令知道某国某货为倾销，但关税主权已受协定限制，无从加以制止。"③而且中国给予他国最惠国待遇的条款，很多都是单方面的、无条件的，时人感叹说："最惠国条款为不平等条约的体系中最难受的束缚……（为列强）对于中国经济侵略最巧妙之武器。盖不费压迫与交涉之力，凡第三国用何种方法，取得中国最优之权利利益，能一并享受之，故其夺取中国经济利益最大。"④

不仅如此，最惠国待遇条款对中国的经济自主构成了很大的障碍，是列强对中国进行经济侵略的最有力的武器，"因为一个国家对于自国工业，若要采（取）保护政策的话，那末对于各国间的关系自然不能相同……然而在最惠国条款之下，此项保护政策，万无贯彻之可能。于生产落后的国家，此条款无异是侵略之导线，一国炮舰攫得之利益，各国皆可坐享门户开放之利。中国历来断送的权利，大都因此"。⑤特别是日本帝国主义，在近代中国废约和改订关税运动中进行了多次外交的干涉甚至武力的恫吓。1933 年，南京国民政府与日本签订的中日互惠关税协定三年期满以后，南京国民政府欲实行完全的关税自主。对此，日本外务省提出

---

① 葛豫夫：《中国实施统制经济政策之商榷》，《银行周报》第 19 卷第 1 期，1935 年 1 月 15 日第 12 页。
② 刘秉麟、潘源来：《世界倾销问题》，商务印书馆，1935，第 126 页。
③ 刘秉麟、潘源来：《世界倾销问题》，商务印书馆，1935，第 126 页。
④ 刘彦：《被侵害之中国》，太平洋书店，1922，第 94 页。
⑤ 顾毓璋：《修改商约与中国的工商业》，《东方杂志》第 31 卷第 12 号，1934 年 6 月。

抗议并威胁中国政府说："提高关税，于日本贸易打击甚大，有害中日友交关系，甚为遗憾，敬求反省。"而日本商人也对我国新关税法"甚不满意"，竟诬陷中国的关税自主为"变相抵制日货之办法，连日开会议研究对策……欲向我政府刁难"。①

对于近代主权国家应该享受的关税自主权，日方也从多方面加以干涉，要对这样凶恶的帝国主义国家征收反倾销税，无异于虎口夺食，其难度可想而知。民国时期著名经济学家马寅初感叹说："外交一受压迫，即无法抵抗，其不能自主，可以想见。"② 特别是当时的中国和日本的国际关系非常紧张，甚至由此引起全面战争都不是不可能的，所以对日货征收反倾销税存在很大的难度。倾销货物审查委员会对此一针见血地评论说："我国与各国所订商约，均有最惠国条款待遇之规定，征收外货倾销税，外交上能否不致引起纠纷，似应审慎考虑，据本会观察，倾销税法难以实行之处，其症结之所在，关于立法方面者尚少，而关于外交方面者甚多。"③ 由此可见，一国的政治、经济实力对于倾销税法的实施实在是有重大的影响。

反观当时的世界军事、经济强国，就根本不存在这个问题。"在少数国家对于外货加征倾销税，固不一而足，唯此等国在条约上所处之地位与吾国不尽相同。"④ 对于强国来说，只要有需要，它们就可以对认定的倾销行为加征反倾销税。例如，加拿大对美国商品就经常有加征反倾销税的行

---

① 《日本抗议我国提高关税：沪日商连日开会研究对策》，《银行周报》第 17 卷第 21 期，1933 年 6 月 6 日，第 3 页。
② 《马寅初全集》（第八卷），浙江人民出版社，1999，第 282 页。
③ 《实业、财政部会稿》，中国第二历史档案馆藏，卷号 422 - 4 - 1182。
④ 《实业、财政部会稿》，中国第二历史档案馆藏，卷号 422 - 4 - 1182。

为，南非联邦对波兰受政府奖励金补贴的衣服也课征反倾销税，对于日本的商品如帽、瓶、颜料、火柴等品均课以反倾销税。在日本商品向美国市场倾销时，美国财政部会对这种倾销行为进行公告，相当于可能对日本商品加征反倾销税的一种警告。至于是否真的征收反倾销税，就看从公告之日起，日货是否还存在倾销行为。从以往的案例来看，这些倾销行为在公告发布后一般都会停止，美国政府也就不必加征反倾销税了。[①] 对于资本主义强国来说，对有倾销嫌疑的本国以外的商品征收反倾销税，是无可厚非的事，是其本国的内政。"提高关税，或差别关税的订定，在有关税自主权的国家，那是无须得到任何国家的承认，尽可自主的变更或订定，不过在外交政策方面，为了防止报复关税起见，事后得对外加以说明，以求对方的谅解。"[②]

征收反倾销税对强国和弱国来说是不一样的。对中国来说，这是一个需要谨慎对待的问题，因为这极有可能引起外交冲突，"各国处处利用其武力与外交以为经济方面之后盾，举凡抵制与保护之办法，在他人可以实行自卫者，而在我则一任他人之鱼肉，几无法可以自拔。例如六十年来之关税协定，以及各种不平等条约，处处均足以制我之死命"。[③]

其次，《倾销货物税法》的可操作性较差，实施难度较大。不论是从理论上还是从实践上看，对倾销行为的界定都是一个很复杂的问题，这使得倾销货物审查委员会难以方便、有效地运用反倾销这一贸易救济措施。

---

① 《倾销货物审查委员会呈》，中国第二历史档案馆藏，卷号 422-4-1182。
② 叶祖鸿：《贸易统制的方法》，《国际贸易导报》第 7 卷第 7 期，1935 年 7 月 10 日，第 19 页。
③ 刘秉麟、潘源来：《世界倾销问题》，商务印书馆，1935，第 177 页。

准确界定外国商品是否构成倾销并非易事。马寅初就曾指出："倾销之含义复杂，而成本如何，尤为全部问题之关键……所谓倾销，必其货物售卖价格在生产成本之下，方足以当之。但欲确定某种货物之价格是否在生产成本之下，却甚困难。因现代生产事业，规模宏大，一厂生产之物品不以一种为限……若严格确定各个成本之大小，虽厂方当局，亦不能自知其究竟，况局外人乎？且各国厂商对制造货物之成本，纵有极精密之成本会计，得适当之分配者，亦严守秘密，讳莫如深。商品之成本既不易确知，又何从断定其为倾销之商品乎？"[1]

也就是说，要确定外国倾销商品的生产成本是很困难的事情，而这是界定倾销行为的关键。同时代的日本经济学家也撰文认为，要确定倾销行为确属困难，"因生产费之调查，手续上异常麻烦，临机处置，毕竟此种手续无法经过"。在当时世界经济不景气的情况下，"不独外国，就本国（日本）产业家，往往有价格尚不偿原价中间接费而出售产物者，所以在此时候，即倾销之理论亦成问题……因实际问题发生，施行调查时，议论纷歧，故各国虽制定防止倾销税法，实际上绝少应用"。[2]

判定倾销行为的另一个重要要件是对进口国的产业构成了实质性的损害。对日本产品征收反倾销税必须满足两个条件：一是日本商品在中国的市场售价必须低于其在本国的售价或低于生产成本，"以出口国货物国外售价是否低于国内

---

① 马寅初：《中国抵抗洋货倾销方策之我见》，《银行周报》第 18 卷第 37 期，1934 年 9 月 25 号，第 5 页。

② 〔日〕上田贞次郎：《最近各国关税政策》，陈城译，商务印书馆，1935，第 36～37 页。

售价或其生产成本为根据"；二是必须对中国同类产业造成损害，"倾销税之征收与否，则须视该项倾销货物，对于国内相同货物之产销或其发展究竟有无妨害……吾国倾销税法系以货物国内外售价差额，审定其倾销情事之有无。对于进口货品，不问其为社会倾销，或货币倾销，亦不论其成本之如何低廉，或售价之如何跌落。如非具有该法第二条所列情事，依法不能指为倾销"。①

即使对那些已经确定为倾销的进口商品，由于商品本身的复杂性，其应征收的反倾销税率也难以确定。反倾销税率是以倾销幅度作为依据的。一般来说，反倾销税的税额不得超过裁定的倾销幅度。对于有的商品来说，同类产品的质量差别较大，售价差别自然也较大，裁定反倾销税率的难度自然也很大。比如对于日本煤，由于日煤品级复杂，售价差异很大，为了避免不必要的麻烦，当时倾销货物审查委员会就认为，"与其另征一种倾销税，不如就原有关税酌增其税率，以便施行"。②

最后，提高关税税率是维护国内产业的最直接的手段。关税政策是国际贸易政策中最古老也是最基本的政策，和历史上的贸易保护主义一同发展。各国设置关税壁垒的历史悠久。在重商主义时期，很多国家都将其作为保护本国产业的最佳手段。因为对外国进口商品征税，将提高进口商品价格，从而降低其与本国同类产品相竞争的能力，达到保护本国产业的目的。

在20世纪30年代，各国为了防止外国商品的倾销，所

---

① 《倾销货物审查委员会呈》，中国第二历史档案馆藏，卷号 422 - 4 - 1182。
② 《案准国定税则委员会令移交财政部关字第二八二四号》，中国第二历史档案馆藏，卷号 422 - 4 - 1182。

采取的最普遍的方法也是提高关税壁垒，"虽然提高关税决不能预期该国的永远的繁荣，结果且使国际贸易萎缩，而更使恐慌激化，这为各国所一致承认，但一受到他国的竞争，也就只好走上提高关税的一条路。从去年以来，对于日本货的大量的倾销，以提高关税为抵制的例子，真是不胜枚举"。[1] 当时主要的资本主义国家如英国及其殖民地、法国、荷兰、德国、美国、墨西哥、古巴及巴拿马等都提高了关税。[2] 由此看来，以提高关税的方式来抵制倾销是各国比较普遍的做法。马寅初也说："各国皆有关税之自主权，不失为取缔倾销方法之一。"[3]

从当时的国际经济形势看，世界资本主义强国都纷纷筑起高关税壁垒以保护本国的民族产业，南京国民政府顺势提高进口关税也就无可厚非了。更重要的是，根据1930年5月生效的《中日关税协定》，有一部分日本进口商品的税率在3年内维持不变。到1933年6月，中日之间的关税协定业已到期，中国政府正可以乘此机会提高部分商品的关税，这是一个主权国家的正当行为。1933年5月22日，南京国民政府未经事先通告，突然公布了新的进口税则并宣布实施。

从这次对税率的修改来看，实际上提高税率涉及的商品范围极广，提高幅度也相当大。从实际情况来看，税率的提高也达到了防止外货倾销的目的。以倾销比较严重的日本水泥来说，其税率从原来的0.39关金单位提高到1933年税则

---

① 杨开渠：《撰述：各国排斥日货方法述要》，《工商半月刊》第6卷第1期，1934年1月1日，第58页。

② 杨开渠：《撰述：各国排斥日货方法述要》，《工商半月刊》第6卷第1期，1934年1月1日，第58页。

③ 《马寅初全集》（第八卷），浙江人民出版社，1999，第282页。

的 0.89 关金单位，这样一来，根据三井物产上海分店的说法，"日本产品在当地市场的销路完全没有希望"。1932～1934年，中国每年进口的水泥减少了 13.3 万吨，其中主要是日本水泥。而全国中资水泥工厂的产量据称增加了 9.4 万吨。[①]

国内最大的水泥厂启新洋灰公司高度评价提高关税的意义，认为进口量减少"殆不在社会之抵制外货，在关税增加所收之效果也"。[②] 可以说，提高关税已经起到了减少水泥进口的作用。

通过以上对近代倾销税法的颁布与实施历程的考察，我们可以对南京国民政府和民族工商业者的关系以及近代中国半殖民地国情有更新和更深的认识。中国近代民族经济的发展和帝国主义列强在中国的侵略存在不可调和的矛盾，正是这种尖锐的矛盾注定了中国近代反倾销法规失败的命运，使民族资产阶级防遏倾销、发展经济的理想，在残酷的现实面前破灭。

南京国民政府时期，随着近代工商业的发展壮大，民族工商业者的地位不断提高，其权利意识也逐步觉醒，他们开始分享部分政治权力，影响甚至参与政府的经济决策，政府方面也有志于通过经济立法的形式来促进工商业的发展，政府和民族工商界在促进民族产业的发展上有共同的目标。这些因素是近代中国反倾销法规得以顺利颁布的先决条件。

然而法规的实施需要一定的社会经济环境。由于这一时

---

① 申报年鉴社编《申报年鉴》，1936，第718页，转引自〔日〕久保亨：《走向自立之路》，王小嘉、朱荫贵译，中国社会科学出版社，2004，第207～208页。

② 〔日〕久保亨：《走向自立之路》，王小嘉、朱荫贵译，中国社会科学出版社，2004，第208页。

期中国实际上没有也不可能彻底摆脱外国列强的压迫，国内的政策还受制于列强的干涉，不平等条约依然束缚着中国政治、经济发展，这就使近代中国的反倾销法规终究摆脱不了失败的命运。但是我们不能否定反倾销立法的历史作用。《倾销货物税法》的颁布使中国企业能够对外国的倾销行为主动起诉，也是一种威慑手段。

二　南京国民政府的关税政策

关税对一国的经济发展影响极大，它是国家财政收入的重要来源，也是保护本国市场、促进民族产业发展的重要手段。关税自主是指一个国家有独立自主地制定本国关税制度、管理本国海关和关税的权力，它是保护本国经济独立、维护国家经济权益的重要保证，是主权国家必须拥有的权力。

国定关税

近代中国丧失海关主权和关税自主权后，关税税率长期被限制在"值百抽五"的低水平状态，进口货物只要缴纳2.5%的子口税就可以在中国内地通行无阻。而且由于物价上涨的影响，大部分进口商品实际上连这种最低的税额都没有缴纳。这种片面的、极低的均一税制给中国社会经济的发展带来了极其严重的危害。

当时的工商界人士一针见血地指出中国经济不能发展的原因："我国自受不平等条约束缚以来，国内的工商各业已尽陷于垂死的状态，最大的原因，实在于关税的协定。因为协定关税制度，直接是便利外商和鼓励外货入口，间接是打击华商，使华货出口有种种不便的地方。"① 著名实业家陈蝶仙根据自己兴办实业的切身体会，指出关税不能自主是影响实业发展的最重要因素："国内工厂之不易存在，其第一困难处，即在关税不能自主……民族企业发展的治本之策，则唯关税自主。"② 财政部也感到不平税制的压迫："我国海关进口税则向受条约束缚，所有货物一律值百抽五，财政既无回旋之地，实业亦乏调剂之方，十八年来备感痛苦。"③ 协定关税已经严重阻碍了民族经济的发展。正因为如此，中国人民始终没有放弃对关税自主的追求，他们前赴后继，为实现关税自主做出了不懈的努力。

关税自主权、行政管理权、税款收支权是近代海关主权的三大基本权利。海关主权是国家主权的重要组成部分，对控制对外交往和贸易、保护和促进本国经济发展具有十分重要的作用。

在鸦片战争以前，闭关自守的中国与世界交往极少，中国对关税税则决定权、税款收支权和海关行政管理权，都有着绝对的控制。中国海关"主权操之政府，绝对不容许外人置喙。税则随时修改，税率自由增减。货税视国计民生而定其征免，商港因时代需要而定其启闭。关税主权，金瓯无缺"。④

---

① 何炳贤：《对于发展国际贸易的几点意见》，《国际贸易导报》第 4 卷第 1 期，1932 年 6 月，第 5 页。

② 天虚我生：《国货前途之我见》，见《上海特别市国货运动大会纪念刊》，转引自潘君祥：《近代中国国货运动研究》，上海社会科学院出版社，1998，第 85 页。

③ 中国第二历史档案馆编《中华民国史档案资料汇编》第五辑第一编·财政经济（二），江苏古籍出版社，1994，第 37 页。

④ 详见国民政府外交部编纂委员会编《中国恢复关税主权之经过》，第 3~7 页，载李权时：《中国关税问题》，商务印书馆，第 2~8 页。转引自单冠初《中国收复关税自主权的历程》，学林出版社，2004，第 2 页。

鸦片战争后，中英签订了《南京条约》，中国海关自主权开始逐步丧失，中国由此进入协定关税时代。中英订立的《五口通商章程》和《虎门条约》规定，海关税则必须"秉公议定"，实际上也就是说中国已不能自由决定关税税率，而须由西方列强来"公议"而定。所有进出口货物不分种类均规定为按从价税5%来征收，也即"值百抽五"。由于最惠国待遇条款①的关系，其他西方列强输华商品也都援用这一税率。

此后由于物价的上涨，这一税率曾修订过几次，以便使从量征收的税率达到规定的从价"值百抽五"的水平。实际上很大一部分进口商品税率从未达到这个标准，在有些情况下，由于金银比价在变动而税率不变，以银两征税所得，实际不过值百抽三四而已。②后来的《辛丑条约》虽然规定"切实值百抽五"，但其目的是为保证中国的巨额借款、赔款的偿付，而且事实上也未真正得到执行。

1919 年的巴黎和会上，北洋政府曾以战胜国身份满怀希望地提出了包含"关税自主权"的《中国希望条件说帖》，要求与会各国承认中国有权修改现行关税条约，并在两年后适用国际通行税率。但是会议在英美等大国的操纵下，以其提出的关税自主问题不在巴黎和会讨论的范围为由而加以拒绝。

---

① 片面最惠国待遇是指一国被迫给予另一国在通商、航海、税收或公民法律地位等方面在当时的最优惠待遇（一般指商务方面，在当时的中国则超出此范围）；片面最惠国地位是指一国给予另一国不丧失这种最优惠地位的法律保证。因为一国虽然取得了当时的片面最惠国待遇，但将来或许另一国会取得比该国更多的片面最惠国待遇，该国则将不再是享受片面最惠国待遇的国家，从而也丧失了片面最惠国地位。

② 武堉干：《中国关税问题》，商务印书馆，1938，第 5～6 页。

1921 年 6 月，北洋政府又提出修改关税税则问题，列强不予理睬。后来日本驻华公使提出先照现行税则增加 2.5%，并将修改时间推迟 2 年，这一方案于 1921 年 11 月 17 日得到接受。此时，以美、英、日、法等九国为首的西方列强于华盛顿召开国际会议，北洋政府派出 100 余人的庞大代表团，再次在会议上提出修改关税税则的问题，并发表了《对于中国关税问题之宣言》，要求重新与各国议定新的税则，以代替原来的协定关税。但是正义的呼声遭到列强拒绝。

与此同时，以孙中山为代表的南方广东革命政府和中国共产党，在国内发动了废除不平等条约的群众运动。1925 年"五卅运动"爆发，直接推动了全国性废除不平等条约的群众爱国运动。北京段祺瑞政府与资本主义列强慑于人民的反帝浪潮，于同年 10 月 26 日至次年 7 月召开了关税特别会议。中国代表王正廷再次提出了关税自主问题。在这次会议上，列强声明尊重中国关税自主权并允诺解除以往的中外条约对中国关税自主权的限制；中国政府则承诺裁撤厘金与国定税率条例同时实行，并不晚于 1929 年 1 月 1 日。实行国定税率前，中国海关税则除照行"值百抽五"外，须加征临时附加税。但由于日、美、英等国对此各怀鬼胎，相继提出了自己的解决方案，以致会议主要目标没有达成。但这次会议还是取得了一定的成果，如列强在特别关税会议结束时发表宣言，承认"中国享有关税自主权"，并同意中国的关税采取七级税率制，税率从 2.5% 到 22.5% 不等，但条件是必须等到中国取缔厘金制度以后方能实行，这使中国的关税改革又拖了下来。很显然，中国的关税改革之路走得异常艰难，要解决关税问题也并非一朝一夕的事情！那么近代中国关税改革由哪个机构来推行呢？这里不得不重点介绍国定税则委员会。

南京国民政府设立国定税则委员会是为了推行关税改革。国定税则委员会的设立是受美国的启发，它是关税政策决策的核心机构。国定税则委员会最早在前财政部部长古应芬任内开始酝酿，后因缺乏经费未能设立。南京国民政府成立以后，实现关税自主再度成为朝野的一致呼声。1928年1月，南京国民政府决定设立国定税则委员会，并增添专门委员分别从事调查研究。国定税则委员会设委员长一人，由关务署署长兼任，副委员长二人，委员四人，均由财政部指派，国定税则委员会相关会议决案，由（国定税则委员会）委员长"呈财政部长经由行政院呈请国民政府核准施行"。[1]

国定税则委员会是一个比较现代化的国家机构。其主要职能是编订、修改税则方案，收集各国关税法令，研究国际关税公约、协定和最惠国条款及互惠问题；根据国际贸易状况和国内外产品竞争状况修改关税法令等。在修订关税方面，国定税则委员会是实业界与政府沟通的桥梁，密切关注工商业者的利益与诉求，在切实调查实际商情的基础上决定关税的保护范围。[2]

国定税则委员会是由专业人员组成的专家型组织。如国定税则委员会委员长张福运[3]（1928～1932年在任）、沈叔玉（1932年10月～1935年6月在任）、盛俊、周典、李翰

---

[1] 陈晋文：《对外贸易政策与中国经济现代化》，知识产权出版社，2012，第75～76页。

[2] 陈晋文：《对外贸易政策与中国经济现代化》，知识产权出版社，2012，第76页。

[3] 张福运，清华大学毕业，哈佛大学文学士、法学士，1923年任上海交通大学校长，1928年任财政部关务署署长、国定税则委员会委员长，"具体实施恢复关税自主权及改革海关行政管理体制的工作"。1932年辞去了关务署署长的职务。

等。从以上人员的简历中我们可以看到，税则的主要起草者大多具有相关的学科知识背景：专攻经济学或财政学，并有留英、留美或留日经历。因此，他们一方面有比较好的理论修养，另一方面又比较熟悉西方的经济政策实践。[①] 这些专家型官僚是近代关税改革的主要推动者。

1928 年 6 月 15 日，在北伐告成之际，南京国民政府发表了修改不平等条约的宣言："中国八十余年间，备受不平等条约之束。此种束缚既与国际相互尊重主权之原则相违背，亦为独立国家所不许"，"今当中国统一告成之际，应进一步而遵正当之手续，实行重订新约，以副完成平等及相互尊重主权之原则"。7 月 7 日，南京国民政府外交部发表《关于重订新条约之宣言》，将各类条约分为三种情况处理："（1）中华民国与各国间条约已届期满者，当然废除，另订新约；（2）其尚未期满者，国民政府应即以正当之手续解决而重订之；（3）其旧约业已期满而新约尚未订定者，应由国民政府另订适当临时办法，处理一切。"7 月 30 日，南京国民政府照会各国公使，敦促各国改订新约。[②] 在南京国民政府的努力下，中国相继与美国、德国、挪威、比利时、意大利、丹麦、荷兰、葡萄牙、英国、瑞典、法国、西班牙签订了内容大体相同的关税新约。

签订新关税协定后，南京国民政府在 1928 年 12 月 7 日颁布了第一个《国定进口税则》，从 1929 年 2 月 1 日起实行。新税则分 7 个等级、14 类、780 目，税率分别为 7.5%、

---

① 陈晋文：《对外贸易政策与中国经济现代化》，知识产权出版社，2012，第 77 页。

② 戴逸、史全生主编《中国近代史通鉴（1840—1949）：南京国民政府时期》，红旗出版社，1997，第 71 页。

10%、12.5%、15%、17.5%、22.5%、27.5%，对附加税和常关税也做了一些调整。该税则打破了鸦片战争以来不分等级的所谓"值百抽五"制度，确立了等级税率制。这样就可以根据需要，对不同货物采取不同的关税标准。该税则于1929年2月1日施行，期限为一年。该税则中的税率是将5%的正税税率与北平关税会议上英国、美国、日本专门委员会所提出的七级附加税率以及对卷烟、煤油所增加的2.5%附加税税率综合而来的。

1929年《国定进口税则》因为在颁布之时尚未得到日本对中国关税自主的支持，所以在规定实施期满后并没有订出新的税则，其有效期延续了近两年。日本与美国等多数国家相比持不同态度，它反对中国的关税自主政策，拒绝签订新约。日本政府的顽固态度引起了中国人民的强烈不满，全国各地掀起了抵制日货的新高潮。经过艰苦的交涉和多次谈判，1930年5月6日，日本政府终于迫于压力与中国政府签订了《中日关税协定》。至此，南京国民政府完成了与各国新关税协定的签订手续，这是中国向关税自主迈出的实质性一步。

《中日关税协定》标志着中国获得了初步的关税自主。1930年12月29日，《海关进口税税则》出台，并于1931年1月1日起实行。这个税则受《中日关税协定》影响很大，将进口商品分为12等级、16类、647目，税率分别为5%、7.5%、10%、12.5%、15%、20%、25%、30%、35%、40%、45%、50%，平均税率为15%，从价税与从量税并用。综计全部税则货物，与按金价征收的1929年税则相比较，税率增高的有451项，税率降低的有150项，税率未变的有232项。为换取日本对中国关税自主的承认，南京国民政府对日本作了较大的让步。根据《中日关税协定》附加条款规定，中国必须维持棉纺织品、海产品、面粉等类中 46 个税目号列出的进口品税率 3 年不变，维持杂货类中的 17 个税目进口税率 1 年不变，这些规定影响了该税则的实行效果。根据《中日关税协定》中的所谓互惠规定，日本受惠的货物种类多、数量大、税率低，大部分货物税率仅为 7.5%。故当时便有人对互惠货物的多寡、税率的高低、互惠货物在进出口贸易中之比例和所占地位等四方面做了详尽分析比较后指出，"中国惠与日本之程度颇大，而日本惠与中国之程度颇小"，并由此得出结论，认为 1931 年的《海关进口税税则》"即本身系自主者，亦不免带有协定意味"。①

1933 年和 1934 年税则

20 世纪 30 年代，中国民族制造业面临着最严重的生存危机。（1）"九一八"事变后日本把中国东北变为其殖民地，东北三省市场为日本帝国主义所独占，民族工业丧失了这片庞大的市场；（2）在世界经济危机时期，各国纷纷放弃金本位制，国际银价开始上升，这对于实行银本位制的中国来说是非常不利的；（3）中国银元的升值使外国商品开始低价涌入，加剧了国内市场的商品竞争。面对这三重打击，中国民族制造业显得有点力不从心。如何打破这种困境呢？民族工商界期望制定新税则保护民族工商业发展，寄希望于通过提高进口商品税率以限制外国商品在国内市场的竞争。

最早要求制定新税则的是上海丝光棉织同业公会。该公

---

① 转引自戴一峰：《近代中国海关与中国财政》，厦门大学出版社，1993，第 77 页。

会于 1932 年 8 月 3 日向财政部递交请愿书，指出"关税壁垒是中国幼稚的民族工业必不可少的保护屏障，日中关税协定与此要求背道而驰，缔结此协定铸成大错"，并向政府提出，在中日关税协定期满后"务乞毅然宣布加税，藉维国货"。同年 11 月 17 日，上海市商会应丝光棉织同业公会的请求，致电行政院、财政部和外交部，要求提高棉制品关税。[①] 1932 年 12 月 15 日，国民党召开第四届中央执行委员会第三次全体会议，上海机制国货工厂联合会向大会请愿，要求确立关税保护制度，提出"倘因束缚于关税协定，不能自由变更"，则要求对工厂给予奖励金或补助金、对进口倾销产品征收反倾销税等。[②]

报界也呼吁落实自主关税，指责政府过去在关税协定中所给予日本的互惠税率，指出日本的廉价棉织物对中国纺织工业是一种致命的打击，并指出这种协定关税的后果是"自寻死路"[③]。他们进而一针见血地指出，这种关税协定对中国产业发展造成的危害，"不待烦言而决之矣"，"我国期满危害本国产业之条约，而不能决然废除，则十数年来全国上下力争关税自主之意义，恐将无以自解矣"。[④]

1933 年 5 月 22 日，南京国民政府在没有经过内部充分讨论的情况下，就颁布了第三个《国定进口税则》，并定于当年 6 月 1 日起实行。新进口税则将税率分 14 等级，分别为

---

① 转引自〔日〕久保亨：《走向自立之路》，王小嘉、朱荫贵译，中国社会科学出版社，2004，第 91 页。

② 《各界切望三中全会》，《申报》1932 年 12 月 16 日，第 11 版。

③ 《中日互惠税率满期以后》，《申报月刊》第 2 卷第 5 期，1933 年 5 月，卷头语。

④ 罗从豫：《中日关税互惠协定检讨》，《中行月刊》第 6 卷第 4 期，1933 年 4 月，第 46 页。

5%、7. 5%、10%、12. 5%、15%、17. 5%、20%、25%、30%，40%、50%、60%、70%、80%，平均税率为20%；将进口货物共分为16类、672目。与1931年《海关进口税税则》相比，增高税率的有385项，降低税率的有92项，不变的有433项。曾经实行优惠税率的日本货物如棉货、海产品和纸张等税率均大为提高，因此引起了日本方面的强烈反对。日本政府于1933年5月31日，令日本驻南京总领事向南京国民政府就中国采取新关税税率一事提出抗议，后来日本外务省也就此事提出强烈抗议。[①] 但是南京国民政府抵住了来自日本政府各方面的压力，果断实行新税则。

税则修订后，由于提高了相关产品的税率，较好地防止了日本产品的倾销，起到了保护关税的作用。如当时进口量较大的日本棉布及丝产品就受到沉重的打击，"日商方面因进口新税则对于棉布丝类海味等类征收税款，较前增高数倍，颇受影响，故自六月份以来，日货进口数量已告锐减，而尤以棉布一项为甚"，"日货棉布，因受新税则高额税率影响，输华之货惨减殊甚……数量悬殊，殊觉百惊，棉布日商无不恐慌万状，纷纷签谓日政府设法救济云"。[②]

该税则在中国主权自主的基础上订立，基本反映了民族工商业者的发展愿望。新税则实施后不仅增加了南京国民政府的财政收入，而且起到了保护民族产业发展的作用，颁布后立即受到国内工商业者和社会各界的普遍欢迎。上海市商会在1933年5月29日致电，表示"中日关税协定期满，我

---

① 《日外务省反对修改关税率，希望保持最惠国待遇，国际货币制不易实现》，《大公报》1933年6月16日，第4版。

② 《中国进出口贸易：日棉布进口骤减》，《国际贸易导报》第5卷第7期，1933年7月31日，第226页。

国本关税自主权，实行新税则，沪商一致拥护"。6 月 2 日，中华国货维持会和上海市民提倡国货会联名致电外交、财政、实业三部，表达了同样的态度。同一天，上海机制国货工厂联合会和中华国货产销合作协会也向政府发出了要求坚持新税则的电报。① 在国内舆论强有力的支持下，南京国民政府也表示了坚决的态度："我国对征收关税，有自主之权，日本自无权过问……日本如对我抗议，决予驳斥"，关务署负责官员则说："改订新税率，为国际上合理之措施，绝对不容外人干涉。"②

税则公布后就受到了来自日本政府的强大压力。在中国经销日本商品的日本商人和日本国内生产对华出口产品的制造商受该税则影响最大，他们在新税则公布以后，立刻开展了激烈的抗议活动。新税则公布 3 天以后，上海的日本棉业同业组织将他们对此事的决议以电报的形式发给了大阪的日本出口棉纱同盟会和大阪棉布商同盟会，其中称："此次修改税则以后，税率之高无异于禁止进口……乃至今后多数进口商品贸易将无法进行。此事不仅关乎我等驻支工商业者生死存亡，于我国对支贸易亦为一大打击。望贵会从速商议对策。"③ 日本政府也对南京国民政府提出了非正式的抗议："对于中国商业与中国民众将产生恶劣影响……中国当局应

① 《申报》1933 年 5 月 30、6 月 3 日；《国闻报》1933 年 6 月 3 日。转引自〔日〕久保亨：《走向自立之路》，王小嘉、朱荫贵译，中国社会科学出版社，2004，第 111 页。

② 《中央日报》1933 年 6 月 1 日、5 日。转引自〔日〕久保亨：《走向自立之路》，王小嘉、朱荫贵译，中国社会科学出版社，2004，第 113～114 页。

③ 上谷书记生（上海）致内田外相，商第 53 号电，1933 年 5 月 26 日发。转引自〔日〕久保亨：《走向自立之路》，王小嘉、朱荫贵译，中国社会科学出版社，2004，第 113～114 页。

切实反省。"① 日本对中国的抗议虽然是非正式的，但措辞相当严厉而且盛气凌人。日本官员甚至威胁称，日本政府有可能考虑对中国出口日本的商品征收报复性关税。

1933 年税则原定暂行一年，所以南京国民政府计划在1934 年 5 月以前，继续以财政部国定税则委员会为中心，编制新的税则方案。总体来看，1933 年税则具有比较强的保护关税色彩，但是一些社会团体对此意犹未尽，希望财政部能提供更高的保护关税。1934 年初，一些报纸的评论文章回顾过去一年的关税政策时就认为："（1933 年税则）似税率稍提高，但以言保护，仍有未足……在今日论关税之政策，不能不以保护为鹄的。果采保护关税，既足以培养人民之元气，亦足以促经济之发达，且在财政方面论，亦可裕税收。"② 另外，也有工商业团体也向政府提出降低部分进口商品税率的要求。要求提高进口税率的商品有帽子、面粉、轮胎、胶鞋、硫酸、碳酸钙、氧化锌、苏打粉、漂白粉、灯泡、钟表、铜板、铁制品等多种工业品，要求降低进口税率的则有棉花、小麦、制皂用椰子油、石油、火柴梗用杨木等原料。可以看到，工商业团体的要求都带有维持和强化保护关税的性质。

日本政府则一直对南京国民政府在 1933 年断然提高关税耿耿于怀，他们从政治、军事、经济及外交诸多方面向中国政府施加压力，希望能够改变高关税保护政策，适当降低日本产品的进口关税。日本的这些活动起了很大的作用，从

---

① 日本总领事致内田外相，第 306 号电，1933 年 5 月 30 日发。29 日对国民政府外交部、30 日对行政院提出了抗议。转引自〔日〕久保亨：《走向自立之路》，王小嘉、朱荫贵译，中国社会科学出版社，2004，第 115 页。

② 杜严双：《一年中央税制之变动》，《申报月刊》第 3 卷第 2 期，1934 年 2月。转引自〔日〕久保亨：《走向自立之路》，王小嘉、朱荫贵译，中国社会科学出版社，2004，第 130 页。

后来颁布的税则来看，日本的部分要求还是得到了满足。

1934 年关税税则的方针反映在孔祥熙在 1934 年 1 月 20 日在国民党四届四中全会上提交的财政报告中："关税自主，非仅对于增加税收方面注意其重要作用，尤在借此机会以维国内实业……嗣后对于各种货物如国内出品已具规模者，均应逐渐推进保护税并以防止倾销。至于工业必需之外国原料，及应提倡对外贸易之土货，经政府审查情形及工业发展程度，以为权衡。"[1] 报告实际上给该年的税则修订定下了基调，也就是说，这次重订关税税则还是要采取财政关税与保护关税并重的政策。

在这种理念之下，1934 年 6 月 1 日，南京国民政府颁布了第四个《国定进口税则》。这个税则迎合了日本的部分要求，调低了棉货、海产和纸张等日本进口商品的税率。但是将煤油、汽油、羊毛和毛织品、化学产品、机器和其他许多货物的税率提高了不少。这次税则修订，一般认为有损西方的贸易利益，而对日本的出口则有极大的帮助。由于该税则损害了民族工商业的利益，因此遭到民族工商业的强力反对。还在立法院审议时，该税则就遭到立法院外交委员会委员以及立法院财政委员会委员马寅初、张维翰、邓召荫等人的激烈反对，他们从保护国内产业出发，要求进一步提高税率。[2] 在正式公布以后，更是立即引起国内舆论和工商界激烈的反对。棉纺织业是反对 1934 年税则的急先锋，华商纱厂

---

① 秦孝仪主编《革命文献》第 73 辑，1977，第 323 页。转引自〔日〕久保亨：《走向自立之路》，王小嘉、朱荫贵译，中国社会科学出版社，2004，第 138 页。

② 有吉公使致广田外相，第 534 号电，1934 年 6 月 30 日发。转引自〔日〕久保亨：《走向自立之路》，王小嘉、朱荫贵译，中国社会科学出版社，2004，第 146 页。

联合会批评政府对于棉业不景气坐视不理，要求政府"认识到全国棉纺织业正面临生死存亡的危急关头，必须修订关税税率"。[1] 另外一个激烈反对的行业是造纸业，华商造纸联合会严厉指责政府仅仅过了一年就降低纸业关税税率，认为这是"似有意欺瞒商人"的行为。[2] 在棉纺织业和造纸业的引领下，中华工业总联合会于1934年7月7日召开了临时大会，决议要求政府修改税则，后来上海的各工商业团体纷纷向政府发出抗议电，这些团体计有上海市商会、上海机制国货工厂联合会、中华国货产销合作协会、上海市民提倡国货会等。荣宗敬、虞洽卿等上海经济界的重要人物也都发表了批评政府的讲话。[3] 国内民族主义舆论也一边倒地要求维护和加强保护关税政策、反对1934年税则。强大的舆论攻势下，南京国民政府最后不得不采取舆论管制的方法来应付民众的反对声浪。

近代关税自主政策的历史作用

关税政策是调整进出口贸易的有效工具，通过增加进口税保护国内一些商品的生产和销售，避免或抵御外国商品过度竞争的倾销和冲击，其在促进国内经济和产业发展方面的作用主要体现在两个方面。

第一，关税自主政策在抵制外国商品进口方面有重要作用。20世纪30年代，影响中国对外贸易的因素很多，诸如

---

① 《申报》1934年7月5日。转引自〔日〕久保亨：《走向自立之路》，王小嘉、朱荫贵译，中国社会科学出版社，2004，第148页。

② 《申报》1934年7月4日、7日。转引自〔日〕久保亨：《走向自立之路》，王小嘉、朱荫贵译，中国社会科学出版社，2004，第148页。

③ 《申报》1934年7月2日、5日。转引自〔日〕久保亨：《走向自立之路》，王小嘉、朱荫贵译，中国社会科学出版社，2004，第150页。

银价的变动、世界经济危机引起的各国出口的缩减、"九一八"事变后日本占领东北以及国内天灾、军阀混战等等，但关税税率的变动对进出口贸易无疑是一个非常重要的影响因素。

1929年第一个进口税则的税率相比之前增加了6.3%，该税则颁布后，对当年的进口影响还不明显，但下一年进口下降非常明显，同比下降9%。1931年进口税则中，税率平均增加了4.1%，当年进口减少也不明显，但次年即同比降低了17.8%，1933年、1934年两个进口税则使次年进口分别同比降低了14.7%和4.8%。[①] 总体来看，1936年关税平均税率相比1926年来说增加了29.2%，而进口商品价值降低了45%（见附表5-1），可见税率的提高限制了外国货品的进口。

中国进口关税的骤然提高，使进口外国商品大为减少，相应缩小了中国对外贸易逆差。据统计，1931年进口外货达14.33亿海关两（4.87亿美元），而1932年就已降到10.49亿海关两（3.57亿美元）；贸易逆差也由1931年的1.78亿美元降到1936年的0.7亿美元。[②]

第二，关税自主在一定程度上起到了保护国内市场、促进民族工商业和国民经济发展的目的。保护功能是关税自主很重要的一个方面，南京国民政府在制定第一个国定税则时就声明了原则："（一）发展国内工业所必需之原

① 郑友揆：《中国的对外贸易和工业发展（1840～1948）》，上海社会科学出版社，1984，第78页。
② 李康华等：《中国对外贸易史简论》，对外贸易出版社，1981，第502～507页。转引自石柏林：《凄风苦雨中的民国经济》，河南人民出版社，1993，第58页。

料，当减轻其进口税；（二）国内工业之须发展者，政府当尽量扶掖之，使不受外货竞争之影响；（三）抵补裁减各税。"① 从后续几次税则的修改中也可以看到南京国民政府在保护国内工业方面的努力，财政部在其 1936 年工作报告中称："我国自关税自主以来，迭次修改税则，悉以增进税收及保护产业、双方兼顾为主旨。"② 这种"兼顾"的考虑贯穿于制定税则的始终。

在南京国民政府先后 4 次颁布的进口税则中，进口关税的平均税率都有所提高：1928 年实际关税率为 4%，1929 年为 10%，1931 年为 15%，③ 1933 年为 24.6%，1934 年为 31.3%。④ 如果将其与他国同期税率相比较，也可以看到中国与其他国家关税税率差距在缩小：1922 年中国是 5%，英国是 33.3%，美国是 38.5%；1934 年中国是 31.3%，英国是 43.3%，美国是 53.2%。⑤

整体来看，这一时期进口税率的"应有税准"⑥ 从 1926 年的 4.1% 提高到 1936 年的 34.5%，实际税准也从 3.8% 提高到 29.7%（1926～1936 年平均进口税率水准见附表 5-2）。

从商品的实际进口税率来看，1931 年初实行的《海关进

---

① 《国民政府十八年度财政报告书》，载《革命文献》第 73 期。转引自石柏林：《凄风苦雨中的民国经济》，河南人民出版社，1993，第 57 页。

② 《财政部工作报告（民国二十四年及二十五年上半年度）》，载《革命文献》第 73 期。转引自石柏林：《凄风苦雨中的民国经济》，河南人民出版社，1993，第 57 页。

③ 王意家等编著《中国海关概论》，中国海关出版社，2002，第 70 页。

④ 虞宝棠：《国民政府与民国经济》，华东师范大学出版社，1998，第 55 页。

⑤ 孙健：《中国经济史——近代部分（1840–1949 年）》，中国人民大学出版社，1997，第 436 页。

⑥ "应有税准"是指各种进口商品以当年价值加权后的从价率的平均数，"实际税准"则是实际进口税额对进口总值的比例。

口税税则》（即第二个国定税则），维持原税率的品种占43％，减少的占10％；在从价税率中，增加10％及以上的占7％，增加2.5％的占21％，增加5％～7.5％的占9％。[1] 税则规定增税的商品主要是火柴及瓷器，其他如糖、水泥、玻璃、肥皂、化妆品、丝、人造丝及毛织物等商品的税率也有所增加。[2] 火柴、瓷器等是中国民族工业的主要产品，提高这些产品的进口关税，便具有保护国内市场、促进国内民族工业发展的性质。该税则实行后，一些工业的发展是比较迅速的。如1930年课征的火柴统税约为70万元，水泥统税26万元；到了1931年，火柴统税增为334万元，水泥统税也达到近60万元。[3] 统税的增加，一方面固然是加重了税收，但更主要的还是火柴与水泥工业在一年内获得了很大发展。因为只有产品销量成倍增长，统税才能成倍增长。一年内，中国火柴、水泥产业技术设备本身并无多大改进，但产量销量增长，这显然是提高火柴、水泥进口关税的结果。

1933年的第三个国定税则，保护国内产业的性质则更为明显。该税则对国内工业发展所急需的机械、机具、化学产品、工业原料等进口货物维持低关税，而对于轻工业品则实行高关税，这就进一步刺激了国内民族工业的发展。"新税则颁布后，国内工业在比较高税率保护之下，旧工厂

① 〔美〕杨格：《一九二七至一九三七年中国财政经济情况》，中国社会科学出版社，1981，第52页。转引自石柏林：《凄风苦雨中的民国经济》，河南人民出版社，1993，第57页。
② 《国民政府十八年度财政报告书》，载《革命文献》第73期。转引自石柏林：《凄风苦雨中的民国经济》，河南人民出版社，1993，第57页。
③ 《国民政府十九年及二十年两会计年度财政报告》，载《革命文献》第73辑。转引自石柏林：《凄风苦雨中的民国经济》，河南人民出版社，1993，第57页。

方事扩充、新工厂方经设立者，流动资本，皆已化为地皮、房屋、机器等固定资本。"① 固定资本的增加，标志着中国工业的资本有机构成提高，这是中国工业获得发展的主要表现。20 世纪 30 年代上半期，中国工业产品总值保持稳步上升的势头，从 1929 年的 7.73 亿元增加到 1936 年的 12.27 亿元。②

再以当时受外国进口面粉打击比较大的面粉业为例，提高关税的作用也是非常明显的："进口面粉的大减……这当然一部分是由于我国面粉征收进口税的影响，一部分则由于近年我国农村经济破产人民购买力薄弱……因此洋粉进口就不免减少了"。③ 面粉业如此，当时受外货倾销打击比较严重的煤业也因关税增加而出现好转的迹象，"据煤业中人表示，我国自去岁因国煤衰落，于十月间增加外煤进口税后，市场上素为国煤劲敌之日煤已逐渐减少，故国煤曾一度畅销，日煤进口现虽尚未绝迹，但较前最盛时代，已减少十分之七，因新税实行后，进口之煤，每吨税率，较前增收四元余，故日煤价格比国煤骤高，遂不能达到其倾销欲望"。④ 总体来看，1934 年国产煤的"销路与市价都比去年畅旺与稳定"。⑤

---

① 李权时：《中国关税问题》（下），第 304 页。转引自石柏林：《凄风苦雨中的民国经济》，河南人民出版社，1993，第 58 页。

② 〔美〕杨格：《一九二七至一九三七年中国财政经济情况》，第 347 页。中国社会科学出版社，1981。转引自石柏林：《凄风苦雨中的民国经济》，河南人民出版社，1993，第 58 页。

③ 何炳贤：《一年来的中国工商业》，《国际贸易导报》第 7 卷第 1 期，1935 年 1 月 10 日，第 11 页。

④ 《进口贸易信息：外煤增税后开滦煤独占市场》，《国际贸易导报》第 6 卷第 4 期，1934 年 4 月 10 日，第 257 页。

⑤ 何炳贤：《一年来的中国工商业》，《国际贸易导报》第 7 卷第 1 期，1935 年 1 月 10 日，第 20 页。

南京国民政府贸易部国际贸易局局长何炳贤在总结 1934 年国内工商业经营情况时曾说："政府两年以来，迭次的提高关税，亦颇具保护工业的功能。即如上海工厂在民国二十年中国经济统计研究所调查时，国人合办于工厂法者不过七百家左右，现时则增至一千三四百家，其间受保护关税之赐者，正不在少数，这是比较可乐观的。"[①] 从这个方面来说，国定关税的实施在其中确实起了一定作用。

近代中国关税自主的过程，就是中国经济日益走向独立的过程，具有很重要的积极意义。南京国民政府推行以关税政策为中心的对外经济政策，与列强多次进行复杂的外交谈判，并且在相当程度上采纳国内工商业者和国内舆论提出的建议，通过收回关税自主权，利用关税自主权四次修改关税税率，推行了独立自主的关税政策。1933 年税则表现出很明显的保护性关税特征，并为 1934 年税则所继承。关税自主削弱了列强对中国关税控制，体现出南京国民政府对中国资本主义工商业的保护与扶持，促进了中国资本主义的发展。

关税政策与水泥业反倾销

提高关税是维护一国产业的国内市场和促进国内产业发展的最直接的手段。

第一，提高关税是世界各国反对他国倾销的利器。1929 年秋开始的长达四年之久的经济危机，不仅迅速席卷了所有的资本主义国家，而且囊括了几乎所有的经济部门，工业危

---

① 何炳贤：《一年来的中国工商业》，《国际贸易导报》第 7 卷第 1 期，1935 年 1 月 10 日，第 2 页。

机、农业危机、信用危机和金融紊乱互相交织，使资本主义世界陷入大危机的漩涡中不能自拔。为了转嫁经济危机，这些资本主义国家对外高筑关税壁垒，提高进口关税，甚至禁止某些商品的进口。

1929～1931 年，先后有 24 个国家改订关税税率，税率之高前所未见。"关税的提高，附加税的增设，进口许可制及限额制的实施与推广，以及汇兑管理的实行等等，都是各国所采用的普遍方式。"① 英国等欧洲资本主义强国的贸易政策，都开始采取进口许可制、进口限额制及限制汇兑方式以管制国际贸易。对关税政策不太重视的荷兰、意大利及西班牙诸国，也实行了进口限额制。其他已经实行限额制的诸国，例如法国等，则多采取扩张限额的范围的方法，增加受限额限制的进口商品。② 1926 年，法国国会通过了增加关税 30% 的议案，同年 8 月又用政府命令的形式再增加 30%，此后更规定政府可以命令的形式随时增高某种进口税或附加税。③

总的来看，在经济恐慌面前，各国均采取了国家干预经济的方式。在关税政策方面筑起关税壁垒；在贸易政策方面，则采取限制进口的方式，这就使得"国际间的商品交换，没有自由的流通，只有保留的贸易。其结果，虽有少数国家的对外贸易有恢复的倾向，可是，整个的世界贸易只有

① 何炳贤：《最近各国关税及贸易政策的透视》，《国际贸易导报》，第 7 卷第 10 期，1935 年 10 月 10 日，第 21 页。

② 何炳贤：《最近各国关税及贸易政策的透视》，《国际贸易导报》，第 7 卷第 10 期，1935 年 10 月 10 日，第 23 页。

③ 章有义：《中国近代农业史资料》（第三辑），生活·读书·新知三联书店，1957，第 396～397 页，转引自凌耀伦：《中国近代经济史》，重庆出版社，1982，第 371 页。

分散而没有扩张"。①

当时西方主要资本主义国家的关税都有不同的提高，尤其是素以自由贸易著称的英国提高幅度最大，英国的关税税率从 1927 年的 10.2% 提高到 1932 年的 23.1%；法国则从 4.9% 提高到 18.3%，起始税率比英国稍低，但提高幅度更大；其他国家如美、德等均有所提高。日本由于严重依赖进口原材料，所以其提高关税的幅度最小（见附表 5-3）。

世界各国纷纷设立关税壁垒的目的在于减少进口商品并保护本国工业，使其不致受外国廉价货物倾销的威胁。

第二，提高关税政策对日本水泥倾销有抵制作用。1933年 6 月，中日之间的关税协定业已到期，中国政府乘此机会提高部分商品的关税。这对日本水泥倾销的抵制作用主要体现在以下两个方面。

（1）对日本水泥进口量减少。关税提高以后，进口日本水泥量呈现出明显的减少，而国产水泥的销量则明显上升。进口外国水泥在 1933 年以后数量骤然减少，由 1932 年的 1306 千桶减少到 1934 年的 280 千桶。进口日本水泥量的减少也是非常明显的，1933 年中国进口日本水泥 221 千桶，1934 年即大幅减少，只有 117 千桶，1935 年虽略有上升，也只有 131 千桶，日本水泥业对中国的民族水泥业已不构成很大的威胁（见附表 5-4）。

（2）与此相对，国产水泥销路则大为拓展。例如，1934年上半年，全国民族企业共销水泥 140.5 万桶，1933 年同期销量为 109.8 万桶；中日水泥业间的竞争形势大变，使得

① 《最近各国关税及贸易政策的透视》，《国际贸易导报》第 7 卷第 10 号，1935 年 10 月 10 日。

"日本产品在当地市场的销路完全没有希望"。1932～1934年，进口外国水泥减少了13.3万吨，其中主要是日本水泥。而全国中资工厂的产量则增加了9.4万吨。[①] 当时国内新闻报道也论及税率提高后外国水泥的销售情况："水泥业为我国主要工业之一，年来自海关税率增高，外货已被拼绝。"[②]

国产水泥价格也相对稳定，基本保持在每桶6～7元，如中国水泥公司出品的泰山牌水泥市价为每桶6.1元，唐山马牌水泥市价为每桶7.1元。[③] 这种价格、销量稳定的局面一直维持到抗日战争爆发。

税则修改对华商水泥公司的水泥销量及价格也产生了很积极的影响。1933年5月，华商公司记录道："查水泥售价，并因三公司竞销，及外货充斥关系，一再降价，曾于六十三次董事会时报有案。自政府实行修正进口税则后，水泥进口税率，较原额增至一倍有奇。此后外货进口不免感受影响，国货水泥，或可因此转机。泰山牌袋泥售价，遂自本月二十三日起，每袋增银7角4分。本牌袋泥，亦自4元2角至4元9角6分。桶货亦酌量增加。"[④]

国内最大的水泥企业启新洋灰公司高度评价提高关税的意义，认为进口量减少"殆不在社会之抵制外货，在关税增加所收之效果也"。[⑤] 可以说，提高关税已经起到了减少外国

---

① 申报年鉴社编《申报年鉴》，1936，第718页。

② 《华北走私变本加厉，我国工商业受害无穷》，《国际贸易导报》第8卷第5号，1936年5月15日，第229页。

③ 何炳贤：《民国二十三年中国工商业的回顾》，《工商半月刊》第7卷第1期，1935年1月10日，第16页。

④ 《上海水泥公司会议录》，上海社会科学院经济研究所藏《刘鸿生企业档案资料》，卷号02-006。

⑤ 〔日〕久保亨：《走向自立之路》，中国社会科学出版社，王小嘉、朱荫贵译，2004，第208页。

水泥进口的作用。

当时的贸易部国际贸易局局长何炳贤在回顾 1934 年国内工商业的发展时说，1934 年国产水泥"比较稳定，产量虽有减少，可是销量则大有增加"，"本年（1934 年）国产水泥销路，实较去年为活跃，因之市价也颇为稳定"。他认为 1934 年国产水泥销路比较畅旺的主要原因，"实在我国进口水泥加税以后，外国水泥在中国市场上的售价不得不连带提高，进口也随之减少，无形中给予国产水泥不少的帮助"。据当时的海关册记载，1934 年 1 月到 11 月，中国进口水泥仅 67.8 万公担，约相当于 1933 年同期 52%；价值为 87.5 万关金单位，约相当于 1933 年同期 44%，这就是说，中国进口水泥 1934 年已减少到不足 1933 年的一半。[1]由此我们可以看到提高关税在抵制外国水泥倾销方面的积极作用。

三 "统制经济"

统制经济是指国家以行政手段对经济实施干预，并以政治的力量组织、统率和指导全国经济。[2] 它的指导思想是主张国家应对生产和市场环节进行有限度的干预，使经济得以有序地进行，从而减轻经济危机的打击。那么，统制经济如何传播到中国？对当时中国经济发展产生了何种影响？它与南京国民政府反倾销行为又有何联系？下文以 20 世纪 30 年代广东省营企业广东士敏土厂为样本进行考察，从统制经济

---

① 何炳贤：《一年来的中国工商业》，《国际贸易导报》第 7 卷第 1 期，1935 年 1 月 10 日，第 16 页。

② 郑会欣：《战前"统制经济"学说的讨论及其实践》，《南京大学学报（哲学·人文科学·社会科学版）》2006 年第 1 期。

理论的产生、统制经济的形成及广东士敏土厂所实行的水泥统制诸方面进行分析和研究，从而揭示统制经济在近代中国抵制外国水泥倾销方面的积极作用。

统制经济思想的形成与发展

统制经济思想在中国大行其道是与当时国际大环境和国内经济状况密切相关的。1929 年世界经济危机爆发后，主要资本主义国家陷入严重的经济危机，不得不寻找自由市场经济的出路，各国学者和政要都在寻找解除危机的办法，其中最引人注目的就是意大利、德国、美国和苏联等实施的所谓统制经济政策。一时间，统制经济成为国内学者、工商界人士及政要心中救国的一剂良方，国内的舆论也大肆宣扬统制经济。在这样的国际背景和国内舆论环境下，统制经济思想在国民党政府官员和民间学者中迅速流行开来。

国民党官员中，持统制经济思想者可划分为两类：一类是汪精卫、蒋介石等国民党主要政治和军事领导人，他们希望在中国建立独裁专制的统制经济体制；另一类是以宋子文、陈公博以及后来加入国民党的吴鼎昌等人为代表的政府高级官员，他们主要偏重于对统制经济思想进行理论和可行性探讨。[①]

蒋介石作为国民党主要的政治和军事领导人，对统制经济思想的兴趣产生于希特勒在德国上台之后。德国在希特勒上台后，统制经济政策取得了很大的进展，蒋介石对此极为欣赏，特别是德国"要大炮不要黄油"的重点发展国防力量

---

① 陶宏伟：《民国时期统制经济思想与实践》，经济管理出版社，2008，第 23 页。

的经济模式，与当时中国在很大程度上一致。蒋介石也认为"中国之工业发展，应偏重于国防方面"，并多次强调"中国的经济建设只有在军事建设的基础上才能实现"。因此对蒋介石来说，不仅"法西斯主义就是现在中国所需要的东西"，是挽救中国衰退的"兴奋剂"，而且统制经济也是发展中国的经济良方。① 总体来看，蒋介石的统制经济思想是与其独裁专制的政治企图结合在一起的。他的政治主张延伸到经济领域，就是为了让经济为政治服务，为了掌握国家财政、巩固其统治；就要让国家资本成为经济中的主导力量，由政府来主导、控制国家经济。

汪精卫的统制经济思想基本上沿袭了孙中山的"发达国家资本，节制私人资本"的思想。他认为国民政府要注意国家资本和私人资本两个方面的统一："我们所需要研究的，是如何制造国家资本，使得从事经营大工业，如何保护私人资本，使得从事中小工业。须知道国家所要办的大工业，其担负已经很重，其势不能对于其他中小工业，皆一一担负起来，其势不能不放任于私人资本。若国家不加以保护，则必无生长发达之可能。而大工业既由国家来办，则节制资本的要旨，已经把握得住了。"②

宋子文是国民党统制经济理论的创始人，他作为负责金融、财政和经济建设的主要官员，在其政府报告和演讲中，多次提出政府直接介入、干预社会经济的主张。1933 年，在宋子文的努力下，国民党政府改组了全国经济委员会，扩大

① 陶宏伟：《民国时期统制经济思想与实践》，经济管理出版社，2008，第 33 页。
② 陶宏伟：《民国时期统制经济思想与实践》，经济管理出版社，2008，第 32 页。

其职权，并对全国棉业、丝业等农产品实行统制经营。他认为，只有依靠国家政权的干预实行统制经济，中国千千万万分散的"农者"和"制造者"才能形成整体，才能阻遏外国经济势力的扩张、获得生存立足点与发展的空间。若不及时统制棉业，"则对内复兴农村，对外抵御经济侵略，均为空言，国家前途，诚将不堪设想"。①

陈公博在1932~1936年出任实业部部长，在其任职期间，以实际行动支持政府采取统制经济政策。他的统制经济思想最重要的特点是要求政府和民间合作，从而促进经济的发展，"关于经济建设，对于我国原有的生产，采取统制政策；对于我国没有的生产，采取中量生产"。② 他认为统制经济要取得成功，必须要加强人民和政府的合作："非政府和人民合作，统制经济不易成功，我所谓合作，不但是政府和人民要有相互了解，还得要相互的努力。过去在生产者间，以为政府单是剥削人民不能扶助人民，本之近年来的经验，无论哪一个单位的生产，已知道没有政治力量扶助，不能发展。而在政府方面呢，也不应自视力量太大，不体察人民的实况，贸然执行不合理的方针"。统制经济"必得有强有力的政府，要有强有力政府，背后还得要强有力的党。"③

继陈公博任南京国民政府实业部部长的吴鼎昌，则认为在一国实行统制经济最重要的是考虑国家的实际情况，否则

① 《全国经济委员会为统制棉业告国人书》，《纺织周刊》第3卷第41期，1933年，第1248页。
② 陈公博：《为实业计划告国人》，《民族杂志》第1卷第12期1933年12月，第1959页。
③ 陈公博：《统制经济与组织》，《民族杂志》第1卷第11期，1933年11月，第1765~1766页。

的话，"恐怕有百害而无一益了"。① 另外，当时的一些著名学者如翁文灏、胡适及丁文江等，都纷纷撰文呼吁要根据国家的实际经济情况制定可行的建设计划。

20 世纪 30 年代，中华民族处于内忧外困的艰难时期，当时一部分知识分子和工商界人士认为统制经济是加强国防经济建设、抵御外来入侵、振兴中华民族经济的救国兴业之策。一时间，统制经济思想迅速流行起来，并对经济政策的制定与实施产生了重要影响。

马寅初是民国时期著名的经济学家，他的统制经济思想内容非常丰富，主要有以下几个方面。（1）统制经济可以解决资本主义经济中出现的生产过剩问题。马寅初认为世界上最富有之美国，"一面生产所深感过剩，一面却有千百万之工人失业无依"，为什么会产生这种情况呢？"非无经济计划之过耶"，"故救此危局，非赖计划之助不可"，要"使生产与分配各得适当调节，即足达统制之目的。"② （2）统制经济是抵制外货倾销的最有力武器。当时的世界各强国为了扩展本国的贸易，不惜向其他国家进行倾销，使倾销成为当时"国际经济竞争之武器"，而中国又为各国倾销"最好之大市场"。③ 面对此种形势，马寅初认为当时的中国"根本谈不到自由贸易"，"若再主张自由贸易，是自愿为外货之尾闾，而国内气息奄奄，脆弱不堪之工业，反将因此而促其夭亡"。④ （3）实行统制经济政策是中国唯一的强国之路。马寅初认为

---

① 吴达铨：《统制经济问题》，《纺织周刊》第 3 卷第 14 期，1933 年，第 1226 页。
② 马寅初：《中国经济改造》，商务印书馆，1935，第 196～198 页。
③ 马寅初：《中国经济改造》，商务印书馆，1935，第 196～198 页。
④ 马寅初：《中国经济改造》，商务印书馆，1935，第 196～198 页。

在当时的国际经济形势下，"贫弱之国，除统制之外，殊无法抵抗其潮流也"，"中国欲以自由竞争政策发展其实业，势已不能。然则中国经济之出路，只有统制经济之一途"。他甚至说："舍统制政策计划行事外，别无他道。"①（4）组织同业公会。马寅初还提出了"利用同业公会，推销国货"的主张，即由政府出面将一定数量的营业商店组织成为各同业公会，纳入商会组织，并对其进行监督指导，由商会统率指导同业公会，"庶政府及工商业成一整个意志贯注富有活动力之一有机体。"② 这样政府不必有实施统制之名，而收统制之效。在商会及各同业公会组织健全、思想统一之后，由同业公会规定办法，业内企业均须以贩卖国货为主旨，如果有必须贩卖洋货的，必须经过同业代办，各商号购买行销存货的数量，都必须按期报告公会登记，公会转报商会登记。政府由此可以掌握各行业的销售情况，可以随时设计指导如何减少洋货、以国货代替洋货，并达到最终以全体国民的统一意志来有效抵制洋货倾销的目的。这就是马寅初的对外贸易统制思想。在当时各国多利用倾销政策推销其本国商品的国际贸易形势下，这不失为一种抵制各国倾销、保护本国民族经济发展的强有力武器。③ 马寅初的统制经济理论，反映了经世致用的经济学家希望以国家力量尽快摆脱资本主义经济危机、加快中国的经济建设、使中国尽快走上一条民族工业蓬勃发展之路的美好设想。

---

① 马寅初：《中国经济改造》，商务印书馆，1935，第196～198页。
② 马寅初：《世界经济恐慌如何影响及于中国与中国之对策》，《东方杂志》第32卷第13期，1935，第19页。
③ 转引自陶宏伟：《民国时期统制经济思想与实践》，经济管理出版社，2008，第106页。

同时代著名的学者兼官员刘大钧也认为当时的中国必须部分实行统制经济，并通过对一些重要行业的统制经营，达到发展国民经济的目的。刘大钧认为，中国采取法币制度以后，并不能解决国际贸易的逆差问题，不能促进出口和吸收外资，来平衡国际收支。这主要是因为中国经济有三个病症无法解决：一为经济衰败；二为经济畸形；三为经济脉络不流通。因此，"要流通经济脉络，必须有相当的统制"。他认为如果能对重要行业如交通、金融及贸易三方面进行统制经营，就可贯通经济脉络，解决经济问题，发展国民经济。①

另外，当时的实业界领袖穆藕初也支持中国实行统制经济。他认为当时的中国经济已濒于全面破产的边缘，工业奄奄一息，农业凋敝不堪，民生艰难，国本动摇，而列强又正虎视眈眈，无不想以其强大的经济力量控制中国，"若此时我国而尚不准备实施统制经济，以有计划之行动，打破当前经济之紊乱状态，则长此以往，国脉民生，断难延续，其结果必沦于列强经济共管之惨局"。②

但在当时社会中，对统制经济思想也不乏怀疑和抨击的声音。如有人就认为在当时中国政治格局和经济状况下，"当局于统制经济之实行，如视为学步欧美，趋赶潮流，甚或巧借新名，集中权力，太阿在握，取利私图"。③ 著名学者丁文江也认为中国并不具备实行统制经济的条件。认为如欲实施必须具备几个条件：第一，要有一个真正统一的政府；

---

① 刘大钧：《中国今后应采取经济统制政策》，《经济学季刊》第 1 期，1936，第 1～16 页。
② 穆藕初：《统制经济与中国》，《银行周报》第 17 卷第 37 期，1933 年 9 月 26 日，第 8 页。
③ 《如何实行统制经济》，《大公报》（天津），1933 年 9 月 10 日，第 2 版。

第二，要收回租界，取消一切不平等条约；第三，行政制度必须现代化，要有廉洁的官吏、健全的行政组织，掌握政权的人要相信科学技术。[①] 吴鼎昌更是一针见血地指出，虽然"统制经济是物质文明发达后事实上所当然需要者……现代式国家非有一种经济政策及计划，用统治力控制不可"，但若执政者制定一些不能实行的计划，或者根本就没有计划，只是挂起统制经济的招牌，最终无非是"养了无数统制官吏，费了无数统制经费，只得一个扰乱经济之结果，造成一种摧残经济事业而已"。[②]

广东省水泥业的统制政策

20 世纪 30 年代，受世界经济危机影响，国内经济一片萧条，众多民族企业纷纷陷入停产、破产境地。由于国内市场有限，众多企业为争夺有限的市场而展开了你死我活的白刃战。地处中国南疆的广东市场，一时间成为一块令国内水泥业垂涎的肥肉。当时，广东省政府视广东市场为其禁脔，为增加本省水泥企业的销售量，决然实行统制经营，禁止国内其他水泥企业在本省销售，违令者会被处以重罚或被强行没收财产。此令一出，举国哗然。国内民族水泥企业联合组织——中华水泥厂联合会对此提出强烈抗议，多次呈文实业部，指责广东省政府的统制政策违背经商自由的方针。[③] 广

---

① 丁文江：《实行统制经济制度的条件》，《大公报》（天津），1934 年 7 月1 日，第 2 版。

② 吴达铨：《统制经济问题》，《银行周报》第 17 卷第 37 期，1933 年 9 月 26日，第 5 页。

③ 《实业部等部办理中华水泥厂请撤销广东省水泥统制案有关文件》，中国第二历史档案馆编《中华民国史档案资料汇编》第五辑第一编·财政经济（六），江苏古籍出版社，1994，第 421～426 页。

东省政府则出面辩解说，实施统制政策实属情不得已。[①] 双方各持己见，为此事大打口水官司。经济学界也被卷入争论的漩涡，对该政策的评价毁誉参半：褒者誉其为一种"经济自卫"方式，"不失为救急办法"，并"颇可借鉴"；[②] 贬者则斥其为"经济割据"，是"从事于离心离德的建树"，并"必定造成一个自给自足的省份，造成一个闭关自守的小国家"。[③] 争论因此逐步升级，甚至惊动了南京国民政府高层，财政部部长孔祥熙、实业部部长陈公博都曾关注此事，最后在蒋介石的直接干预下，此桩公案才得以了结。[④] 那么，为何广东省的统制经济政策会引起社会各界乃至国民党高层的重视呢？我们又应该如何审视广东省的统制经济政策呢？

20 世纪 30 年代，统制经济思想在中国传播开后，引起了一些地方政府要员的重视。他们以其独立区域为实验场，在其有效控制的范围内进行统制经济的实践，其中比较成功的就是控制广东省的陈济棠。

陈济棠主政广东期间（1929～1936 年），为了巩固其在广东的地位，积极进行经济建设，使广东省一时成为全国的楷模，更有不少人称陈济棠主粤的 8 年为广东新工业的"黄

---

① 《实业部等部办理中华水泥厂请撤销广东省水泥统制案有关文件》，中国第二历史档案馆编《中华民国史档案资料汇编》第五辑第一编·财政经济（六），江苏古籍出版社，1994，第 421～426 页。

② 马寅初：《中国抵抗洋货倾销方策之我见》，《银行周报》1933 年 18 卷 37 期，1933，第 12 页。

③ 陈真：《中国近代工业史资料》（第三辑），生活·读书·新知三联书店，1961，第 1175 页。

④ 《实业部等部办理中华水泥厂请撤销广东省水泥统制案有关文件》，中国第二历史档案馆编《中华民国史档案资料汇编》第五辑第一编·财政经济（六），江苏古籍出版社，1994，第 421～426 页。

金时期"。① 这种局面的产生有三个方面的背景。

第一，广东利用当时特殊的国际经济形势发展民族工业。经济危机爆发后，发达资本主义国家虽经多方努力，经济仍未能完全复苏，为了本国产业的发展，许多资本主义国家的工业资本开始向世界各地寻求出路，它们将机器设备、原材料低价向世界各国推销，从而形成了激烈的竞争。对于需要进口机器设备的中国企业来说，这无疑是发展本国产业的良机，陈济棠抓住这个有利时机，进口了大批价格低廉的机械设备，创办了各类省营企业。

第二，广东省内稳定的政治局势有利于经济的发展。陈济棠主粤时期，广东各派军阀相互争斗的局面结束，全省统一的局面开始形成；长期为祸广东的军阀混战和由此引起的交通不便的混乱状况有很大改观，广东省相对稳定的形势为发展经济创造了良好条件。

陈济棠在《广东省三年施政计划提议书》中，声明了他在经济建设方面的原则是"厚集政府力量，发展国民经济。更藉国家经济之力量，为人民造福，发展国民经济"。他认为，"政府应直接办理大规模之农场、矿场、工厂。其由人民投资兴办者，则加以特别之保护"。② 可见陈济棠发展经济的重点是兴办省营工业体系，尤其是大力发展各项投资少、见效快、销路好、利润高的行业。

第三，对省营经济采取统制政策，有效地抵制了外国商品在广东省的低价倾销竞争，促进了省营经济的发展。1932年，为建设"模范新广东"，陈济棠提出《广东三年施政计

---

① 黄增章：《民国时期广东省营工业概况》，《广东史志》1989 年第 2 期。
② 广东省档案馆编《陈济棠研究史料（1928～1936）》，1985，第 139 页。

划大纲草案》，该计划以经济建设为主要内容，明确规定
"三年计划系以经济为重心"，包括"整理"和"建设"两
方面，对过去的进行整理，对未来的进行建设。建设又分为
乡村、城市、交通建设，并且由地方政府直接投资兴办了一
些现代企业，有效地带动了广东整个地区经济的发展。计划
于 1933 年 1 月 1 日起开始施行。该计划中列有十分详细的进
度表，对财政、经济、交通等方面各个年度的工作任务，都
有较具体的规定，可操作性很强。

　　对广东省的经济建设有直接促进作用的是经济统制政策
的实施。为确保省营企业的主导地位，陈济棠决定对当时社
会经济的重要门类如财政、金融、外贸、盐务、工业、农业
等各方面实行统制经营。

　　（1）工矿业统制。主要措施有：设立工业改进委员会，
办理全省工业编制事宜；范围以工厂为限，不包括家庭工
业与手工业；提高进口商品税率，并限制新工厂之设立；
凡受统制的工厂，其生产额及出口价格，由主管部门临时
核定，不能竞制竞卖，其运销也由主管部门监督及指挥。
（2）外贸统制。主要措施为政府控制进口货物，以货易货，
禁止现金出口。（3）商业统制。改组省市商会及商行，规
定其须受政府统制及指挥，并由省经济建设委员会派人参
加，商会及商行按月将工作计划向政府报告。（4）糖业、
卷烟统制。为保护省营糖厂的生产和销售，遏制洋糖走私，
一方面对洋糖实行"专税"限制，增加其成本，限制进口；
另一方面以政府设厂制糖、农民种蔗、商人运销的模式，
保证"官糖"的垄断地位。卷烟统制方面，设立广东省卷
烟业统制委员会，规定无论华洋卷烟未经该会许可，不得
在省内销售。不仅如此，广东省政府还建立起各种反对外

国产品进口的关税壁垒和抵制国内其他省份货物进口的高额税率防线，以求打通省营企业产品的销路并由省营企业绝对控制广东市场。这种保护省营资本、加强国际贸易的重要经济统制方法，1934 年下半年在广东省范围内全面实施。

为了保障统制经济的实施，广东省政府设立了国货推销处，下辖糖业、水泥、钨砂、肥料、纺织等部，这几个部的工作取得显著的成效，特别是以糖业、水泥、钨砂三部收入最好。在 20 世纪 30 年代中期，各部月均收入达 200 万元。[①] 至 1935 年，广东省的施政计划基本得到了很好的执行，总计设有工厂 22 处，分别为：士敏土厂 2 处，蔗糖厂 4 处，电力厂 2 处，以及缫丝厂、丝织厂、呢绒纺织厂、烧碱厂、磷酸肥料厂、氮气肥料厂、硫酸厂、造纸厂、钢铁厂、酒精厂、啤酒厂、棉纱厂、麻布厂、炭气引擎制造厂各 1 处。[②]

广东士敏土厂是广东省营重点企业，它的快速发展是和广东省政府的统制政策分不开的。

广东士敏土厂的前身是 1907 年开始筹建的河南士敏土厂。1905～1906 年，岑春煊主持广东政务，他观察到广东省建筑用水泥全部依靠进口，外国水泥销量很好，供不应求，利润很高。于是他决定在广东兴办士敏土厂。岑春煊募得资金共 120 万银元，委派洋务督办温宗尧向德国礼和洋行定购日产 500 桶生产能力的立窑生产设备。至 1911 年，该厂突破重重阻力正式投入生产，士敏土厂的建立改

---

① 《贸易》，载《中行月刊》第 9 卷第 3 期，1934 年 9 月。转引自张晓辉：《民国时期广东社会经济史》，广东人民出版社，2005，第 170～179 页。

② 张晓辉：《民国时期广东社会经济史》，广东人民出版社，2005，第 183 页。

变了广东水泥市场上进口水泥一统天下的局面，成为我国最早的省办水泥厂。[①]

第一次世界大战后，随着民族工商业的迅速发展，广东水泥需求量大幅增加。当时河南士敏土厂因为技术落后，设备陈旧，产品质量极不稳定，每天水泥产量仅 35 吨左右，占市场份额不到 10%。[②] 国产水泥在品质和数量上都不能满足市场的需求。

1928 年，南京国民政府铁道部准备铺设粤汉铁路，将其作为国家基础设施建设的重点工程。该工程水泥需求量很大，为做好建设前期物资准备工作，南京国民政府于当年 3 月派专人到广东省考察水泥供应情况，发现当时广东省境内仅有建立于 1907 年的河南士敏土厂，该厂设备陈旧，管理落后，产品质量低劣，日产水泥仅 35 吨（约合 205 桶）左右，远远不能满足粤汉铁路建设的需要。[③] 要解决建设用水泥问题，有两个途径：一是从国外或省外进口水泥，一是本省自建大型水泥厂来满足铁路建设的需要。经过广泛征求意见，广东社会各界一致认为，乘着修筑粤汉铁路的机会建设大型水泥厂，这对广东省水泥业的发展来说是一个千载难逢的机遇。[④] 但对于以何种方式创办水泥厂，大家意见分歧较大。有人主张商办，有人主张官办，也有人主张官商合办，内部

① 卢征良、柯伟明：《20 世纪 30 年代广东省营企业统制经营问题研究》，《民国档案》2017 年第 1 期。

② 卢征良、柯伟明：《20 世纪 30 年代广东省营企业统制经营问题研究》，《民国档案》2017 年第 1 期。

③ 卢征良、柯伟明：《20 世纪 30 年代广东省营企业统制经营问题研究》，《民国档案》2017 年第 1 期。

④ 卢征良、柯伟明：《20 世纪 30 年代广东省营企业统制经营问题研究》，《民国档案》2017 年第 1 期。

意见极不统一。① 广东省政治分会议决定，由省政府出面来组织和创办新的水泥厂，并由省银行垫付该厂创办资金。② 因其厂址位于广州西村，故名西村士敏土厂。

1932 年 6 月，西村士敏土厂竣工，广东省政府任命刘鞠可担任厂长。同年 7 月，西村士敏土厂开工生产，其水泥产品由于质量较好，销量不错，获利颇丰。据统计，西村士敏土厂每日可生产 1200 余桶③，加上改建后的河南旧厂每日生产 400 余桶，两厂合计 1600 余桶。④ 尽管如此，水泥产量还是不能满足广东市场对水泥的需求。广东省政府为此决定扩大生产规模，于 1932 年 11 月从丹麦史密斯公司购买一副土磨，广东士敏土厂每日产量增加到 440 吨（合 2588 桶）。⑤ 1936 年士敏土厂又购进制土窑机一套，使日产量增加到 660 吨（合 3882 桶），成为全国来看也颇具规模的现代化水泥工厂，这样才基本解决了广东省的水泥需求问题。⑥

---

① 卢征良、柯伟明：《20 世纪 30 年代广东省营企业统制经营问题研究》，《民国档案》2017 年第 1 期。

② 卢征良、柯伟明：《20 世纪 30 年代广东省营企业统制经营问题研究》，《民国档案》2017 年第 1 期。

③ 近代水泥业的统计数据并非十分精确，由于统计口径及统计方式的不同，有时数据存在一定的出入，这不会影响对水泥业的趋势分析。另外近代水泥的计量单位也极不统一，本文的计量单位一般都是按照原表，没有进行转换。近代水泥常用计量单位转换如下：1 公吨 = 1 千公斤 = 10 公担 = 20 市担 = 2000 市斤；1 市斤 = 1.1023 英常磅；1 桶 = 170 公斤 = 375 英常磅；1 袋 = 85 公斤。见《中外度量衡简便折合表》，载《中华民国法规大全》，商务印书馆，1936，第 3588~3597 页。另外，本节的货币计量单位均为广东银毫，如为法币均特别注明。

④ 卢征良、柯伟明：《20 世纪 30 年代广东省营企业统制经营问题研究》，《民国档案》2017 年第 1 期。

⑤ 卢征良、柯伟明：《20 世纪 30 年代广东省营企业统制经营问题研究》，《民国档案》2017 年第 1 期。

⑥ 卢征良、柯伟明：《20 世纪 30 年代广东省营企业统制经营问题研究》，《民国档案》2017 年第 1 期。

生产问题已经解决，那么应该采用什么样的经销方式呢？最初广东士敏土厂水泥销售业务由专设的营业课来负责，1932 年决定改由安兴公司为总代理商进行承销。[①] 1933年 2 月，政府在与安兴公司的全权推销合约期满后即将其代销权收回，另设立士敏土营业处作为专职销售机关，直接隶属于广东省政府建设厅，主要职责为办理水泥推销事务及水泥入口许可证的发放。[②] 该处主任由省建设厅呈报省政府任命并综合管理营业处日常事务。士敏土营业处是水泥经销的核心机构，对广东省的水泥专卖起着至关重要的作用。

1934 年广东省政府设立"国货推销处"，规定广东省营各工厂出品、专营产品以及其他受委托推销的国货均由其负责推销。该处归广东省政府直接管辖，广东省建设厅负责监督。[③] 陈元瑛（时任广东省建设厅主任秘书）担任该处经理。国货推销处成立后，原来的士敏土营业处和钨矿专营处随之撤销，另在国货推销处下分设士敏土部和钨矿部。

随着广东省其他省营工厂的建立，省营工业产品日渐增多。1935 年 4 月，广东省政府改国货推销处为"广东省营物产经理处"。该处除统一经销各厂产品外，还负责采购原材料及订购机器设备，该处下设士敏土部，专职负责推销水泥。[④] 广东省营物产经理处的成立标志着广东省统制经营政

① 《核准本省西村河南士敏土厂与安兴公司订立全权推销合约》，《广东省政府公报》第 188 期，1932，第 125 页。
② 《广东士敏土营业处办理专营业务章程》，广州市档案馆藏，卷号 130，期号 227，第 7 页。
③ 《修正广东省国货推销处组织大纲》，《广东省政府公报》1933 年第 256 期，第 10 页。
④ 《修正广东省国货推销处组织大纲》，《广东省政府公报》1933 年第 256 期，第 10 页。

策已臻成熟，而士敏土部的设立也表明广东省政府对水泥事业的发展及水泥经销的重视，表明其水泥统制的力度在日渐加强。

广东省政府还采取差别税捐的措施，以加强水泥销售。1933年初，广东省政府为限制进口水泥数量，通过实行水泥进口许可证管理的方法，把很多水泥厂家阻挡在广东市场之外。[1] 同年6月，广东省政府又规定，所有由外国或外省进口的水泥，都必须照章完纳大学附加税（标准为进口水泥每桶重300斤的征收毫银9角，每包重量不超过200斤的征收6角），并在领有广东士敏土营业处发放的入口许可证后方可获准在广东市场销售，否则一概认定为私运性质。而一旦被认定为私运，除将货物充公没收外，还要根据情节的轻重处以10至50倍的罚金。而那些情节严重并且屡教不改者，除加重罚金外还要"送官究治"。而广东士敏土厂生产的五羊牌水泥则免交一切税捐。[2] 正是通过这种差别税捐，广东省政府把竞争水泥企业阻挡在省境之外。这些措施在1930年代初期产生了直接的效果，广东士敏土厂销量及利润大幅度增长。

但是随着世界经济危机的加深，国内经济也不景气，工厂倒闭、工人失业的惨景日趋增多，国内建筑工程随之减少，水泥消费量也开始缩减。与此同时，大量外国水泥通过走私渠道被贩运到国内销售。一些不法商人甚至利用中国民众的爱国心理，将外国品牌水泥伪装成国货品牌在广东省低

---

① 《修正广东省国货推销处组织大纲》，《广东省政府公报》第256期，1933，第10页。
② 《修正广东省国货推销处组织大纲》，《广东省政府公报》第256期，1933，第10页。

价倾销，对国产水泥市场造成了极大的冲击。另外，部分政府机关则利用其享受进口水泥免税的特权，舍弃国产水泥不用，前往香港购用外国水泥。[①] 受这些因素的影响，五羊牌水泥销售愈显困难。在此期间，广东士敏土厂的生产能力却处于极速扩张的状态。1934 年 4 月，广东士敏土厂 2 号水泥生产线建成投产后，广东士敏土厂水泥日产量增加了 1 倍[②]，这使该厂的水泥可以完全满足全省的需求并且还略有剩余。

如何处理广东水泥市场这种供过于求的问题？广东省国货推销处经理、西村士敏土厂经理联袂要求政府采取更严厉的措施，保护省营企业的销售市场。他们认为，发展水泥工业的根本之法，"非实行统制政策不为功"。[③] 他们的呼吁引起了广东省政府的高度重视，1934 年 7 月 4 日省政府采取了旨在保护水泥市场的更严厉的统制经济政策，其主要措施如下。

（1）提倡使用国产水泥，减少外国水泥用量。广东省政府强制命令政府各机关在进行工程建设时必须尽量采用五羊牌水泥，少用外国水泥，另根据不同情况给予政府机关所用水泥以不同的优惠。在此以前，政府建筑工程采购水泥时，由国民政府西南政务委员会发给免税护照，然后往香港凭护照购买免税外国水泥。根据广东省政府修改后的规定，如果

---

① 《训令市辖各机关奉省府令饬购用西村士敏土厂所出之五羊牌士敏土仰遵照办理由》，广州市档案馆藏，卷号：资 - 政 - 599 - 470 号，第 57～58 页。

② 《训令工务局奉省府令奉西南政务委员会令知凡公共建筑应一律购用广东士敏土厂制土并停止发给购运舶来士敏土免税护照仰遵照由》，广州市档案馆藏，卷号：资 - 政 - 599 - 477 号，第 27～28 页。

③ 《训令工务局奉省府令奉西南政务委员会令知凡公共建筑应一律购用广东士敏土厂制土并停止发给购运舶来士敏土免税护照仰遵照由》，广州市档案馆藏，卷号：资 - 政 - 599 - 477 号，第 27～28 页。

政府机关因工程建筑需用水泥，须先上报省建设厅，给予特价 75 折优惠购买（限广东士敏土厂生产的水泥），即每包 5 元、每桶 7.5 元（原价每包 6.66 元，每桶 10 元）；不申请免税护照的，不能援以为例要求优惠。政府机关所建工程根据合同规定必须使用五羊牌水泥的，不能援例要求特价购买。① 这种特价优惠的方式，一方面降低了政府机关单位的建筑成本，另一方面抵制了外国水泥在广东省市场的倾销，达到了"以维省营事业"的目的。

（2）强制命令地方军事工程建筑用水泥均须采用五羊牌。1934 年 9 月 29 日，广东省政府及西南政务委员会通令全省所属各机关及国民革命军第一集团军总司令部，要求他们的建筑工程，如果"需用士敏土者，应购五羊牌士敏土"，"不得购用外货或别牌之货"。②

（3）强制省内民用建筑工程均须采用五羊牌水泥。1934 年 7 月，广东省政府发布命令，所有的民用建筑工程造价在 1 万元以上的，必须用五羊牌士敏土。1934 年 9 月 28 日，广州市政府发布了更严厉的命令，所有公共建筑应一律购用广东士敏土厂产品，停发"购运舶来士敏土免税护照"。③

（4）杜绝走私水泥，完全取缔外货入口（尤其是青洲龙牌及其他杂牌水泥）。根据《广东省国货推销处士敏土部处

---

① 《训令工务局奉省府令奉西南政务委员会令知凡公共建筑应一律购用广东士敏土厂制土并停止发给购运舶来士敏土免税护照仰遵照由》，广州市档案馆藏，卷号：资－政－599－477 号，第 27～28 页。

② 《训令工务局奉省府令奉西南政务委员会令知凡公共建筑应一律购用广东士敏土厂制土并停止发给购运舶来士敏土免税护照仰遵照由》，广州市档案馆藏，卷号：资－政－599－477 号，第 27～28 页。

③ 《训令工务局奉省府令奉西南政务委员会令知凡公共建筑应一律购用广东士敏土厂制土并停止发给购运舶来士敏土免税护照仰遵照由》，广州市档案馆藏，卷号：资－政－599－477 号，第 27～28 页。

罚舶来士敏土私运章程》规定，所谓走私水泥是指：一是非广东省生产的水泥；二是未领有入口许可证而进口的水泥；三是与入口许可证所列条件不相符合、明显有蒙混行为的水泥；四是运销本省产水泥但明显混杂有外来水泥的。[①] 当时在广东水泥市场上这些走私行为普遍存在，甚至很猖獗，如汕尾、广昌等地的水泥经销店，以其他品牌的水泥冒充五羊牌在广东市场上销售，不仅搅乱了市场，也给广东士敏土厂的水泥销售及声誉带来不良影响。1934 年 7 月 13 日，在广东省国货推销处的提议下，广东省政府决定对外来水泥采取更为严厉的处置措施：如果这些水泥无入口许可证，一律照外来水泥偷运章程处罚，并将该类案件移交法院，由法院从重处理。[②] 很明显，广东省政府想以法律的威严来震慑这些无证偷运行为。

（5）建立公仓制度。广东省政府效法传统食盐专营方式，制定一系列政策以保证本省水泥的生产与销售。根据规定，凡外来水泥进入广东境内，首先必须由该水泥业营运商（凡经营水泥业者均称为营运商）到广东省国货推销处士敏土部领取入口许可证，方准进入广东市场。[③] 这些领有许可证的水泥必须存储在指定的公仓，需要外销时，须领取运销证，才能够提取销售，否则会被视为私运并受到处罚。营运商存放在公仓的水泥数量必须登记，销售数量在 50 斤以上

---

① 《广东省国货推销处士敏土部处罚舶来士敏土私运章程》，《广东省政府公报》第 274 期，1934，第 94 页。

② 《广东省政府第六届委员会第二百七十三次议事录》，载王美嘉编著《民国时期广东省政府档案史料选编》（三），广东省档案馆，1987，第 564～566 页。

③ 《广东士敏土业营运取缔规则》，《广东省政府公报》第 274 期，1934，第 85 页。

须有发货单，否则作私运水泥论处。广东省政府在广州、汕头及四邑三市设立公仓。公仓还承担着办理水泥缉私和负责发给证照等职责。公仓设管理主任一人，办事员及雇员若干人，直接归国货推销处士敏土部管理。[①] 另外，国货推销处选择信誉较好、实力较为雄厚的 12 家商店作为广东全省水泥营运商，并由营运商在所辖区内各市镇组织分销商负责推销事宜。[②] 从上述规定可以看出，公仓制度的主要作用在于杜绝水泥走私及调节水泥价格。

此外，广东省政府还采取了一些其他措施，如重新制定代理制度（实行负责代理制），增加代理佣金，限制库存数量以防止建筑商囤积水泥牟取暴利，制定公开价格使私商不能哄抬市场物价等。[③]

广东省政府在水泥业的统制经营方面总体上看是成功的，虽然一些企业在经营过程中还是存在不规范的行为。一些汕尾、广昌的营运商，以其他品牌的水泥冒充五羊牌在广东市场上销售，从而给广东士敏土厂的产品销售造成了一定的影响。广东省政府严厉的统制经济政策还是取得了较好的效果。

（1）进口水泥销量减少，国产水泥销量增多。广东省水泥进口量在 1926～1932 年持续增加，1926 年尚只为 94.5 万担，1932 年即增长到 265.2 万担。但是从 1933 年起水泥进口量开始锐减，该年仅为 131.3 万担，仅相当于 1932 年的一

---

① 《广东省国货推销处士敏土部士敏土运销规则》，《广东省政府公报》第 274 期，1934，第 87 页。

② 《广东省国货推销处士敏土部士敏土运销规则》，《广东省政府公报》第 274 期，1934，第 87 页。

③ 《修正统制士敏土章则》，《广东省政府公报》第 274 期，1934，第 84 页。

半；1934 年为 32.9 万担，仅为 1933 年的一半还不到；1935
年为 49.5 万担，1936 年则降为 34.2 万担，基本上进口水泥
不再对广东省的水泥业造成任何威胁（见附表 5-5）。这种
锐减的原因当然是多方面的，特别是和当时南京国民政府所
施行的关税政策有着密切的关系。但是广东省进口数量的减
少也和当时的统制经济有关，由于统制经济限制外国和外省
水泥的进口，以致入境商品非常少。当时的汕头海关就说：
"糖品、水泥及煤油产品，因省政府实行专卖政策，并加以
种种限制，备受桎梏，海关进口统计中，已告绝迹。"① 拱北
海关的统计数据更可以说明："澳门青洲英坭工厂出品之水
泥，向为进口大宗，本年（1935 年）进口锐减，由二万三千
五百九十八公担，降而为一千五百二十四公担，是可知省政
府减少洋货进口政策之运用，业已见效也。"② 可见水泥统制
在限制进口方面的作用是非常明显的。

广东省政府对水泥统制政策在反倾销方面的作用给予了
很高的评价："前以外泥倾销影响，未能发展，为设法补救，
使生产、消费两足相抵起见，乃不得不于二十三年实施水泥
统制之策。施行以来，本省水泥前此饱受外泥倾销之困苦，
渐告昭苏，未始非省营工业前途之福。"③

马寅初也认为统制经济是反对外国水泥倾销的利器。在
广东省实行统制经济以前，"每月水泥消费量约为五千万桶"，

---

① 《民国二十四年海关贸易概况》，载中国第二历史档案馆编《中国旧海关史
料》（1859-1948）（第 118 册），京华出版社，2001，第 74 页。
② 《民国二十四年海关贸易概况》，载中国第二历史档案馆、中国海关总署办公
厅《中国旧海关史料》（1859～1948），京华出版社，2001，第 82～83 页。
③ 《实业部等部办理中华水泥厂请撤销广东省水泥统制案有关文件》，载中国
第二历史档案馆《中华民国史档案资料汇编》第五辑第一编·财政经济
（六），江苏古籍出版社，1994，第 427～428 页。

"皆大都仰给洋货"。统制经济在广东省实行以后，"该省政府设厂自造，每月已可供给二千万桶，现在更计划扩充，俾生产量能再增加三千万桶，以达完全自给之目的"。广东省水泥由依赖进口到完全自给，不能说不是一个很大的进步，所以马寅初认为这种反倾销方式"不失为救急办法"，并"颇可借鉴"。[①]

（2）广东士敏土厂利润增加。1933～1936年，上海地区的水泥平均销售价格均在4.38元（法币）左右，而广东五羊牌水泥售价则达到8.33元（见附表5-7）。该厂能获得丰厚的利润，首先要归功于其对市场的垄断。当时在广东统制经济条件下，每桶水泥平均市价约10元（毫洋），国内其他市场上仅为5元多，省营士敏土厂在1934、1935年的两年中，"至少净利四百余万元，恰合资本支出之数，一本一利，其受益之厚，从未有逾于斯者"。[②]广东省政府委员黄慕松就说，水泥统制政策"行之已有年所，结果非惟无害于民，且有益于国计民生者极大"。[③]

广东省统制经济政策的实行有其时代经济背景，其对广东省水泥业的发展所起的作用是毋庸置疑的。20世纪30年代的中国，内忧外患非常严重，民族企业在外国资本的压迫下生存状况岌岌可危。在这种情况下，广东省营企业的统制经济政策无疑应该算是一种有益的尝试，其在抵制外国商品

---

① 马寅初：《中国抵抗洋货倾销方策之我见》，《银行周报》18卷37期，1933年9月26日。

② 《广东省营士敏土厂概况》，《工商半月刊》第7卷第5期，1935年3月1日，第53页。

③ 《实业部等部办理中华水泥厂请撤销广东省水泥统制案有关文件》，载中国第二历史档案馆《中华民国史档案资料汇编》第五辑第一编·财政经济（六），江苏古籍出版社，1994，第429页。

倾销方面确有其作用。从维护广东省区域经济发展角度来说，统制经济确有它历史的合理性，不失为一种成功的"经济自卫"策略。

但从国家层面来看，统制经济则具有明显的负面作用：统制经济造成了地方经济割据，破坏了国家统一市场的形成，使原本相互紧密联系的各地方经济走向对立；经济割据又进而加剧了地方军阀政治、军事割据局面的形成，从而使整个国家陷入分崩离析的危险。从这个意义上来说，无论广东还是山西的统制经济政策，都不是从国家和全民族利益出发，而是从地方保护主义和行业私利出发，最后必然产生经济割据的结果，这完全和形成全国统一市场经济格局的目标背道而驰。从这个意义上来说，省营企业的统制经营存在严重的历史局限性。

20 世纪 30 年代，上海征信所对国内水泥销售情况进行调查时，就批评广东士敏土厂通过水泥统制经营的办法，通过限制外省各厂水泥产品的入境，"俾得独占两广市场"。[1]与此同时，广东士敏土厂抬高售价，每桶高达 10 元，比外省各水泥公司出品市价高 1 倍。正是在这样的统制经济政策下，广东士敏土厂开办两年来生产量不过 120 余万桶，而盈利已达 500 万元，"诚属骇人听闻"，虽经各公司"签请政府救济，令饬该省取消水泥统制办法，卒无效果"。[2]可见，对这种地方保护主义政策，国内舆论也多有非议。

---

① 《沪市水泥业近况调查》，申时电讯社编《申时经济情报》，申时电讯社，1935，第 35 页。
② 《沪市水泥业近况调查》，申时电讯社编《申时经济情报》，申时电讯社，1935，第 35 页。

第六章 近代中国市场倾销与反倾销 行为的历史检视

以上各章分别对 20 世纪 20～30 年代日本水泥在中国市场的倾销以及民族水泥企业、水泥同业组织、社会各界力量及南京国民政府的反倾销进行了考察。那么，日本商品在华倾销是不是只存在于水泥业呢？当然不是。事实上在其他行业日本商品也存在着一定程度上的倾销（如煤业）和倾销嫌疑行为（如纸、面粉、棉布、硫酸及糖等）。为何日本能在中国市场肆意进行商品倾销呢？中国商品市场不能建立起有效的保护体系吗？从近代水泥工业成功的反倾销实践中，我们又可以得到何种历史启示？

一 近代中国市场日本商品的倾销与倾销嫌疑行为

除了水泥工业，近代中国很多行业也都遭受到日本商品的倾销打击。根据成立于 1934 年的国民政府倾销货物审查委员会审查，日本水泥和日本煤、抚顺煤在中国市场确实有倾销行为，其他很多行业只能认定为存在倾销嫌疑。倾销货物审查委员会的审查结果并不能让工商界满意，他们认为很多行业的日本商品是存在倾销行为的。当然，倾销货物审查委员会对所公布的审查结果自有其考虑，也可能是出于多方面政治经济原因，但作为当时审查倾销行为的权威机构，其结论自有其合理性。现对近代中国市场存在倾销及倾销嫌疑行为进行简述。

日煤的倾销

1929 年世界经济危机发生后，日本煤业也受到很大的影响。为了转嫁其本国过剩危机，日本煤业开始向中国市场大量倾销[1]。日本煤在中国市场的倾销包括两个方面。一是日本国产煤的倾销；二是日资的抚顺煤在中国市场所进行的倾销。日本煤在中国市场销售价格低、倾销幅度大，而且数量巨大。

日本煤及日资的抚顺煤以这样低廉的价格在上海及长江流域一带实行倾销政策，对民族煤业造成了极大的打击，这主要体现在以下几个方面。（1）国内煤的销售价格因日本煤倾销而低落。日本煤在中国市场跌价倾销，抢占了国产煤的市场份额；国产煤为了提高市场份额、增加销量，就只有实行以价格换市场的策略，价格跟着日本煤价一同下跌。（2）日本煤倾销使国产煤的市场份额不断下降。由于日本煤业采取了低价倾销的市场竞争策略，日本煤在中国市场的占有率不断上升，而国产煤的市场份额则不断下降。（3）日本煤倾销使很多民族煤矿企业处于停产、半停产状态。民族煤矿业在日本煤的倾销打压下，"存煤山积，煤商相继倒闭"，矿工减薪事情时有发生，以致引起"工潮"事件。[2]即使是由英资垄断的开滦煤矿，在日煤的倾销面前，"近亦销

---

① 关于日本煤业在中国市场倾销情况，相关内容可参考卢征良：《20 世纪 30 年代日本煤在中国市场倾销原因浅探》，《中国矿业大学学报》2012 年第 2 期；《近代日本煤业在中国市场倾销及其对国煤生产的影响》，《中国矿业大学学报》2010 年第 2 期。

② 李紫翔：《外煤倾销与我国煤工业之前途》，《申报月刊》第 2 卷第 11 期，1933。

路疲滞，存货山积，计秦皇岛达 60 余万吨，汉口达 13 万吨，芜湖达 15 万吨，总计存货达 90 万吨"。这种滞销的状况迫使开滦煤不得不降价销售，"开滦 2 号块煤在今年（1930 年）1 月尚能以 10.66 两的价格销售，但是在 10 月份即跌至 6.5 两每吨"。[①] 即便如此，也有很多产品没办法销售，存货堆积如山，开滦矿务局只好将原有的运煤车 600 辆中的 200 辆退回铁路当局。[②] 资本雄厚的开滦煤矿尚且如此，一般的中国煤矿所受打击就可想而知了。南京国民政府国煤救济委员会指出当时中国煤业的危险局面："各矿商多已陷于周转不灵之危境，若无能见速效之办法，以资抵制，诚恐因滞销而停采停运，矿业废于一旦，失业遍于田野，而仇方之经济侵略，尤足以扰乱金融，全国经济组织必至溃决，其祸患将不知伊于胡底。"[③]

综合以上对日本煤业倾销行为及其危害的考察，可以看到日本煤业倾销并非正常的商业竞争，其实质是一种经济侵略，它的根本目的是为了摧残中国实业，从而垄断中国市场，使中国永远成为日本的商业殖民地。这种倾销已经不是简单的经济问题，它是一种有组织有计划的、以国家为后盾的对华经济侵略，对于这种经济侵略的危害性和残酷性，我们必须保持清醒的认识。

---

① 李紫翔：《外煤倾销与我国煤工业之前途》，《申报月刊》第 2 卷第 11 期，1933。

② 《日货倾销中之日本对外贸易》，《国际贸易导报》第 4 卷第 7 号，1932 年 12 月，第 123 页。

③ 《实业部等处理拒绝抚顺煤鞍山铁进口的有关文件》，载中国第二历史档案馆《中华民国史档案资料汇编》第五辑第一编·财政经济（六），江苏古籍出版社，1994，第 491 页。

纸的倾销

随着近代以来文化、教育事业所取得的长足进步，国内市场对纸的需求也日益增长。中国造纸业虽然获得了很大的发展，但是纸张的供给还是存在很大的缺口。国内对于不同纸张的需求是不一样的，迷信用纸及其他粗纸确实存在生产过剩，毛边纸等书写及簿记用纸则尚能自给。由于各地手工造纸厂及多数使用机器的厂家均仿制此类中式纸张，所以其生产量与消耗量还能保持平衡。质量较差的黄板纸，全国有不止7家厂家专门制造。黄板纸主要用于其他工业部门，而我国工业并不发达，所以黄板纸销路有限，以至呈现出过剩的状况。

中外纸业较激烈的竞争发生在高档纸领域。灰板纸全国只有两家企业可以制造，白板纸及特种加工纸等则完全没有厂家生产。新式印刷纸如道林纸、新闻纸等，以及包皮纸、香烟纸、美术纸等，在国内虽然有少数厂家制造，但产量不多，品质也不好。所以这一类的纸张，多由外国厂商供应，"漏卮甚大"。[①] 在一战以前，洋纸输入以欧美国家为多，当时日本除单独输入洋连史纸以外，其他类型的纸远远落后于各国。一战爆发以后，来自欧洲的洋纸输入减少，日本纸商乘机扩大销售，从而使日本纸在中国的销量跃居前列。

1929年世界经济危机发生后，日本纸在中国的销售更是呈现出飞跃式的增长。之所以会出现这种状况，主要是由于日本国内纸业的生产大量过剩，于是开始向中国倾销纸张以

---

① 陈真、姚洛、逢先知编《中国近代工业史资料》（四），生活·读书·新知三联书店，1961，第532页。

转嫁其本国的危机。一战后，日本的造纸工业得到很大的发展，生产能力有了很大的提高。1913 年，日本有造纸厂 323 所，1922 年增至 427 所；1913 年日本纸业产量为 17.8 万吨，1927 年为 52.4 万吨，1934 年为 79.2 万吨，至 1937 年产量上升到 125.3 万吨，为 1915 年产量的 703.9%，20 世纪 30 年代中期，日本在世界主要产纸国家中已位居第四、第五。[①] 日本国内并不能消化这些增产的纸，所以日本只有将剩余的纸向中国市场进行倾销。

日本纸的倾销给华资纸业造成了很大的打击。由于部分日本纸张与中国机器造纸工业产品近似，因而其对中国同业的影响也最大、危害最重。日本纸倾销造成国产纸销量锐减、价格下跌。全国各地如烟台、天津、汉口、长沙等处，因"日货向各处贬价倾销，汉口且为日货倾销中心，遂亦无法竞争"。[②] 国内纸业"内销极度衰落，遂致一蹶不振，产量亦逐年减少"[③]。造成这种纸业衰落局面的真正原因当然是由于"外货尽量倾销所致"。[④] 江南造纸厂就不堪与该厂产品类似的日纸倾销打击，以致连年亏损，处境艰难。1931 年该厂被迫实行紧缩，将 2 台纸机停开，只开 1 台纸机生产，并遣散职工 100 余人，工厂陷于半停工状态。[⑤]

上海地区的纸业在"九一八"事变以后，在华北市场的

---

① 上海社会科学院经济研究所、轻工业发展战略研究中心：《中国近代造纸工业史》，上海社会科学院出版社，1989，第 60 页。

② 《日纸贬价倾销》，《国际贸易导报》第 5 卷第 8 期，1933 年 8 月 31 日。

③ 《去年洋纸输入总值竟逾一万万两》，《国际贸易导报》第 6 卷第 4 号，1934 年 4 月 10 日。

④ 《日纸贬价倾销》，《国际贸易导报》第 5 卷第 8 期，1933 年 8 月 31 日。

⑤ 《江南制纸厂手册·本厂厂史》，转引自上海社会科学院经济研究所、轻工业发展战略研究中心：《中国近代造纸工业史》，上海社会科学院出版社，1989，第 128 页。

销售几乎完全停滞，即使在个别地方略有市场，也仅及过去销路的十分之一二，[1] 其他如华南及长江流域各地纸业也因日本纸倾销而销路大受影响。上海机器造纸工业各厂产品均系通过纸商外销，纸商营业不振，各厂自然受到不利影响。手工纸的遭遇也类似。上海有专营手工纸的纸行，如怡大、恒通等，其销路以前一向以营口、牛庄、天津等地为大宗，"九一八"事变后的营业状况，"与以前相较，大有天壤之别"。特别是一种黄尖纸，百余年来，盛销于关外及蒙古一带，"九一八"事变以后即绝迹于该地区市场了。[2]

面粉的倾销

甲午战争以前，中国只有 3 家机器磨坊，甲午战争后中国的面粉业取得了很快的发展。到了 1913 年，国内开设的机器磨坊和机器面粉厂达 60 余家。面粉业快速发展的原因主要是中国市场面粉需求增大。另外，1904 年日俄战争爆发，交战双方都需要在我国东北购置军粮，因此面粉在东北极为畅销，这种需求刺激了面粉厂的开设。由于面粉市场在扩大，而在 1912 年以前小麦价格并无大的波动，因而面粉厂的利润十分丰厚。[3]

优厚的利润直接促进了面粉业的发展，1920 年，面粉业

---

① 《申时经济情报》总 14 号、纸业 1 号，1934 年 11 月 9 日，转引自上海社会科学院经济研究所、轻工业发展战略研究中心：《中国近代造纸工业史》，上海社会科学院出版社，1989，第 139 页。

② 陆东野：《上海市之造纸工业》，《社会半月刊》第 1 卷第 16 期，1935 年 4 月 25 日，转引自上海社会科学院经济研究所、轻工业发展战略研究中心：《中国近代造纸工业史》，上海社会科学院出版社，1989，第 139～140 页。

③ 许涤新、吴承明主编《中国资本主义发展史》（第 2 卷），人民出版社，2003，第 672 页。

生产能力比 1913 年增长 2.5 倍。但在一战期间中国资本主义发展的黄金时期过后，面粉业的投资速度放缓。1921～1936年共增设 145 家工厂，新增资本 3413.9 万元，新增日产能力27.3 万包。而同时期歇业者竟达 117 家，其资本 2155.4 万元，日产能力 19.3 万包。两者相抵，增加部分极其有限。另外，从生产能力的增长来看，1921～1930 年，年均增长率仅为 4.5%，而 1931～1936 年则为 -0.12%，1921～1936 年面粉业的生产增长率仅 2.5%。① 中国面粉业衰退的一个重要原因就是外国面粉业的倾销。

洋粉的进口对中国面粉业有重大影响。1921～1936 年外资在华面粉厂的日产能力仅 5 万余包，集中在东北，对华商面粉厂没有构成很大的威胁。但是这一时期外粉的进口数量则增加很多，1922～1928 年平均每年净进口 590 万担，合1650 万包；1929 年净进口达 1191 万担，合 3331 万包，占华商产量的 30%；1931 年共 490 万担，合 1370 万包，价值2400 余万关金单位，1932 年又增至 685 万余担，合 1916 万包，价值约 3100 万关金单位。② 20 世纪 30 年代，外国面粉以极低价格在中国市场进行倾销，其中主要为日本面粉。

日本面粉在其本国售价每包约 3.1 日元，通过长途运输到中国市场后，销售 1 包可得政府补贴 6 角（政府补贴本身就是不当竞争），那么其实价应为 2.5 日元，当时日本汇价大跌，1 日元合华币 8 角。日本面粉每包 2.5 元的市价，在中国市场只需售价 2 元即可收回成本。所以日本面粉在中国

① 许涤新、吴承明主编《中国资本主义发展史》（第 3 卷），人民出版社，2003，第 143 页。
② 陈真、姚洛、逄先知编《中国近代工业史资料》（四），生活·读书·新知三联书店，1961，第 405～406 页。

市场的销售价格远比中国面粉低。中国的民族面粉业由于制造成本比较高，所以难以与日本面粉业竞争。时人报道外国面粉倾销的情况时说："最近外粉在该地倾销，甚为活跃，除澳粉、日本粉外，尚有俄粉、坎拿大粉销更为激烈，甚至每包价格跌至一元八九角者，以致国产面粉去路日狭，存粉愈增，价格低落至二元三角之内，实为数年来空前之低价，同时国麦价格，亦因粉销不振，日趋低落，是以外粉倾销，不仅不利于面粉厂，于我国整个农民经济，实有莫大之关系也云"。[①] 正是在外国面粉业倾销的打击下，中国的民族面粉业日趋走向衰落，[②] "我国面粉业最近因受日俄澳洲暨坎拿大等国麦粉之倾销以致销路被挤，价格低落，出货剩积，影响所及，国产小麦之市价亦随之日益暴跌。"[③]

棉布、纱布的倾销

棉纺织业在近代中国工业部门中占有非常重要的位置。中国近代棉纺织业的发展速度是很快的。1895 年以前，属于民族资本的纱厂只有上海的华新、裕源两家；甲午战争后，在"设厂自救"的呼声中，各地掀起了棉纺织业设厂的高潮，1895～1910 年共增设纱厂 19 家。[④] 第一次世界大战爆发以后，棉纱进口量剧减，由于棉纱业利润较高，民族棉纺织

---

① 《进口贸易：洋麦粉倾销我面粉业之厄运》，《国际贸易导报》第 5 卷第 10 期，1933 年 10 月 31 日，第 265～266 页。
② 陈真、姚洛、逄先知编《中国近代工业史资料》（四），生活·读书·新知三联书店，1961，第 407 页。
③ 《进口贸易：洋麦粉倾销我面粉业之厄运》，《国际贸易导报》第 5 卷第 10 期，1933 年 10 月 31 日，第 266 页。
④ 许涤新、吴承明主编《中国资本主义发展史》（第 2 卷），人民出版社，2003，第 658 页。

业开始迅猛发展起来，国内资本家纷纷筹设或扩建纱厂，一时间形成纱业建厂的高潮。按设备计，1912～1922年，纱机由50余万锭增至近160万锭，平均年增长率为12.1%，布机由2616台增至6675台，平均年增长率为11.0%，增速不可谓不高。[①] 1923以后，由于国内棉纱业危机的影响，棉纺织工业的增速减缓。1923～1924年仅增设2厂、纱机17万锭。1925～1929年5年间增设14厂、纱机约52.3万锭，年均约10.5万锭。到了20世纪30年代，由于东北沦陷和世界经济危机的影响，纱厂建设基本处于停滞状态，纱厂因经营困难而出售、出租、改组的较多，1930～1936年全国仅增设纱厂9家，每年纱机的增长平均不足6万锭。[②] 这一时期影响中国棉业发展的原因很多，但日本棉纱业在中国市场的倾销无疑是一个很重要的原因。

日本纱布输入数额剧增。1931年"九一八"事变发生后，中国国内抗日热情空前高涨，抵货运动风起云涌。即使在这种情况下，日本棉纱布的输入仍然有增无减。1932年上半年日本棉纱布的进口比1931年同期增加1149万方码，金额高达539.3万日元。[③]

1932年1月至5月，由日本输入的重要货品，以白色或染色羽茧等（棉细哔叽在内）为最多，计值572.4万关金单位，占我国输入该项货品总值93.24%，印花粗细斜纹布占

---

① 许涤新、吴承明主编《中国资本主义发展史》（第2卷），人民出版社，2003，第876页。

② 许涤新、吴承明主编《中国资本主义发展史》（第3卷），人民出版社，2003，第131页。

③ 《实业部调查日货在华倾销概况报告书》（1932年），载中国第二历史档案馆编《中华民国史档案资料汇编》第五辑第一编·财政经济（六），江苏古籍出版社，1994，第701页。

94.71%，漂市布（粗布、细布、竹布）和本色市布等亦不少，分别占 50.49% 和 59.35%。①

日本纱布不但输入数量多，而且价格非常低。中国纱厂产的 16 支纱价格为 150 两，亏本 2 两，不足成本价格；而同样规格的日本纱所卖的价格只有 124 两至 130 两，两者相差 20 多两。14 支纱的价格差距就更大，达到 30 两；16 磅细布和 17 磅粗布的差价达到每匹 1 两 4 钱左右。9 磅细布日货售价每匹为 3 两 1 钱，而国货为 5 两 4 钱；12 磅细布日货每匹售价 4 两半，而国货则达到 6 两；12 磅细斜纹布日货售价每匹 5 两，而国货达到 6 两 1 钱（见附表 6－2）。实业部对日纱倾销情况进行了调查，但由于统计数据的缺失，因此对其倾销行为的认定存在困难。但是日货 42 支线（纱）的售价每包较国货居然低 42 两，20 支纱的售价每包较国货低 30 两，双方价格的差距令人匪夷所思，对此实业部指出："日货之成本确数无从探求，但其售价之低于成本可以断言。"②

由于中国沿海城市棉纱业较为发达，日货在这些地方销售不易，所以日本商人多向内地倾销日纱，"目前日商倾销政策之根据地，系在中国内地"。③

1931 年，日布倾销地点主要在上海、天津及大连；1932年以后，由于这些地区抵货运动的高涨，日布销量大减，其中

① 《实业部调查日货在华倾销概况报告书》（1932 年），载中国第二历史档案馆编《中华民国史档案资料汇编》第五辑第一编·财政经济（六），江苏古籍出版社，1994，第 701～702 页。

② 《实业部调查日货在华倾销概况报告书》（1932 年），载中国第二历史档案馆编《中华民国史档案资料汇编》第五辑第一编·财政经济（八），江苏古籍出版社，1994，第 701 页。

③ 《国民党中执会关于解决全国纱厂减工情形及救济办法与行政院来往函》，载中国第二历史档案馆《中华民国史档案资料汇编》第五辑第一编·财政经济（六），江苏古籍出版社，1994，第 23 页。

上海输入减少最为明显，而北方一些城市如天津、大连等则增长明显（见附表 6-3）。"以前国货粗布在天津、牛庄一带销行甚多，近来悉被日货攘夺，细布市场日货倾销，国货亦都受排挤。"①

由于棉布业为中、日企业间竞争激烈的行业，日本政府支持日本厂商将纱布倾销于中国内地，企图压倒一切中国纱布。为了保证倾销策略的实施，日本政府补助商人一千万日元，为实施经济侵略的工具。不仅如此，日本政府还以多种手段鼓励日本企业在国外的倾销，日本政府"在国内则励行产业合理化，对国外则奖励货品之输出；于必要时更施行低利贷款、或出口保险等，以从事保护。故日本棉业之得雄视全球、威胁世界者，实由政治实业合一动作之结果"。② 这种政府支持下的经济侵略政策，"其结果实足以制中国纺织工业之死命"。③

在中国市场最重要的棉布销售代理商为三井、三菱两公司，日本政府甚至"密令该二公司破产救国，俟倾销政策成功后，再由日政府设法弥补之"。④ 这种以政府为后盾的经济侵略政策，民族资本主义的力量根本没法阻挡，所以民族资产阶级忧心忡忡地指出："日帝国主义者自恃其资本之充足，

---

① 《实业部调查日货在华倾销概况报告书》（1932 年），载中国第二历史档案馆编《中华民国史档案资料汇编》第五辑第一编·财政经济（八），江苏古籍出版社，1994，第 702 页。

② 《棉业统制委员会关于救济申新纱厂方针及救济已停各纱厂计划草案》（1936 年），载中国第二历史档案馆编《中华民国史档案资料汇编》第五辑第一编·财政经济（六），江苏古籍出版社，1994，第 133 页。

③ 中国第二历史档案馆编《中华民国史档案资料汇编》第五辑第一编·财政经济（六），江苏古籍出版社，1994，第 13 页。

④ 中国第二历史档案馆编《中华民国史档案资料汇编》第五辑第一编·财政经济（六），江苏古籍出版社，1994，第 12 页。

对出口减价倾销，国产之不能与之竞争，势所必至。惟暴日既采用武力占领，复施行有计划之经济侵略，长此以往，势将难以支持，驯至工厂倒闭，工人失业，影响于治安，前途殊为可虑。"①"盖日厂受其政府保护，资以巨金……甚有限期二年将华厂一律肃清之豪语，似此内外胁迫，华商纱厂焉能立足。"②

日本纱布倾销对中国民族纱厂所造成的影响很大，使纱厂存货增多，货物滞销现象非常严重。如以武汉纱业为例，民生公司、裕华公司、第一纱厂、震寰纱厂及申新纱厂都出现程度不等的纱布积压问题。

在 1936 年的武汉，民生公司存布 5000 包，裕华公司 4000 包，第一纱厂 7000 包，震寰纱厂 4000 包，申新纱厂 4000 包。一方面是民族纱厂的产品销路停滞，另一方面是日本纱布源源不断地输入，仅仅 10 月就达到 56000 多包。棉纱情况也差不多，武汉各纱厂总计存纱达 11400 包，而日纱输入量又达 33000 多包（见附表 6-4）。

上海纱业停工现象也非常严重。荣宗敬在向行政院报告上海华商纱厂的危急情况时说："近数月来，我国纱厂停闭者，已有隆茂、同昌、永豫、裕中四家，现全国纱厂因纱布存积日多，议决自四月二十二日至五月二十一日每星期六、

---

① 《国民党中执会秘书处为湖北省执委会呈报武昌各纱厂日货倾销造成生产过剩暨救济办法致实业部函》，载中国第二历史档案馆编《中华民国史档案资料汇编》第五辑第一编·财政经济（六），江苏古籍出版社，1994，第 12 页。

② 《豫鄂皖三省剿匪总司令部为华商纱厂联合会湖北分会维持华商纱厂意见致行政院函》（1934 年 3 月 17 日），载中国第二历史档案馆编《中华民国史档案资料汇编》第五辑第一编·财政经济（六），江苏古籍出版社，1994，第 55 页。

星期日停止工作，即减工百分之二十三……此系不得已救急之计。若不谋根本救济之方，恐此后全国纱厂源源停闭者不在少数。"①

1936 年，全国停工纺锭占比为 22.50%，布机占比为 23.60%；已停工及已减工纺锭占比为 31.28%，布机占比为 33.66%；已停已减及将停将减纺锭占比共 36.34%，布机占比 34.32%（见附表 6 - 5）。从这些数据中可以看出，中国将近有 1/3 的纺锭和布机处于停机或半停机状态，这都是受到日本纺织业倾销影响的结果。

硫酸的倾销

硫酸业是一切化学工业的基础，硫酸广泛应用于化肥工业、轻工业、印染工业、化学工业、冶金工业、石油工业、制药工业、炸药工业中，在国防军事上尤其具有举足轻重的作用。近代中国政府对这种基本化学工业一直不够重视，所以硫酸业在我国的发展非常缓慢，只因近代军工事业的需要才使硫酸业一步步地发展起来。

南京国民政府成立以后，对硫酸的生产比较重视，几个制酸工厂陆续成立。生产硫酸的民族工厂主要有以下几个：位于天津唐山的得利三酸厂，年产额约 8110 担。1933 年 5 月开办的利中硫酸厂，年产额约 16200 担。其最初以当地硫黄为原料，但后来考虑到成本太高，于是将资本扩张为 20 万元，总厂设于天津，以煤矿中的硫铁矿为原料。机械的设计由天津南开大学应用化学研究所负责。其生产能力，每日

---

① 《荣宗敬报告上海华商纱厂危机并拟具救济方案致行政院呈》（1933 年 4 月 21 日），载中国第二历史档案馆编《中华民国史档案资料汇编》第五辑第一编·财政经济（六），江苏古籍出版社，1994，第 15 页。

可制造浓硫酸 3 吨，是华北地区最大的硫酸工厂。设在上海的有开成造酸厂，1930 年开始筹备创办，后因水灾与"一二八"事变等的影响，直到 1932 年 10 月才有成品行销市场。其资本总额为 75 万元，制造波美 48 度、58 度、66 度 3 种硫酸，年产约 67500 担。其原料硫铁矿来自浙江的瑞安、诸暨等地，但大部分是使用西班牙的硫铁矿砂。制造方法方面，因为使用铅室法，成本比较低廉。[1]

另外还有设于广西梧州的两广硫酸厂。该厂是当时中国华南地区唯一的制酸工厂，资本为 120 万元。始建于 1929 年，后因历年政变，创办初期便告停工，直至 1932 年 11 月才复工。其原料为取自广东的英德及清远两县的硫铁矿，用铅室法制造，生产的硫酸浓度自 45 度至 66 度不等，年产约 43200 担。所有产品除供给省内的无烟制药厂、皮革厂、土制炼油工厂外，其余大部分都供给广东的石井兵工厂使用。[2]

中国境内的外资厂家主要为由英商设于上海的江苏药水厂，资本金为 12 万两，1879 年建于上海苏州河大石桥附近。江苏药水厂向德国洋行买来硫酸、硝酸的配制秘方，从德国购买全套铅室设备，建立了外商在我国开设的第一家硫酸厂。该厂生产硫酸、盐酸及硝酸三种产品，其中硫酸的年产量为 45000 担，硝酸日产量为半吨，盐酸日产量为 1/4 吨。因为该厂设立较早，至 1937 年"八一三"事变时已经成为年产 900 吨硫酸的大厂，在我国制酸业中占有重要地位。[3]

---

[1] 陈真、姚洛、逄先知编《中国近代工业史资料》（四），生活·读书·新知三联书店，1961，第 499 页。

[2] 陈真、姚洛、逄先知编《中国近代工业史资料》（四），生活·读书·新知三联书店，1961，第 499 页。

[3] 陈真、姚洛、逄先知编《中国近代工业史资料》（四），生活·读书·新知三联书店，1961，第 498 页。

日本硫酸在中国市场上有很高的市场占有率：1933 年为 54.96%，1934 年则达到 90.05%，几乎垄断了中国进口硫酸市场。（见附表 6 – 6）

从价格上来看，日本硫酸在中国市场以极低的价格倾销。据开成厂的报告，日本硫酸在上海的售价"减售日金七元五角，加以关税及护照费等合计，尚不及前此售价之半"。[①]

这种倾销给国内硫酸厂以重大打击，国内硫酸价格也急剧下跌，"自今春以来，因外货倾销，自每箱二百磅售银十七两之市价，骤跌至十两"。[②] 由于企业利润减少，开成厂不得已只有减少生产，以维持企业的生存。

糖的倾销

在 20 世纪 30 年代以前，我国制糖技术以手工制糖为主，根本问题是技术落后、生产分散。我国最早兴办的机制甘蔗糖厂是 1909 年侨商郭祯祥在福建龙溪创办的华祥制糖公司，该厂日榨甘蔗 80 吨，从爪哇引进甘蔗良种，自办农场。1910 年，林嘉尔在福建漳州建立广福糖厂，这两家糖厂存在的时间都不长，不久都因经营不善而倒闭。20 世纪 30 年代，我国广东才出现了真正意义上的机器制糖厂。[③] 1932～1937 年，广东省政府主席陈济棠先后从捷克和美国购进制糖机器，从菲律宾引进甘蔗良种，兴建了顺德、东莞、汕头、揭阳、惠阳、新造 6 座日处理甘蔗 1000 吨的大型糖厂，除位于新造的工厂

---

① 《开成厂请救济国产硫酸》，《银行周报》第 17 卷第 40 号，1933 年 10 月 17 日，第 5 页。

② 《开成厂请救济国产硫酸》，《银行周报》第 17 卷第 40 号，1933 年 10 月 17 日，第 5 页。

③ 许涤新、吴承明主编《中国资本主义发展史》（第 2 卷），人民出版社，2003，第 949 页。

为粗糖厂外，其余五厂均为亚硫酸白砂糖厂。1934 年广西省地方政府在贵县建立了日榨 300 吨甘蔗的机器制糖厂。① 这些新式制糖厂的出现标志着近代中国制糖工业的发展与进步。

总的看来，近代中国糖产量很少，而且大部分是土法制带蜜红糖。据当时统计资料的数据，1914 年全国产糖量为 18 万吨，1919 年约 27 万吨，1936 年旧中国最高年产糖量也仅为 41.4 万吨。② 从这些数据中我们可以看到中国制糖技术的落后情形。

民族制糖业在其缓慢的发展过程中，受外国糖特别是日本糖业倾销的打击最大，日本糖业在中国市场的扩张有赖于其采取的倾销政策。当时国内刊物报道说：国糖业"年来因受外货倾销影响，以致营业有一蹶不振之势，而一般糖业奸商，利令智昏，仍纷纷贩卖日糖，致市面上日糖更形拥挤……最近数年外国糖输入颇多，而尤以日货为甚。"③

1923～1931 年中国市场容纳了日本糖出口总量的 80% 以上，如果加上关东州租借地所销的日糖，约占日本糖出口总量的 93%，中国市场成为日本糖业最大的外部市场。日本糖进口总量和价值在 1926 年后逐渐增加，每年约 300 万担，价值超过 2100 万两，约占中国进口外国糖总量的 25% 左右（见附表 6－7）。④

---

① 王尚殿编著《中国食品工业发展简史》，山西科学教育出版社，1963，第 63 页。

② 王尚殿编著《中国食品工业发展简史》，山西科学教育出版社，1963，第 64 页。

③ 《进口贸易：外糖入口激增》，《国际贸易导报》第 5 卷第 9 期，1933，第 168 页。

④ 蔡谦：《近二十年来之中日贸易及其主要商品》，商务印书馆，1936，第 70 页。

　　从日本精糖在东京批发售价与出口售价比较中可以看出，日本砂糖生产费（由于没有精糖的相关资料，只能以砂糖成本作为参考对象）在 1921～1931 年逐渐降低，1921～1922 年每担平均为 12.988 日元，1930～1931 年降至 8.326 日元，日本砂糖平均生产成本为 11.06 日元（见附表 6-8）。

　　日本精糖的出口价格远远低于其国内的批发价格。日本精糖在东京每担平均批发售价为每担 24.99 日元，而其平均输出售价为 12.2215 日元，也就是说，出口价格只有在东京批发价的一半。每担日本精糖的平均出口价格比平均成本仅高 1.165 日元，相当于日本国内平均批发售价的一半，由此来看，日本精糖在中国市场的行为无疑是属于倾销。

　　日本糖业虽然经过日本政府的提倡与保护，已经能够自给，但是与世界各著名产糖国相比，不论在生产技术还是生产能力方面都是非常落后的，其产量远不如古巴、爪哇、印度、菲律宾、夏威夷等地；甜菜糖产量则远不如欧洲各著名甜菜糖产国如英、德、法、波、捷克等。[①] 日本糖之所以能打开中国市场，完全是由于其低价销售。而之所以能以低价销售，最大的原因就是日本国家政策的保护。日本政府对国内消费的糖，一律每担抽 2 元～10 元的消费税。进口外国糖，除了要缴纳消费税外，还须负担高额的关税。对于出口到国外的糖，不但免缴消费税，政府还通过补助金的形式给予一定的奖励；如果日本糖是由外国进口原料所制造，还可以退回一部分进口关税。因此，日本糖在国内售价比向海外出口的价格高出很多。日本政府就是通过这样的方式奖励国

---

① 蔡谦：《近二十年来之中日贸易及其主要商品》，商务印书馆，1936，第72 页。

内糖业出口，以加强对中国市场的倾销。[①]

综上，20 世纪 30 年代，多种日本商品在中国市场上实行了倾销手段，严重打击了中国民族工业。那么，日本的倾销政策何以得逞呢？中国的经济保护体系难道形同虚设吗？

二　中国传统市场体系的崩溃和现代市场体系的建立

中国的传统社会是一个自然经济占统治地位的社会，在这种经济形态下，作为社会基础的多数农村小生产者的主要生活和生产资料都是在经济单位内得到满足的。一个经济单位不是为了交换而是为了自身的需要进行生产。不仅生产自己需要的农产品，而且生产自己需要的大部分手工业品。马克思在谈到外国资本主义入侵前的东亚经济状况时指出："在印度和中国，小农业和家庭工业的统一形成了生产方式的广阔基础。"[②] 直到 19 世纪中叶以前，自然经济仍然明显地占据着统治地位，"那时虽有交换的发展，但是在整个经济中不起决定的作用"。[③] 鸦片战争前的传统市场，主要是农民与农民之间的交换，城市市场主要不是生产者之间的交换，而是封建阶级以其各种剥削收入购买消费品所进行的交易，这些剥削收入是地租的各种转化形式。[④]

① 蔡谦：《近二十年来之中日贸易及其主要商品》，商务印书馆，1936，第73 页。

② 刘佛丁、王玉茹：《中国近代的市场发育与经济增长》，高等教育出版社，1996，第 1 页。

③ 毛泽东：《中国革命和中国共产党》，《毛泽东选集》第 2 卷，人民出版社，1966，第 587 页，转引自刘佛丁、王玉茹：《中国近代的市场发育与经济增长》，高等教育出版社，1996，第 5 页。

④ 赵津：《中国近代经济史》，南开大学出版社，2014，第 321 页。

而 19 世纪以来西方资本主义的迅速发展对这种传统市场形成了巨大的冲击。近代以来，随着第一次工业革命和第二次工业革命的完成，世界经济格局发生了很大的变化。欧美等国内部的巨大的扩张力驱使它们在世界范围内寻求和扩张商品销售市场，掠夺廉价原材料、劳动力等生产要素，为资本寻找有利可图的场所，世界各国经济因此都被卷入一个整体的资本主义世界中。正如马克思恩格斯在《共产党宣言》中指出的："资产阶级，由于开拓了世界市场，使一切国家的生产和消费都成为世界性的了……过去那种地方的和民族的自给自足和闭关自守状态，被各民族的各方面的互相往来和各方面的互相依赖所代替了。物质的生产是如此，精神的生产也是如此。"[①] 这就是说，随着世界资本主义时代的到来，西方列强开始在全球范围内扩张势力，各民族都日益卷入世界经济和政治的关系网中，一个民族仍想要闭关自守实际上已不可能。

鸦片战争以后，西方列强采用了政治、军事、经济及文化等一系列的手段，强行打开中国大门，迫使中国开放一系列通商口岸，并通过这些通商口岸，将触角伸入中国的穷乡僻壤，占领了中国封建市场经济的固有领地。外国资本凭借所获取的特权在中国开设了银行、洋行和企业，控制着中国的进出口贸易，向中国倾销工业品，掠夺原材料，在中国生产工业品并在中国市场上销售，中国的小农经济就这样开始逐步解体，被动地卷入了世界资本主义市场经济体系。特别是进入 20 世纪以后，资本主义世界由自由竞争过渡到垄断阶段，市场经济的全球化表现得更为明显：资本主义生产方

---

① 《马克思恩格斯选集》第 1 卷，人民出版社，1972，第 254～255 页。

式逐步取代了封建主义生产方式，新的工业文明取代了旧的农牧业文明。可以说，只有在与世界市场建立了联系以后，中国的自然经济才逐渐瓦解，资本主义市场才真正地发展起来。

但是，首先我们应该看到，近代中国的市场发育具有不平衡性。与其他殖民地不同，中国的自然经济对商品经济的冲击进行了顽强的抵抗，外国入侵在中国市场上的冲击力远不及在其他不发达国家强烈。加之地理、交通、文化、语言以及政治不稳定等因素，外国商人在中国活动的障碍虽然在鸦片战争后大多被消除，但他们的活动仍只限于少数的通商口岸，与中国市场的联系还要通过买办或只能与有限的新式商人做交易，极少能与生产者和消费者直接建立联系，更难深入内地市场。

沿海发达地区与内地偏远地区宛若两个世界。在上海，许多商品和证券的交易已十分规范，而在西南和西北的边疆地区，仍有不少偏僻乡村还停留在物物交换甚至没有交换的阶段。据调查，20世纪20年代，四川西部农产品中有97%～98%是供地方自用的，那里大部分居民都是靠着本地的产品生活。到了20世纪30年代，这种情况在不发达地区也还很普遍，他们主要依靠地方小市场生活，与全国市场联系不多或全无联系。总的来说，农村集镇市场比1840年以前增多了，贸易额也增大了。但这一时期新建立的集镇，由于市场结构或商品流通结构的转变，更多地集中于东南沿海长江流域和铁路沿线。广大内地农村的集市贸易无论就交换内容还是交易组织和交易制度来说，与1840年以前的传统市场相比变化不大，仍是以小生产者之间的产品交换为主要内容，在市场上活动的大多是个体商贩。可见，市场的网络越到内地和边远地区，越到中级和初级市场，其买办化或资本主义化的程度越低，而保留的传统色彩越浓厚。资本主义的统一的国内市场，直到全国解放以前尚在形成的过程之中。极端强大和坚韧的自然经济势力处处设防，顽固地抵制中外经济联系的扩大和近代市场的深入。①

其次，这种市场经济体系非常不完善。杜恂诚教授认为，根据近代中国社会的实际情况，法治、伦理和金融独立是中国的市场经济秩序建立和完善的三个基本条件：法治能为市场的运动提供保障，伦理能为市场经济奠定必不可少的道德秩序基础，银行发挥着市场经济中枢的作用。而在近代中国，法治、伦理和金融独立这三个条件的欠缺或不健全，大大扭曲了市场经济，延缓了近代中国市场经济的发育成熟。②

以近代中国市场经济的法治③体系为例。鸦片战争后，中国被迫对外开放，在这种形势下所建立起来的中外经济关系，主要的制度安排是不平等条约。外国侵略者凭借以不平等条约所取得的种种特权，对中国积极展开以商品输出为中心的侵略活动，促使以通商口岸为中心的中国近代市场体系

---

① 刘佛丁、王玉茹：《中国近代的市场发育与经济增长》，高等教育出版社，1996，第 35 页。

② 杜恂诚：《市场经济需要"三条腿"支撑》，《探索与争鸣》1994 年第 4 期。

③ 法治是从外部来规范和约束经济人的行为，从而为市场经济的运行提供保障，主要包括各种法律、法规、司法程序和其他制度。这些法律规则在初期商品的交换中往往表现为习惯，而在商品经济发展到发达阶段——市场经济条件下，就必然表现为既定的、富于权威性的法律规则，并由国家的强制力来最终保证推行。因此，可以说，市场经济中法律的重大目标和功能就是建立交易规则和维护交易秩序。见杜恂诚：《市场经济需要"三条腿"支撑》，《探索与争鸣》1994 年第 4 期。

的新格局开始形成。

与此同时，中国历代政府（清政府、北洋政府、南京国民政府）也开始对相关经济立法逐渐予以重视，制定并颁布了一系列提倡、奖励和保护工商业的政策和措施，推动了民族工商业的繁荣和市场的扩大。例如，清政府除了设立诸多与现代工商业息息相关的政府机构之外，还根据积极鼓励现代工商业发展的需要，颁布了大量相关的工商业法律和奖励政策。很多法律和奖励措施不仅开创了近代中国商事律令的先河，还奠定了近代中国现代工商业发展的基本制度规范。例如，在工商业法律方面，1904 年清政府颁布了《钦定大清商律》（包括《商人通例》和《公司律》两部分）《商标注册暂拟章程》《呈请专利办法》《商部商标注册局办法》《改订商标条例》等商事法律。1906 年清政府又颁布了在商事立法领域具有里程碑意义的《破产律》。铁路和矿业行业法律方面，1903 年清政府颁布了《重订铁路简明章程》《铁路购地章程》《铁路月计表程式》《运矿铁路办法》等。在采矿行业，1902 年清政府颁布了《筹办矿务章程》，1904 年又颁布了《矿务暂行章程》，1907 年颁布了《钦定大清矿务章程》。清政府也制定了一系列奖励法规，如 1898 年清政府就颁布了《振兴工业给奖章程》，1903 年颁布了《奖励公司章程》，1906 年颁布了《奖给商勋章程》，1907 年又颁布了《改订奖励公司章程》。① 当然，在清末新政时期，清政府虽然颁布了很多法规，但由于清王朝很快被推翻，这些法规也就随之失效了。

---

① 徐建生、徐卫国：《清末民初经济政策研究》，广西师范大学出版社，2001，第 52～62 页。

北洋政府虽然是一个政局多变、军阀混战的时代，但延续了甲午战争以后开始推行的发展资本主义工商业政策。北洋政府时期的经济法律主要内容包括以下几个方面。（1）经济奖励法规。1912年12月，北洋政府颁布《暂行工艺品奖励章程》，1915年7月，北洋政府又对上述奖励章程进行完善，颁布了《农商部奖章规则》。（2）公司立法。1914年相继颁布了《公司条例》《公司保息条例》和《公司注册规则》，1914年颁布了《商人通例》，共73条，较晚清时期的《商人通例》（9条）更为完备，该法律成为民国初年维护商人权益和市场信用的重要法律保障。（3）矿业立法。1914年北洋政府相继颁布了《矿业条例》《矿业注册条例》和《征收矿税简章》。翌年，北洋政府又颁布了相关的《审查矿商资格规则》《调查矿产规则》和《小矿业暂行条例》等涉矿法规。①

南京国民政府成立后也采取了一系列有利于工商业发展的措施。（1）采取外交攻势，争取关税自主。在1928年6月以后，先后与美国、德国、挪威、荷兰等13国签订了条约，中国基本上实现了关税自主。这有利于中国的民族工业产品进入国际市场，参与国际经济的竞争。（2）税制改革——裁厘改统。这有利于商品的流通，也废除了外国工业品在华一直享有的"超国民待遇"，实现了中外企业的平等竞争。（3）工商业方面，南京国民政府于1929年和1930年先后颁布了《特种工业奖励法》和《奖励特种工业的审查标准》，用来鼓励投资创办新式工业。（4）颁布了一系列有关公司方面的法律法规，推动了市场经济的发展。1929年底，南京国

①　徐建生：《民国时期经济政策的沿袭与变异（1912～1937）》，福建人民出版社，2006，第81～97页。

民政府颁布了《公司法》，该法共 6 章 233 条，是近代中国一部较为完备的公司法规，成为推动当时公司制企业迅速发展的一个重要原因。[①]

总的看来，当时规范市场经济的法规还远未到完善的程度，这无疑又制约了近代市场经济的发展。从这个意义上来说，近代中国市场经济有了很大的进步，但远未达到完善的程度。影响全国性统一市场形成的因素还有：第一，政治动乱接连发生，军阀战争接连不断，国内政治环境不安定；第二，封建势力割据，设关堵卡，苛捐杂税阻碍市场统一进程；第三，列强划分势力范围，形成不同的贸易区域，各地区各自为政，货币不统一，给地区间贸易造成了障碍。近代中国的市场经济体系是不完善的，它与当时欧美各国乃至日本等资本主义国家的市场经济有很大的差别，它是在中国沦为半殖民地半封建社会环境下形成的不完善的市场经济。而这种不完善的市场经济体系则成为中国的"软肋"。日本帝国主义利用中国市场的弱点，用各种手段加快了入侵的步伐。

三　近代日本对华经济侵略战略

日本地处亚洲东部，国土面积狭小，自然资源贫乏；而日本的人口增长迅速（20 世纪初每年增加人口 80 万～90 万人），因此出现了严重的"人口过剩与粮食恐慌"。如何解决此种人口资源危机呢？日本政府采取了大力向海外发展贸易的政策，即"掠取权利主义，以权利而培养贸易"，通过发

---

① 徐建生：《民国时期经济政策的沿袭与变异（1912～1937）》，福建人民出版社，2006，第 97～98、第 101～102 页。

展海外贸易来解决这种困境。[①]

19 世纪中叶，西方列强用武力打开中国的大门时，日本也正面临西方侵略的威胁，处于民族危机之中。那时日本尚未经历明治维新，仍是一个封建幕府统治的落后国家，谈不上对中国投资。甲午战争前，尽管英国等西方国家曾在中国非法建厂，但那一时期它们对中国的经济侵略主要采取商品输出的形式，根据商品输出的需要，在中国投资设立了一些进出口洋行、轮船运输和金融企业。外国在华设厂权是根据《马关条约》获得的，日本虽是签订这一不平等条约的当事国，但是在条约签订后的一段时期内，日本在华投资的数额仍然是很小的。1902 年，日本在华投资额约 100 万美元（不包括台湾地区），仅占各国在华投资总额的 0.1%。当时英国占 33%，俄国占 31.3%，德国占 20.9%，法国占 11.6%。后来日本在华投资有了迅速的增长。这一方面固然是由于日本资本主义经济的迅速发展，另一方面则是因为日本看到了在华投资同日本的利益之间的内在联系。1914 年日本在

---

① 关于如何发展日本海外市场，日本政府中有急进与渐进两派，日本民政党主张渐进的贸易政策：力主顺应九国条约（即《九国公约》），向"满蒙"等地发展贸易；急进的贸易政策以田中义一为代表，主张对中国"满蒙地区"采取掠取权利主义，以权利来培养贸易。田中义一在上呈天皇的奏议中写道："我国之人口日增，食料及原料日减，如欲望贸易之发达，终被雄大资力之英人所打倒，我必终无所得。最可惧者，则支那人民日渐觉悟，于内乱正亟之时，犹能竞争谋仿日货以代，因此颇能阻碍我国贸易之进展，加之我国商品，专望支那人为顾客，将来支那统一，工业必随之而发达，欧美商品必竞卖于支那市场，于是我国对支那贸易，必大受打击，民政党所主张之顺应九国条约，以贸易主义向满蒙直进云者，不啻自杀政策也。考我国之现势及将来，如欲造成昭和新政，必须以积极的对满蒙强取权利为主义，以权利而培养贸易，此不但可制支那工艺之发达，亦可避强势东渐，策之优，计之善，莫过于此。"见侯厚培、吴觉农：《日本帝国主义对华经济侵略》，黎明书局，1931，第 3 ~ 4 页。

华投资额占各国在华投资总额的 22.2%，仅次于英国
（34.2%），居第二位。[1] 1931 年日本在华投资额占各国在华
投资总额的 50.9%，把其他国家远远甩在身后，居第二位的
英国只占 27.7%。[2] 1936 年底，日本在华投资额占各国在
华投资总额的 52.6%，英国降至 22.6%。[3]"七七"事变后
日本在华投资额跃居第一。日本的在华投资为何会如此突飞
猛进呢？

　　一方面是由于列强（包括日本）在中国享有很多特权，
这对中国近代市场经济的发展和完善有极其重要的负面影
响。近代以来，外国资本主义通过战争等侵略手段，以签订
不平等条约的方式从中国政府手里攫取了一系列的特权，其
中对中国市场经济影响最大的是关税自主权、领事裁判权、
片面最惠国待遇、在中国设厂制造的权利等等。由于这些特
权的存在，中国的民族经济在和外国资本竞争中，地位是不
平等的。外国企业为了占有市场份额往往尽力钻营，利用各
种势力服务于其产品倾销，倚仗其在中国取得的特权压迫中
国的民族资本企业。

　　另一方面，日本不同于西方国家，不仅政府积极地直
接参与对华投资，而且到中国来从事投资活动的日本大企
业家往往都负有政府的"国策使命"，即肩负着"天皇疆
土广无垠，孰内孰外无须分"这种赤裸裸的帝国主义扩张
"使命"。他们要实现"日樱华草"共沐日本"天皇恩德"

---

① 杜恂诚：《日本在近代中国的投资》，上海社会科学院出版社，2019，第
　6 页。

② 杜恂诚：《日本在近代中国的投资》，上海社会科学院出版社，2019，第
　8 页。

③ 杜恂诚：《日本在近代中国的投资》，上海社会科学院出版社，2019，第
　9 页。

之"甘露"的目的，也就是要把中国置于日本的殖民统治之下。[①] 而对华投资则是其整个侵华战略的一个重要组成部分，日本把其战略利益作为最重要的出发点。日本寺内内阁（1916 年 10 月～1918 年 9 月）的财政大臣胜田主计认为，日本缺乏工业原料，需仰给于印度、美国和埃及等国，若打起仗来，原料供应就成了大问题，而"铁矿、石灰之丰富，石油之有望，棉花之栽培，羊之饲养，及其他物质，举凡我国国民经济所必要者，与实行国防计划所必要之原料物质，皆能求之于中国。有如此关系，故掌握中国经济之支配权，从帝国独立上观之，亦最为紧急。予之视中国问题为最重要者，即在此点也……帝国欲掌握其经济支配权，须垄断独占，管理其财政，占据其交通，徐图开发其产业，以充实帝国国民经济……研究是等事件，而注以全力，乃大和民族之重大使命，不论何人皆不容疑，即文明诸国周知也无大障碍"。[②] 显然，日本纯系觊觎中国的丰富物产资源，将中国作为它扩张势力的战略目标，而它在中国的投资就是围绕着这一战略目标所展开的。杜恂诚教授认为，在华日本国策企业形式上虽然各自独立，但都听命于日本政府的统一指挥，其他日本在华大企业也都受日本的基本国策所左右。日本对华基本国策决定了其在华投资的全面性[③]和计

[①]　杜恂诚：《日本在近代中国的投资》，上海社会科学院出版社，2019，第14 页。

[②]　杜恂诚：《日本在近代中国的投资》，上海社会科学院出版社，2019，第2～3 页。

[③]　所谓全面性，是指其在经济侵略意义上的完备性，而不是指对所有行业和每个行业中的所有子行业都包罗无遗、所有产业部门都掌握在日人手中且占有垄断的地位，见杜恂诚：《日本在近代中国的投资》，上海社会科学院出版社，2019，第29 页。

划性①。

日本对华经济侵略主要有以下几种手段。（1）对华投资。甲午战争以后、特别是日俄战争以后的日本在华投资，从以适应进出口贸易的需要为中心，逐步发展到其他各个领域，同时也随着进出口贸易额的增加而扩大到有关行业的投资。在这期间，日本在华最重要的国策会社"满铁"成立，开始实行以铁路建设为中心的殖民经济活动，并与日本在我东北的关东都督府、日本领事馆合称为统治"满洲"的"三足鼎立"三头政治。此外，还有一些制造业企业开始通过建立或收买而从事经营，其中主要是东北的油房和上海的纺织厂等。（2）中日合办企业。所谓中日合办企业，是指一种特定性质的企业，即"中日双方当事人依据明示的意思表示，共同出资，共同经营的企业"。②日人利用"中日合办"的形式可以突破通商口岸的地区限制，并突破某些对他们来说关系很重大的行业的限制，"不搞中日合办，日本人在内地就什么也得不到；而通过中日合办，日本人可以获得直接经营权，关于事业及资产的诸种权利及土地所有权，并且可以在中国的一般内地经营任何事业"。③

---

① 所谓计划性，是指由于受日本基本国策的支配，日本在中国的全面性投资并不流于自发，而是根据周密的计划实行的，日本在华投资主要从属于其政治的、军事的和战略经济利益的需要，而不为短暂的利润率高低或市场供求所左右。就日本在华投资来说，由于日本政府直接操纵国策企业，并在相当程度上控制和影响其他日本在华大企业的投资经营方向，这就使日本在华投资蒙上了日本政府计划决策的色彩，见杜恂诚：《日本在近代中国的投资》，上海社会科学院出版社，2019，第30～31页。

② 张雁深：《日本利用所谓"合办企业"侵华的历史》，生活·读书·新知三联书店，1958，第10页，转引自杜恂诚：《日本在近代中国的投资》，上海社会科学院出版社，2019，第343页。

③ 张雁深：《日本利用所谓"合办企业"侵华的历史》，生活·读书·新知三联书店，1958，第10页，转引自杜恂诚：《日本在近代中国的投资》，上海社会科学院出版社，2019，第343页。

所以，"近代中国的中日合办是由于日本在内地直接经营企业受到限制而产生的一种变通渗透的办法，是日本进一步打开中国门户的手段"。① （3）借款。日本采取借款的形式对华投资，通过政府借款达到了控制中国财政，进而左右中国政治、攫取在华特权的目的。② 在 20 世纪上半叶，日本正是通过各种方式在政府的支持下大力发动对华经济侵略。

实际上，除了上述三种经济侵略方式外，日本还发动了对华商品倾销，此种经济侵略形式相较前述三种更为隐蔽。1929 年世界经济危机爆发后，中外企业间的竞争更加激烈，中国民族工商业的生存环境也愈加恶化。资本主义国家为了自身的经济稳定、充分就业和"民族生存"，不惜一切手段争夺世界市场。国际间争夺市场的商战已超越商品对商品、资本对资本、技术对技术的自由竞争范围，各国竞相动用了关税壁垒、商品倾销和货币贬值等攻击性商战武器。由于与列强存在协定关税关系，而中国产品缺少关税保护，中国于是成为资本主义国家的倾销尾闾，"中国的所谓国际贸易，所起的作用就是尽了容纳资本主义国家的过剩商品与贡献原料的义务"。③

在这股倾销浪潮中，日本水泥业由于得到本国政府的强

---

① 杜恂诚：《日本在近代中国的投资》，上海社会科学院出版社，2019，第343 页。

② 日本对华借款的合同额非常庞大，计中国中央政府借款（扣除庚子赔款和山东胶济铁路、青岛公有财产及制盐业的被偿款共 1.3 亿日元）4.58 亿日元，地方政府借款 0.58 亿日元，非政府借款 1.48 亿日元，合计 6.64 亿日元，其中中央和地方政府的借款合同额为 5.17 亿日元。这些借款中的大部分因未能按期偿还，本利积欠额越滚越大，见杜恂诚：《日本在近代中国的投资》，上海社会科学院出版社，2019，第 375～376 页。

③ 冯和法：《论中国国内贸易》，《国际贸易导报》第 5 卷第 8 期，1933，第94 页。

力支持，对中国民族企业的打击也最大。这是近代日本水泥倾销最典型的特征。第一，日本水泥行业的倾销行为服务于日本对中国进行侵略的目的，是对华经济侵略的一部分。日本把向中国倾销其过剩的水泥产品作为转嫁其国内经济危机的一项国际贸易策略，这是日本对华经济侵略的目的和本质。表面上看，日本对华倾销是由于经济恐慌下的生产过剩，但从其本质上看是日本帝国主义对半殖民地国家进行的经济侵略和掠夺。第二，水泥业的倾销是日本政府津贴支持的结果，这种津贴主要表现为日本政府对航运业的补助。日本航运业自创办之日起，即得到日本递信省的多方补助。递信省对"命令线"给予补助，这些命令线几乎包括全部中国沿海各航线及长江航线的全部，均为日本商人或商品所必须经过或必须运输之处。这些补助津贴对于日本企业的意义在于，日本航运业在收到政府的补助金后，就可以降低日本产品的海上运输费用。从这个意义来说，政府对航运业的补助就是对企业的补助，这与企业享受政府的奖励金毫无差异。日本政府的航运补助政策直接促进了日本水泥在海外的倾销。第三，日本政府采取了汇兑倾销的策略。汇兑倾销政策是一种自私的国际金融政策，以货币贬值的方式实现掠夺他国财富的目的。在国际货币战中，日本政府将汇兑倾销策略发挥到极致。1931 年 12 月 13 日，日本政府公布金出口禁令后，日元的汇价即急速跌落。日元的货币贬值率在几个主要资本主义国家中最高，达到 65.5%（美元其次，为 41%，英镑为 38.3%，法郎与马克分别为 0.1% 与 2.5%）。

从以上几个方面可以看出，日本水泥的倾销不是正常的商业竞争，而是一种经济侵略。倾销的企图不仅仅是转嫁其过剩危机，更重要的是它要通过倾销的方式打倒中国的民族产业，谋求在中国市场的垄断地位，从而获取更多的利益。从这个层面上来说，它是一种有组织有计划的以国家为后盾的对华经济侵略，其对中国企业的压迫甚至掠夺，绝不是用正常的市场竞争可以解释的。

正因为如此，中国民族水泥业的反倾销之路也就显得更为艰巨。它不是简单的经济问题，而是民族产业在帝国主义压迫和掠夺下如何生存的问题，是近代中华民族危机的一部分，是近代民族国家反抗外国侵略的重要一环。

近代中国反倾销法规实施的受阻就是最好的证明。在国际贸易中，征收反倾销税是救济国内产业、维护国内正常的市场竞争秩序的重要手段，是抵制外货倾销的最重要的武器。实际上，当时世界主要资本主义国家如德、英、美、加、澳、日、新、比、西等国不但制定了倾销税法，而且将其付诸实施，可以说，倾销税法是抵制倾销的常态工具，也是最有效的工具，它具有目的明确、效果显著的特点，这是其他的反倾销手段无法比拟的。但是该法规在实施过程中却遇到了很大的阻碍。

中国近代倾销税法实施最大的障碍是日本政府的武力威胁。由于反倾销税是进口国当局在正常海关税费之外对倾销产品征收的一种附加税，是一种惩罚性关税，这极有可能引起日本对中国政府外交上的抗议和军事上的冲突。由于当时中国国力屡弱，国际地位低下，所以即使倾销货物审查委员会能够确定某种商品的销售属于倾销，但是对外货特别是日本产品征收反倾销税，极可能引起外交抗议甚至军事冲突，这一点是倾销货物审查委员会不得不考虑的问题，也是最后中国放弃采用征收反倾销税以抵制外货倾销的最重要原因。特别是当时的中国和日本的关系非常紧张，对日货征收反倾销税确实存在很大的难度，南京国民政府也因此放弃了征收反倾销税的权利。

四　近代中国市场经济保护体系的形成

综上可以看出，近代日本在华投资受日本基本国策的支配，日本在中国的全面投资并不是出于自发，而是根据周密的计划实行的。由于日本政府直接操纵国策企业，并在相当程度上控制和影响其他日本在华大企业的投资经营方向，这就使日本在华投资蒙上了日本政府计划决策的色彩。[1] 对于这种以国家为后盾的经济侵略，中国民族企业及政府又该如何应对呢？

在近代特殊的市场经济条件下，只有整合各方有效力量才能完善近代市场经济发展的保障体系。民族资本主义外受西方帝国主义经济侵略，内受官僚资本主义和封建主义的双重经济压迫，只能在夹缝中求生存和发展。这就是近代中国民族企业所处的市场经济环境，要想生存下来，就必须面对市场经济的残酷竞争，采取合适的方式和手段来保护自身免受侵害。

在当时严峻的形势下，近代中国民族水泥业之所以能战胜日本同业的经济压迫并取得反倾销的胜利，是和民族产业本身市场竞争意识的增强、社会团体的有力支持以及这一时期南京国民政府用政权的力量维护近代工商业发展的政策导向分不开的。

---

[1]　杜恂诚：《日本在近代中国的投资》，上海社会科学院出版社，2019，第30～31页。

首先，近代民族企业家在残酷的市场竞争中日趋走向成熟，他们已经超越了传统的工商业者，具备了很好的现代企业经营理念，在经营中注重提高产品质量并改进企业内部的管理体制，这是他们取得反倾销胜利的前提条件。

为了在激烈的市场竞争中获得生存和发展，近代民族企业非常注重引进国际上的先进技术，通过提高质量的方式确保在同业中的领先地位并在市场竞争中占有主动权。启新洋灰公司曾先后三次扩充设备，引进国际上的先进技术来提高产品的竞争能力。华商水泥公司对改进设备也是不遗余力，其生产水泥的机器为国际最先进的进口设备。不仅如此，华商水泥公司还特别注重推行科学管理法，引进西方的成本会计制度，这些措施在很大程度上降低了水泥的生产成本。

近代中国水泥业间还通过结成同业联营的方式以避免行业内部竞争并达到共同抵制外货倾销的目的。1925 年启新洋灰公司和华商水泥公司结成了第一次同业联营，双方通过协定销售区域、销量和销售价格达到了分享市场份额的目的；在同业联营期满后，1931 年启新、华商及中国水泥公司三家当时中国最大的民族水泥企业进行了第二次联营。近代民族水泥企业正是通过这种联营的方式，达到抵制外货、共同发展、保护民族市场的目的。

近代中国的反倾销实践证明，如果没有可靠的产品质量和低廉的价格作保证，要赢得市场是不可想象的。而离开了民族企业之间的整体联合，内部纷争不已，相互拆台以至于降价竞争，要打败外来强敌，更是不可能办到的。

其次，这一时期，中华民族自强御侮、救亡图存的民族意识开始觉醒，民族主义成为近代中国工业发展的强大推动力。当时的整个社会都非常重视民族工业的发展，"实业救

国""发展民族产业"等成为时代的主旋律，反对外国经济
侵略的舆论呼声从道义上激发了中国民众的爱国心，"爱用
国货"成为中国民众的共同选择，正是这种爱国思潮为近代
中国水泥业的反倾销胜利提供了巨大的支持。

五四运动以后，西方的民主思想日益改变着商人的旧式
思维，"在商言商"的传统观念逐渐削弱，自觉维护商权的
意识日渐加强。水泥同业组织充当了行业利益保护者的角
色，它站在商人利益的立场，为反对外国商品的倾销奔走呼
告，对行业的健康发展起到了不可替代的作用。

近代中国的抵货运动和国货运动的发生和发展是中国近
代社会特殊经济状况下的产物，它以推广国货、抵制外货倾
销为目的，对民族资本主义产业的发展有积极的促进作用。
民族企业在生存艰难的状态下，正是借助城乡社会群体中自
发掀起的或倡导的这种爱国运动，实现了民族企业生产的恢
复与重振销售。

最后，反对外国的经济侵略不能仅仅局限于单纯的经济
上的救济方法，而要与政治问题联系起来，依靠国家政权的
力量，这样才能取得最好的效果，国内政治主要是废除不平
等条约、实行保护关税等。近代中外企业的商业竞争，其实
质是民族企业在不平等条约的框架内争取国内商品市场及反
对外来经济侵略的过程。在这种形势下，国家政权的干预力
量对反经济侵略的结果起着至关重要的作用，这也是近代中
国民族企业成功进行反倾销的最重要保证。

中国自鸦片战争之后，就被列强套上了不平等条约和协
定关税的枷锁，从而丧失了关税自主权，不仅全部关税收入
的支配权和保管权完全落入帝国主义手中，而且税率标准完
全由外国人控制，极低的关税税率有利于列强对华倾销商品

和掠夺中国农产品原料，国内新兴的近代工业则因此面临着巨大的竞争压力，这成为中国对外贸易和工业发展的严重桎梏。历届政府虽然想改变这种被动的局面，但由于列强的强烈反对而未获成功。

南京国民政府成立后，通过 1928 年、1931 年、1933 年和 1934 年四次修订进口税则，使中国逐渐实现了关税自主，水泥产品进口关税税率有了极大的提高。税率的提高改变了过去洋货几乎不受阻挡地长驱直入侵占中国市场的现象，外国商品倾销得到很好的遏制。

地方政府中，广东省政府对水泥产品进行统制经营的方法在抵制外货的倾销方面也起到了较好的作用。在 20 世纪 30 年代，陈济棠为确保省营企业的主导地位，决定对当时社会经济的重要门类如财政、金融、外贸、盐务、工业、农业等各方面实行统制政策，广东省政府建立起各种反对外国产品进口的关税壁垒和抵制国内其他省份货物进口的高额税率防线，以求打开省营企业产品的销路并由省营企业绝对控制广东市场。这种保护省营企业、加强国际贸易的重要经济统制方法，1934 年下半年开始在广东省范围内全面实施。统制经济成功地抵制了外国特别是日本商品在该地区的倾销。

另外有一点值得引起重视，即这一时期南京国民政府试图制定反倾销法规，希图以法律的形式遏制外国商品倾销。由于这一时期中国实际上没有也不可能彻底摆脱外国列强的压迫，国内的政策还受制于列强的干涉，不平等条约依然是束缚中国政治、经济发展的一条绳索，这就使近代中国的反倾销法规终究摆脱不了失败的命运。但是我们不能否定反倾销立法的历史作用，《倾销货物税法》的颁布使中国企业能够对外国的倾销主动起诉，它作为一种战略性的威慑手段，为我们反对外来商品倾销提供了有益的经验。

综上所述，透过南京国民政府时期的反倾销实践，我们可以看到，近代民族产业发展的根本问题，是如何在政府的主导下建立健康的市场经济保护体系，以达到抵御外国经济侵略的目的。近代民族资本主义的力量虽有所增强，中国的市场经济也取得了一定的进步，但是真正意义上的市场经济体制还远未达到完善的程度，更谈不上实现保护产业发展的功能，不平等条约依然是束缚民族经济健康发展的桎梏。在这样的形势下，民族资本主义要想战胜帝国主义的经济压迫，就只有整合国家、社会、同业组织及自身的力量，来完善市场经济保护体系，才能实现反对外国经济侵略和促进自身发展的目的。

表 1 – 1　1930 ~ 1935 年各国的主要经济指标（1929 年 = 100）①

		1930 年	1931 年	1932 年	1933 年	1934 年	1935 年
批发物价指数	日本	82. 3	69. 6	77. 2	88. 5	90. 2	92. 5
	美国	90. 7	76. 6	68. 0	69. 2	78. 6	83. 9
	英国	87. 5	76. 8	74. 9	75. 0	77. 1	77. 9
	德国	90. 8	80. 8	70. 3	68. 0	71. 7	74. 2
	法国	88. 4	80. 0	68. 2	63. 6	60. 0	54. 0
工矿业生产指数	日本	80. 7	91. 6	97. 8	113. 2	128. 7	141. 8
	美国	92. 3	68. 1	53. 8	63. 9	66. 4	75. 6
	英国	85. 9	83. 8	83. 5	88. 2	98. 8	105. 6
	德国	90. 8	67. 6	53. 3	60. 7	79. 8	94. 0
	法国	99. 1	86. 2	71. 6	80. 7	75. 2	72. 5
失业率（%）	美国	9	17	28	28	25	23
	英国	7	10	11	10	8	8
	德国	9	12	17	14	8	6

①　高德步主编《世界经济通史》（下卷），高等教育出版社，2005，第 10 页。

表 1－2　1920 年日本各类商品价格的下跌情况①

	最高时	最低时	跌幅、下跌率（%）
棉纱（定期期货 20 手，1 捆）	628 元（3 月）	250 元（10 月）	378 元（60.2）
生丝（定期期货 20 手，1 捆）	3958 元（1 月）	1195 元（8 月）	2763 元（69.8）
砂糖（分蜜黄双目，100 斤）	39.5 元（3 月）	21 元（12 月）	18.5 元（46.8）
铜（内地，100 斤）	63 元（1 月）	40 元（12 月）	23 元（36.5）
生铁（1 吨）	145 元（3 月）	101 元（12 月）	44 元（30.3）
煤炭（九州唐津，1 万斤）	219 元（1～3 月）	166 元（12 月）	53 元（24.2）
大米（定期期货，1 石）	52 元（3 月）	23 元（12 月）	29 元（55.8）
批发物价指数（一战前：100）	338 元（3 月）	216 元（12 月）	122 元（36.1）
股市指数（1914 年 7 月：100）	250.84（1 月）	113.11（6 月）	137.73（54.9）

资料来源：日本银行调查局《本国财界动荡史》，第 492～493 页。

表 1－3　1929～1931 年日本主要商品价格下跌情况②

单位：日元

时间 品种	1929 年 12 月	1930 年 6 月	1930 年 12 月	1931 年 6 月
生丝（100 斤）	1171.00	849.00	625.00	527.00
棉纱（1 捆）	193.18	125.96	139.65	136.42
铁（1 吨）	50.50	46.25	40.75	37.25

表 1－4　1929～1931 年日本各类商品批发物价指数动向
（1929 年 6 月为 100）③

年月	农产品	食品	纤维制品	金属品	化学制品	建材	燃料	其他	综合
1929.6	100	100	100	100	100	100	100	100	100

①　中村隆英、尾高煌之助编《双重结构》，生活·读书·新知三联书店，1997，第 316 页。

②　吴廷璆：《日本史》，南开大学出版社，1993，第 665 页。

③　中村隆英、尾高煌之助编《双重结构》，生活·读书·新知三联书店，1997，第 62 页。

续表

年月	农产品	食品	纤维制品	金属品	化学制品	建材	燃料	其他	综合
1929.9	97.6	101.8	97.3	92.6	96.9	92.1	99.9	93.8	97.3
1929.12	95.1	100.1	88.4	84.6	93.8	87.5	98.7	38.8	92.2
1930.3	92.8	90.7	76.6	77.2	88.9	77.9	94.7	86.9	84.6
1930.6	89.0	93.2	62.7	74.2	86.8	73.7	88.5	80.1	78.4
1930.9	90.6	82.0	59.0	65.7	82.2	67.0	84.6	75.5	73.9
1930.12	60.8	83.2	57.0	54.2	77.2	68.4	85.5	70.7	65.5
1931.3	65.9	74.3	59.8	58.2	79.0	77.6	84.9	67.9	67.1
1931.6	60.6	73.5	52.1	55.8	79.2	71.2	79.7	63.4	63.3
1931.9	62.2	75.6	47.8	55.0	74.0	72.6	79.2	62.7	61.2
1931.12	63.2	75.3	49.9	57.5	73.5	73.6	79.9	64.4	62.5
（权数）	(123)	(86)	(181)	(64)	(26)	(31)	(43)	(13)	(567)

计算方式：用 1933 年日本银行基准批发物价指数作为权数，将 1900 年基准的同一指数换算成 1929 年 6 月基准的指数。

表 1 - 5　1929 ~ 1936 年日本农户的收支情况（总平均）[①]

单位：日元

年份	1929	1930	1931	1932	1933	1934	1935	1936
农业收入	1975	1369	753	857	985	1016	1142	1244
其中：大米	796	599	411	479	509	584	640	704
养蚕	307	148	85	107	149	66	111	134
减：农业经营费	1141	872	360	380	421	451	485	518
副业所得	231	165	109	113	120	126	136	137
农户所得	1065	662	502	590	684	691	793	863
家庭支出	1074	800	549	599	606	638	705	763

资料来源：日本农林统计协会《农户经济累年统计》第 1 卷。

注：农户所得为农业所得（农业收入减去农业经营费）与副业所得的合计。

---

① 中村隆英、尾高煌之助编《双重结构》，生活·读书·新知三联书店，1997，第 62 页。

表 1 - 6　1930～1931 年日本各行业的限产运动①

产业	限产率	实行时期
纺织	27.2%	从 1930 年 6 月 1 日至 9 月底
生丝	16.7%	从 1930 年 6 月 1 日至 12 月底
水泥	53.2%	从 1930 年 9 月 1 日至 11 月底
造纸	35.0%	从 1930 年 5 月 1 日起以 1 年为度
煤	10.0%	从 1930 年 3 月 1 日至 10 月底
面粉	45.0%	从 1930 年 9 月 1 日至 9 月底
过磷酸肥料	30.0%	从 1930 年 7 月 1 日至 1931 年 2 月底
钢	50.0%	从 1930 年 7 月 1 日至 9 月底
人造丝织品	20.0%	从 1930 年 9 月 15 日起，3 个月一轮

表 1 - 7　1929～1933 年日本对外贸易的变化（每月平均数）②

单位：百万日元

年份	进口		出口		输入超过
	数额	指数	数额	指数	
1929	180	100	175	100	5
1930	126	70	119	68	7
1931	111	61.66	93	53.14	18
1932	116	64.44	113	64.57	3
1933	173	96.11	107	61.14	66

注：原表中"输入超过"栏 1932 年及 1933 年数据有误，已改正。

① 赵兰坪：《日本经济概况》，黎明书局，1931，第 326 页。
② 孙礼瑜：《日本的纸币膨胀政策》，《东方杂志》第 31 卷第 3 号，1934 年 2 月。

表 1 - 8　日本出口结构变化（1903～1935 年）①

单位：百万日元

年份		1903	1913	1920	1925	1929	1930	1931	1932	1933	1934	1935
总计		290	632	1948	2305	2149	1470	1147	1410	1861	2172	2499
工业原料	金额	30	51	140	163	89	64	45	51	74	96	110
	占比（%）	10.3	8.1	7.2	7.1	4.1	4.4	3.9	3.6	4.0	4.4	4.4
工业半制造品	金额	137	328	679	1090	884	524	423	486	539	499	672
	占比（%）	47.2	51.9	34.9	47.3	41.1	35.6	36.9	34.5	29.0	23.0	26.9
工业制造品	金额	81	185	963	878	937	691	533	701	1032	1346	1451
	占比（%）	27.9	29.3	49.4	38.1	43.6	47.0	46.5	49.7	55.5	62.0	58.1
食品	金额	34	62	142	147	160	129	102	104	158	172	197
	占比（%）	11.7	9.8	7.3	6.4	7.4	8.8	8.9	7.4	8.5	7.9	7.9
其他	金额	8	6	24	27	79	62	44	68	58	59	69
	占比（%）	2.8	1	1.2	1.2	3.7	4.2	3.8	4.8	3.1	2.7	2.8

资料来源：日本大藏省《日本对外贸易年报第一部》。

表 1 - 9　1920～1940 年日本及其殖民控制区概况②

单位：千平方公里，千人

年份	面积	人口		
	1940 年	1920 年	1930 年	1940 年
日本	383	55963	64450	71420

---

①　K. 波波夫：《日本经济与经济制裁》，上海杂志公司，1938，第 115 页。

②　〔日〕中村隆英、尾商煌之助编《双重结构》，生活·读书·新知三联书店，1997，第 251 页。

续表

年份	面积	人口		
	1940 年	1920 年	1930 年	1940 年
殖民控制区 库页	36	106	295	415
殖民控制区 台湾	36	3655	4593	5872
殖民控制区 朝鲜	220	17264	21058	24326
殖民控制区 南洋群岛	2	52	70	131
殖民控制区 关东州	3	920	1328	1367
殖民控制区 小计	297	21997	27314	32111
"日本帝国"	680	77960	91764	103531
伪满洲国	1303	~	~	43297
总计	1983	~	~	146828

表 1 – 10　日本、日本殖民控制区、伪满洲国 1937 年的生产总值（1937 年当年价格）

单位：百万日元，%

	日本	殖民控制区					合计	伪满洲国	总计
		南库页岛	台湾	朝鲜	南洋群岛	关东州			
第一产业	3734 (67.0) (17.8)	37 (0.6) (22.4)	340 (6.1) (36.7)	1398 (25.1) (50.2)	15 (0.3) (33.3)	49 (0.9) (13.5)	5573 (100.0) (22.1)	1750 (42.4)	7323
第二产业	6302 (86.9) (30.1)	80 (1.1) (48.5)	269 (3.7) (29.0)	467 (6.4) (16.8)	16 (0.2) (35.6)	119 (1.6) (32.9)	7253 (100.0) (28.7)	550 (13.3)	7803
第三产业	10122 (88.3) (48.3)	41 (0.4) (24.8)	283 (2.5) (30.5)	814 (7.1) (29.2)	12 (0.1) (26.7)	194 (1.7) (53.6)	11466 (100.0) (45.4)	1829 (44.3)	13295
其他确定产业	807 (3.8)	7 (4.2)	35 (3.8)	107 (3.8)	2 (4.4)	– (0.0)	958 (3.8)	– (0.0)	958

续表

日本	殖民控制区					合计	伪满洲国	总计
	南库页岛	台湾	朝鲜	南洋群岛	关东州			
NDP	20965 (83.0) (100.0)	165 (0.7) (100.0)	927 (3.7) (100.0)	2786 (11.0) (100.0)	45 (0.2) (100.0)	362 (1.4) (100.0)	25250 (100.0) (100.0)	4129 (100.0)	29379

资料来源：沟口敏行、梅村又次编《旧日本殖民地经济统计》，东洋经济新报社，1988 年，第 1 表 ~ 第 12 表；沟口敏行、野岛教之：《"旧日本帝国"的国内总生产和总支出的推定》，收入《经济研究》，第 32 卷，第 3 号，1981 年，附表 63；《"康德"6 年度"满洲国"国民所得总括表》，收入《张公权文书》，R3 ~ 54。

注：第一产业指农业、林业、渔业，第二产业指矿业、制造业，第三产业指建设业、商业、金融保险业、服务业、公务。

表 1 – 11　日本的出口市场（1925 ~ 1929 年五年平均数）

市场	出口货值 （千日元）	占日本出口 总额百分比（%）
中国内地、香港、关东州	278186	26.6
印度	84101	8.0
亚洲其他地区	87580	8.4
美国	444118	42.4
欧洲	73751	7.0
澳大利亚及新西兰	28976	2.8
其他	49609	4.7
合计	1046321	100

张伯苓等：《南开日本研究（1919 ~ 1945）》，南开大学出版社，2019，第 90 页。

表1-12　日本工业产品生产费降低表

单位：日元

			1929 年上	1930 年下	1931 年下	1932 年下	1933 年下	1934 年上
人造丝	生产费及其指数	一百磅	175	100	82	68	56	60
		指数	100	57	47	39	32	34
		年份	1929 年上	1930 年下	1931 年下	1932 年下	1933 年下	1934 年上
棉纱	生产费及其指数	二十支每包加工费	40	32	28	24	25	25
		指数	100	80	70	60	63	63
		年份	1929 年上	1930 年下	1931 年下	1932 年下	1933 年下	1934 年上
水泥	生产费及其指数	每桶	3.64	1.84	2.66	2.54	2.61	2.72
		指数	100	78.7	73.7	70.4	72.3	75.3
		年份	1929 年	1930 年	1931 年	1932 年	1933 年	1934 年
煤	生产费及其指数	在矿地每吨之生产费	4.48	4.32	3.57	3.25	3.33	3.60
		指数	100	96.4	79.7	72.5	74.3	80.4
		年份	1929 年	1930 年	1931 年	1932 年	1933 年	1934 年
生丝	生产费及其指数	每百斤	344	284	204	150	120	120
		指数	100	82	59	42	34	34

资料来源：赵兰坪：《日货何以低廉》，《日本评论》第 7 卷第 1 期，1935 年 1 月，第 31－41 页。

表 1 - 13 1931 年至 1934 年上半年日本工人数及工资指数表

年、月	劳动者人数总指数	名义工资指数	生活费指数	实际工资指数
1931 年平均	100. 0	100. 0	100. 0	100. 0
1932 年平均	100. 4	96. 5	102. 6	95. 0
1933 年平均	110. 1	93. 2	105. 3	88. 5
1934 年 1 月平均	115. 9	92. 1	105. 1	87. 6
1934 年 2 月平均	116. 5	91. 7	106. 1	86. 4
1934 年 3 月平均	118. 0	91. 5	106. 7	85. 8
1934 年 4 月平均	121. 6	90. 9	107. 3	84. 7
1934 年 5 月平均	122. 3	90. 7	108. 0	84. 0
1934 年 6 月平均	122. 6	90. 6	107. 8	84. 0

资料来源：赵兰坪《日货何以低廉》,《日本评论》, 第 7 卷第 1 期, 1935 年 1 月。

表 1 - 14 纺织公司工人一人一日之生产量

单位：日斤

		1926 年	1929 年	1931 年	1934 年
每名女工	生产量	1964	3911	4619	4966
	指数	100	199. 13	235. 18	252. 85
男女工平均	生产量	2302	3049	3721	4308
	指数	100	132. 45	161. 64	187. 14

注：据纺绩联合会《棉丝纺绩事情参考书》, 1 日斤 = 160 两 = 8 公斤。

资料来源：日本三菱经济研究所编《日本之产业》（一）, 郑君平译, 商务印书馆, 1936, 第 160 页。

表 1 - 15 日本就业工人中女工所占的比例

单位：%

	1929 年	1931 年	1933 年
纺织工业	81. 6	82. 4	81. 2
制丝业	92. 4	92. 7	92. 6
纺纱业	77. 5	80. 8	83. 8

续表

	1929 年	1931 年	1933 年
金属工业	8.4	7.5	7.9
机械器具工业	6.5	7.1	8.3
窑业	18.2	16.6	18.6
化学工业	33.2	35.1	35.1
制材及木制品工业	8.3	7.8	8.5
印刷装订业	12.6	11.5	11.5
食品工业	14.9	14.4	17.3
瓦斯及电气业	1.0	1.3	0.8
其他	53.5	51.3	51.7
平均	53.1	53.4	49.1

资料来源：日本三菱经济研究所编《日本之产业》（一），郑君平译，商务印书馆，1936，第156页。

表 1-16　日本各行业工人工资比较

单位：日元

		男工			女工		
		1929 年	1931 年	1934 年	1929 年	1931 年	1934 年
纤维工业	定额	1.337	1.198	1.117	0.851	0.705	0.623
	实收	1.611	1.469	1.376	1.005	0.769	0.675
制丝业	定额	1.223	1.025	0.901	0.915	0.705	0.786
	实收	1.241	0.994	0.920	0.946	0.681	0.615
纺织业	定额	1.413	1.303	1.254	0.913	0.767	0.628
	实收	1.617	1.463	1.364	1.048	0.810	0.665
机械器具工业	定额	1.892	1.778	1.593	0.889	0.863	0.763
	实收	2.926	2.572	2.751	1.187	1.090	0.983
机械工业	定额	1.963	1.843	1.623	0.877	0.863	0.748
	实收	2.961	2.589	2.801	1.148	0.985	1.007

续表

		男工			女工		
		1929 年	1931 年	1934 年	1929 年	1931 年	1934 年
金属 工业	定额	1.818	1.709	1.587	0.880	0.843	0.768
	实收	2.996	2.709	2.832	1.131	1.055	0.978
化学 工业	定额	1.588	1.489	1.384	0.789	0.737	0.672
	实收	2.106	1.911	1.802	0.943	0.852	0.760
饮食物 工业	定额	1.611	1.536	1.462	0.814	0.765	0.704
	实收	2.045	1.901	1.859	0.953	0.907	0.822
杂工业	定额	1.854	1.699	1.529	0.968	0.898	0.759
	实收	2.282	2.072	1.952	1.078	0.971	0.837
总平均	定额	1.593	1.470	1.348	0.863	0.771	0.681
	基数	100	92.28	84.62	100	89.34	78.91
	实收	1.302	2.059	2.171	1.008	0.790	0.700
	基数	100	158.14	174.35	100	78.37	69.44

资料来源：日本三菱经济研究所编《日本之产业》（一），郑君平译，商务印书馆，1936，第 150－151 页。

表 1－17　日元对英法美汇价及其下跌程度

年月	对美 汇价	对旧平价下 落率（%）	对英 汇价	对平价下 落率（%）	对法 汇价	对平价下 落率（%）
1932 年 1 月	35.777	28.22	24.913	11.35	9.039	28.95
3 月	32.043	35.71	21.163	13.91	8.047	36.75
5 月	31.899	36.00	20.798	15.39	7.992	37.18
7 月	27.372	45.09	18.473	24.85	6.882	45.90
9 月	23.515	52.82	16.235	33.96	5.929	53.39
11 月	20.723	58.43	15.138	38.42	5.207	59.07
1933 年 1 月	20.740	58.39	14.774	39.90	5.243	58.79
3 月	21.118	57.63	14.591	40.64	5.254	58.70

续表

年月	对美汇价	对旧平价下落率（%）	对英汇价	对平价下落率（%）	对法汇价	对平价下落率（%）
5 月	23. 662	52. 53	14. 407	41. 39	5. 082	60. 06
7 月	27. 986	43. 85	14. 500	41. 01	5. 235	58. 85
9 月	27. 165	45. 50	14. 158	42. 41	4. 725	62. 68
11 月	29. 895	40. 02	14. 109	42. 60	4. 822	62. 11
1934 年 1 月	29. 714	40. 41	14. 125	42. 54	4. 793	62. 33
3 月	29. 942	39. 93	14. 125	42. 54	4. 550	64. 24
5 月	29. 981	39. 85	14. 062	42. 80	4. 520	64. 47
7 月	29. 625	40. 56	14. 062	42. 80	4. 746	64. 82

资料来源：赵兰坪：《日货何以低廉》，《日本评论》1935 年第 1 期。

表 1 - 18　各国货币贬值率及物价腾贵率比较表

单位：%

	货币贬值率	物价腾贵率	同上差率
日本	65. 6	31. 7	33. 9
美国	41. 0	18. 0	23. 0
英国	38. 3	4. 8	33. 5
法国	0. 1	- 20. 5	20. 6
德国	2. 5	4. 0	- 1. 5

资料来源：陈庚苏《转换期的世界贸易大势》，《国际贸易导报》第 8 卷第 4 期，1936 年 4 月 15 日，第 85 - 115 页。

表 1 - 19　纽约银价、日元对华汇兑及日本对华出口商品价值[①]

年份	纽约银价（每盎司值美元）	日元对华汇兑（100 日元＝上海两）	日本对华出口商品价值（千日元）
1897	0. 608	75. 43	31204

---

① 蔡谦：《日本历年外汇之变动与对华汇兑倾销》，《社会科学杂志》第 6 卷第 1 期，1935 年。

续表

年份	纽约银价 （每盎司值美元）	日元对华汇兑 （100 日元＝上海两）	日本对华出口商品价值 （千日元）
1929	0.533	77.597	489934
1930	0.385	117.747	358353
1931	0.290	153.893	229822
1932	0.279	85.079	258568
1933	0.347	*105.402（70.209）	335692

注：1. *1933 年系每 100 日元合中国银元数，括号内数字系按上海两与银元各含之纯银量比较换算而得之每百日元值上海两数。

2. "日本对华出口商品价值"一列包括台湾及日本出口至我国关东州及东北三省各地的商品。

表 1－20　主要日本商品（布）在沪趸售市价表①

单位：元

年份	红洋标布	市布	漂白布	漂细布	染色细斜纹布	花标	冲直贡呢	色素棉法绒
	疋	疋	疋	疋	疋	码	码	码
1929	3.619	6.053	8.913	7.959	0.191	3.917	0.305	0.171
1930	3.963	6.358	9.982	8.709	0.199	4.090	0.325	0.176
1931	4.831	7.250	12.114	9.761	0.220	5.178	0.411	0.224
1932	3.271	4.588	8.558	—	0.171	—	0.251	0.166
1933*	4.587 （3.055）	6.773 （4.512）	12.408	—	0.229 （0.153）	—	0.385 （0.256）	0.252 （0.168）

*1933 年单位国币元，括号内数字为上海两，系按所含之纯银量由银元折合而得，录自国定税则委员会《上海货价季刊》（1923～1933）。

① 蔡谦：《日本历年外汇之变动与对华汇兑倾销》，《社会科学杂志》第 6 卷第 1 期，1935 年。

表 1-21 主要日本商品（煤）在沪趸售市价表①

单位：元

年份	杵岛 烟煤块	松浦 烟煤块	芳雄 统煤	芳雄 煤屑
1929	12.808	8.396	7.309	5.983
1930	15.715	10.497	9.342	7.852
1931	17.431	12.462	11.469	10.628
1932	14.641	10.751	10.033	8.869
1933 *	17.803 （11.859）	12.539 （8.352）	11.320 （7.540）	10.062 （6.702）

　＊1933 年单位国币元，括号内数字为上海两，系按所含之纯银量由银元折合而得。

表 2-1 1930～1935 年日本国内水泥年生产数量及销数统计表

单位：吨

年份	国内生产能力		实产 总量	剩余 数量	实际 限产率	国内用量		出口 数量
	总量	指数 （1930＝ 100）				总量	指数 （1930＝ 100）	
1930	4526800	100	3290387	1243346	27.5%	2826305	100	456949
1931	4898300	108	3253279	1864087	38.0%	2583781	91	450432
1932	5232900	116	3312340	2116393	40.4%	2722063	96	394444
1933	6106200	135	4274307	2167780	35.5%	3452081	122	386339
1934	7602500	168	4400827	3878762	51.0%	3402115	120	311623
1935	8856800	196	5392002	4871200	55.0%	3477647	123	507953

　注："实际限产率"系笔者根据剩余数量除以国内生产能力而得。

　资料来源：本表系根据《中华民国水泥工业同业公会年刊》（1948 年版）第 86 页统计表整理。

---

① 蔡谦：《日本历年外汇之变动与对华汇兑倾销》，《社会科学杂志》第 6 卷第 1 期，1935 年。

表 2 - 2 水泥存货量表（年末）

单位：吨

年份	水泥	烧制硬砖	计
1929	250999	113419	364418
1930	161913	67130	229043
1931	159925	84144	244069
1932	100045	89247	189292
1933	132476	71845	204321
1934	131816	108771	241587

注：水泥联合会调查。九年份不包含小野田、大分等脱退联合之各公司。

资料来源：日本三菱经济研究所编《日本之产业》（四），郑君平译，商务印书馆，1936，第955页。

表 2 - 3 日本水泥出口量

单位：吨

区域 年份	关东州		伪满洲国		香港		海峡殖民地		中国		总计
	数量	比率	数量	比率	数量	比率	数量	比率	数量	比率	
1929	14058	3.64%	—		70674	18.33%	38573	10%	25302	6.56%	385431
1930	8990	1.8%	—		97853	20.02%	73691	15.07%	40372	8.26%	488774
1931	5343	1.2%	—		126446	28.4%	87064	19.5%	22054	4.9%	445688
1932	15471	3.47%	11555	2.6%	108359	24.32%	39806	8.93%	16722	3.75%	445568
1933	98567	20.78%	10521	2.22%	88515	18.66%	40481	8.53%	25720	5.42%	474246
1934	221088	40.9%	9017	1.7%	62235	11.53%	65240	12.1%	22653	4.2%	539905

注：（1）水泥联合会之出口数量，与生产适用方法有关，而处置方法不一致。所以与大藏省的统计数据殊存在一定的出入。(2)表中地区称谓为日本学者的表达方式，关东州指现在大连、旅顺等部分日本占领的东北地区，"伪满洲国"指'九一八'事变后的东北地区，"海峡殖民地"指台湾，"中国"泛指当时南京国民政府的统治区域（本书作者注）。

资料来源：日本三菱经济研究所编《日本之产业》（四），郑君平译，商务印书馆，1936，第953 - 954页。

表 2 - 4　1927～1937 年水泥进口数量统计表①

单位：1933 年以前为"担"，1934 年以后为"公担"

年份	日本		香港		进口净量		国内市场水泥供给总量（担）*
	进口数量	占进口总量百分比（%）	进口数量	占进口总量百分比（%）	总计	占市场供给总量百分比（%）	
1927	873728	45.61	754122	39.36	1915533	18.02	10629942
1928	543565	23.83	1141884	50.07	2280509	17.50	13026783
1929	755155	26.65	1335113	47.12	2832857	18.04	15694535
1930	942314	30.94	1561757	51.29	3044839	20.49	14859524
1931	755155	22.96	1948806	59.25	3288773	21.63	15199616
1932	289900	7.89	1405191	38.28	3670201		
1933	452360	19.85	510148	22.38	2278701		
1934	279530	35.47	103901	13.18	788064		
1935	346689	50.74	17328	2.53	683207		
1936	260072	74.41	4905	1.40	349498		
1937	101634	39.98	42314	16.64	254158		

　　资料来源："日本""香港""进口净量"栏目数字据《启新洋灰公司史料》第49～50 页统计表整理；"国内市场水泥供给总量"系根据《刘鸿生企业史料》（上）第 184 页统计表制作，1932～1937 年暂缺数据。

---

① 近代水泥业的统计数据并非十分精确，由于统计口径及统计方式的不同，有时数据存在一定的出入，这不会影响对水泥业的趋势分析。另外近代水泥的计量单位也极不统一，本文的计量单位一般都是按照原表，没有进行相互的转换。

表 2 – 5　日本水泥向中国内地、香港两地出口水泥量统计表

单位：吨，%

		1929 年	1930 年	1931 年	1932 年	1933 年	1934 年
香港	进口数量	70674	97853	126446	108359	88515	62235
	占比	18.33%	20.02%	28.37%	24.31%	18.66%	11.52%
中国内地	进口数量	25302	40372	22054	16722	25720	22653
	占比（%）	6.56	8.25	4.94	3.75	5.42	4.19
出口总计		385431	488774	445688	445568	474246	539905

资料来源：本表系根据日本三菱经济研究所编《日本之产业》（三），郑君平译，商务印书馆（出版时间不详），第 953 页。

表 2 – 6　日货在日与在华售价之比较

单位：规银两

类别	在日售价	加运华费用	在华应售价格	在华现售价格	实在差额	平均差额	国货平均售价
浅野纸袋水泥	2.89	2.50	5.30	2.90	2.49	2.47	4.62
小野田纸袋水泥	3.05	2.50	5.55	3.10	2.45	2.47	

资料来源：《日本水泥对华倾销》，上海社会科学院经济研究所藏《刘鸿生企业档案资料》，卷号 02～012

表 2 – 7　日本水泥销售地区及销售比率比较表（1935～1936 年）

单位：桶

进口城市\年份	上海		天津		汉口		汕头		进口总计
	进口量	所占比例	进口量	所占比例	进口量	所占比例	进口量	所占比例	
1935	343852	51.45%	116921	17.49%	3645	0.54%	13533	2.02%	668294
1936	239612	53.35%	68658	15.28%	4909	1.10%	4844	1.07%	449128

资料来源：中国第二历史档案馆、中国海关总署办公厅编《中国旧海关史料》（1859 – 1948），京华出版社，2001。

表 2 - 8　1927 - 1938 年日本主要航运会社补助金额表

单位：日元

年份	日本邮船	大阪商船	日清汽船	年份	日本邮船	大阪商船	日清汽船
1927	1089710	3281574	728318	1933	932783	3291876	781000
1928	1103824	3290535	636896	1934	784389	3151000	1175000
1929	1110741	3314131	—	1935	932783	2705000	1056000
1930	1089456	3495664	—	1936	784389	2567000	498000
1931	1083161	3565110	—	1937	742236	2577000	—
1932	991685	3454442	—	1938	788544	2468000	—

资料来源：大阪商船株式會社《大阪商船株式會社五十年史》（大阪市：同编者，1935），822 页；中川敬一郎《两大战间の日本海事产业》（东京都：中央大学出版部，1985），66 页；日本经营史研究所编《日本邮船百年史资料》（东京都：日本邮船株式会社，1988），775～776 页。（日本邮船为日本本土、近海航线之补助金额，其中中国航线约占半数的 60%，大阪商船为包括国际航线在内所有航线之补助金额。）杜恂诚：《日本在旧中国的投资》，上海社会科学出版社，1986，第 113 页。

表 2 - 9　中国国内市场水泥供给总量及国货与外货
所占的比重（1922～1931 年）

单位：桶

年份	国内市场水泥供给总数	国 产 水 泥			外 资 水 泥			
		国货厂产量	占比（%）	全年生产能力	数 量			占比（%）
					在华外厂产量	进口水泥数量	小计	
1922	2731771	1564892	57. 28		235370	931509	1166879	42. 72
1923	2678041	1753063	65. 46		297680	627298	924978	34. 54
1924	2713317	1494315	55. 07		601088	617914	1219002	44. 93
1925	2989239	1623125	54. 30		518083	848031	1366114	45. 70
1926	3588955	2284444	63. 65		632411	672100	1304511	36. 35
1927	3729711	2268513	60. 82		661039	800159	1461198	39. 18
1928	4570687	2535076	55. 46		1041651	993960	2035611	44. 54
1929	5506717	3043644	55. 27		1394735	1068338	2463073	44. 73

续表

年份	国内市场水泥供给总数	国 产 水 泥			外 资 水 泥			
		国货厂产量	占比（%）	全年生产能力	数 量			占比（%）
					在华外厂产量	进口水泥数量	小计	
1930	5213738	2736311	52.48		1323500	1153927	2477427	47.52
1931	5333065	2959840	55.50	3650000	1085467	1287758	2373225	44.50
1932								

资料来源：系根据方显廷、谷源田《中国水泥工业之鸟瞰》（载《中国经济研究（下）》）一文资料整理。

表 2-10　1920～1935 年中国市场水泥象牌产品
（华商企业产品）价格表

单位：元

年份	1920	1923	1924	1925	1926	1927	1928
价格	12	4.694	3.890	3.825	4.228	4.156	4.378
年份	1929	1930	1931	1932	1933	1934	1935
价格	4.1413	4.5256	5.5344	5.0634	5.1679	4.846	3.700

注：1920 年水泥价格系根据刘鸿生的演讲"国产水泥便一落千丈，从十二元的市价，跌至二元六角"估计而得。另外国民政府对水泥的征税情况也有所变化：1907～1927 年税率为 0.15 元/桶，1927～1930 年税率为 0.23 元/桶，1930～1931 年税率为 0.60 元，1931 年 2 月 1 日起征收统税 1.2 元/桶。

资料来源：1923～1935 年水泥价格表数据系根据《刘鸿生企业史料》及《刘鸿记账房资料》并华商上海水泥公司历年股东会、董事会会议记录整理。

表 2-11　启新洋灰公司历年生产设备利用情况表（1912～1937 年）

年份	年生产能力[(1)]（吨）	年生产量（吨）[(2)]	设备利用率（%）	年份	年生产能力（吨）	年生产量（吨）	设备利用率（%）
1912	105000	59405	56.6	1915	105000	75085	71.5
1913	105000	48447	46.1	1916	105000	67314	64.1
1914	105000	75924	72.3	1917	105000	87623	83.5

续表

年份	年生产能力（吨）	年生产量（吨）	设备利用率（%）	年份	年生产能力（吨）	年生产量（吨）	设备利用率（%）
1918	105000	94568	90.1	1928	235000	153905	65.5
1919	105000	106478	101.4	1929	235000	233813	99.5
1920	105000	109741	104.5	1930	235000	226163	96.2
1921	105000	121419	115.6	1931	235000	265130	112.8
1922	105000	130032	123.8	1932	275000	241692	87.7
1923	235000	231782	98.6	1933	275000	246081	89.5
1924	235000	127788	54.4	1934	275000	256989	93.5
1925	235000	127785	54.4	1935	275000	237437	86.3
1926	235000	75972	32.3	1936	275000	182420	66.3
1927	235000	191109	81.3	1937	275000	187962	68.3

（1）年生产能力的计算，1912 年、1923 年、1932 年系根据《启新灰有限公司 30 周年纪念册》中"本厂制灰窑磨及其设备之概述"部分资料计算而得。如其第三次扩充设备（1932 年）全厂总产量每 24 小时出产 5500 桶（每桶 170 公斤），每年按 300 工作日计算求得产量 275000 吨，公式如下：年产量 = 日产量（桶）×300；

（2）年生产量系根据《启新洋灰公司史料》"各水泥公司历年产销数额调查表"。

资料来源：南开大学经济研究所等编：《启新洋灰公司史料》，南开大学出版社 1963 年版，第 151 页。

表 3-1 中国水泥工厂一览（1924 年）

厂名	厂址	创办年份	主要商标	资本额		生产能力		
				1924 年底资本额（千元）	占全国水泥业资本总额（%）	1924 年生产能力（千桶）	占全国水泥业生产能力（%）	占国产水泥业生产能力（%）
启新洋灰公司	直隶唐山	1889	马牌	8800	55.70	1370	33.62	43.40
广东士敏土厂	广东河南	1908	狮球牌	1500	9.49	194	4.76	6.15
华记水泥公司	湖北大冶	1910	塔牌	包括在启新内		382	9.37	12.10

续表

| 厂名 | 厂址 | 创办年份 | 主要商标 | 资本额 | | 生产能力 | | |
				1924年底资本额（千元）	占全国水泥业资本总额（%）	1924年生产能力（千桶）	占全国水泥业生产能力（%）	占国产水泥业生产能力（%）
致敬水泥公司	山东济南	1917		200	127	75	1.84	2.37
华商上海水泥公司	上海龙华	1920	象牌	1400	886	360	8.83	11.40
太湖水泥公司	江苏无锡	1921		1500	949	600	14.73	19.01
中国水泥公司	江苏南京	1922	泰山牌	1000	633	176	4.32	5.57
中国民族水泥企业合计				14400	9114	3157	77.47	77.47
小野田水泥工厂	奉天大连	1907	龙牌	1000	6.33	800	19.63	—
山东兴业水泥公司	山东青岛	1917	虎头牌	400	2.53	118	2.90	—
日资水泥企业合计				1400	8.86	918	22.53	—
总计				15800	100	4075	100	—

注：1. 上表根据 1924 年 10 月出版的《中外经济周刊》第 82 号《中国水泥工厂一览表》，国民党政府资源委员会水泥资源调查丛书《各国水泥工业志》及南开大学经济研究丛书《中国经济研究（下）》所载资料整理。

2. 华商上海水泥公司资料根据该公司档案整理。其 1924 年资本额包括原实收资本与变息为股的 13 万余元合并计算。

3. 水泥生产能力以千桶计算，每桶合 170 公斤。

表 3 - 2　1936 年国内水泥厂生产能力比较

公司名称	年生产能力（桶）	附注	公司名称	年生产能力（桶）	附注
启新洋灰公司	1700000		江南水泥厂	1500000	现在安装机器，明春开工
西北水泥厂	150000	1935 年间完成，本年开工	华记水泥公司	300000	
致敬水泥公司	150000	原有规模甚小，订购新机日出 500 桶	四川水泥厂	300000	现正建厂，安装机器

续表

公司名称	年生产能力（桶）	附注	公司名称	年生产能力（桶）	附注
中国水泥公司	1350000	安装新机，本年冬间完成	西村	1350000	现正购机安装
华商水泥公司	550000				
1936 年各厂年生产能力总计（桶）			7350000		
1932 年国内各厂年生产能力总计（桶）			3650000		

资料来源：许涤新：《中国资本主义发展史》（第三卷），人民出版社，2003，第 121 页。

表 3 - 3　近代中国水泥厂址比较

厂名	原料来源	燃料来源	动力来源	主要市场
启新洋灰公司中国水泥厂华记水泥厂	厂旁	厂旁	自备	沿铁道水路远达各处，并有运输特殊便利
华商水泥公司	木船运来需时 4 日	远道运来，可自由选购	自备	厂旁
广东士敏土厂	木船运来需时 4 小时	水路运来但不远，可自由选购	本市发电厂	厂旁

资料来源：作者根据《启新洋灰公司史料》《刘鸿生企业史料》等相关资料整理而成。

表 3 - 4　启新洋灰公司历次扩充

年份	生产国家	UNVM 购进设备	制灰方法	日产量（桶）
1907	丹麦	30m×2.1φm 旋窑二具，虎口碾石机二具，烤料罐一具，原料圆长磨各一具，洋灰圆长磨各一具，烤煤罐一具，煤磨圆长磨各一具	干法制造	700
1910	丹麦	45m×2.1φm 旋窑二具，原料圆长磨各二具，洋灰圆长磨各二具，煤磨圆长磨各一具，烤煤罐一具，其他附属设备	半干半湿	2100

年份	生产国家	UNVM 购进设备	制灰方法	日产量（桶）
1921	丹麦	60m×φ2.7m 及 60m×φ3m 旋窑各一具，新式大碾二具，原料圆长磨各四具，丹式洋灰磨各二具，烤煤罐三具，烤料立窑四具，煤磨二具，其他附属设备	—	4700
1932	国产	自制仿乙厂旋窑一具	—	5500

注：表中数据根据天津市图书馆藏 1935 年启新洋灰公司编《启新洋灰有限公司三十周年纪念册》及娄友昆《启新洋灰公司历史概述》（见河北省文史资料委员会编《河北文史资料》，1990，总第 33 期，第 15~28 页）相关资料整理。1910 年和 1910 年全厂日产量为作者计算。

资料来源：凌宇、方强《启新洋灰公司发展策略浅论》，《唐山师范学院学报》第 28 卷第 3 期，2006 年 5 月。

表3-5　启新马牌水泥按德国标准实验结果

试验年份	水泥锭力量：水泥一份沙子三份每平方公分公斤数				试验单位
	引力		压力		
	七日	二十八日	七日	二十八日	
1909	14.4	20.7	101.1	211.6	柏林皇家试验土质材料所
1920	20.1	25.0	—	259.0	唐山启新洋灰公司化验室
1934	31.8	36.9	516.0	598.0	德国奎鲁氏试验室
1939*	27.1	32.8	341.0	486.0	唐山启新洋灰公司化验室

资料来源：《启新洋灰公司30周年纪念册》，有"*"号年份数据摘自《启新洋灰公司史料》第 1242 卷，第 159 页。

表3-6　启新水泥与日本水泥质量比较

品种	日本标准规格	启新	小野田大连支社	小野田大连支社品对启新品的强度比率
买入年月		1932~1933年平均	1932~1933年平均	
比重（原灰）	>3.05	3.084	3.166	

续表

品种 买入年月		日本标准规格	启新 1932～1933 年平均	小野田大连支社 1932～1933 年平均	小野田大连支社品对启新品的强度比率
粉末程度	4900 孔	<12%	9.7%	1.35%	
	10000 孔	1	16.8	5.45	
凝结	稠度				
	注水量（%）	6	25.25	26.28	
	始开	>1.00	2.34	2.04	
	终结	<10.00	4.06	3.40	
	温度	15～25	26.6	21.4	
	湿度（%）	1	73.8	61.7	
膨胀性	沸煮法	1	1.0	1.6	
	浸水法	1	完	完	
耐压力 kg/cm²	水标准泥砂 13	水量（%）	1	6.7	6.7	1
		3 日	>150	310	421	135.8%
		7 日	>220	367	532	145.0%
		28 日	>300	441	658	149.2%
抗张力 kg/cm²	水标准泥砂 13	水量（%）	1	6.5	6.5	1
		3 日	1	27.3	32.0	117.3%
		7 日	>20	30.8	35.0	114.0%
		28 日	>25	36.9	41.4	112.3%

资料来源：南开大学经济研究所等编《启新洋灰公司史料》，南开大学出版社，1963，第161、162 页。转引自程莉《近代实业家周学熙研究》，合肥工业大学出版社，2006，第93 页。

表 4-1　历次抵制日货运动概况

	起讫时间	导因	中心区域	参与力量
1	1908 年 3 月～12 月	二辰丸案	广东	粤商
2	1909 年 8 月～10 月	安奉铁路改筑问题	东北	留日学生

	起讫时间	导因	中心区域	参与力量
3	1915 年 2 月 ~ 12 月	二十一条	全国	社会各界
4	1919 年 5 月 ~ 1922 年 2 月	山东问题	全国	社会各界
5	1923 年 3 月 ~ 12 月	收回旅大	华南、华中、华北	社会各界
6	1925 年 6 月 ~ 7 月	五卅惨案	华南、华中、华北	社会各界
7	1927 年 6 月 ~ 8 月	日本出兵山东	华南、华中、华北	社会各界
8	1928 年 5 月 ~ 1929 年 7 月	济南惨案	华南、华中、华北	社会各界
9	1931 年 7 月 ~ 1933 年 1 月	万宝山惨案、"九一八"事变、"一二八"事变、华北危局	全国	社会各界

注：本表系根据邵德厚《抵制日货之考察》（日本评论社通信部 1933 版）相关内容编制。

表 4 - 2　抵货运动对日本输华贸易的影响[①]

抵货期间	抵货期间日本对中国、香港、关东州出口较之上年度同一时期增或减		
	价值（金元）	对华出口之百分比	占日本总出口之百分比
1908. 4 ~ 1908. 12	减 13332000	减 26.9	减 7.05
1915. 1 ~ 1915. 6	减 17900000	减 29.0	减 5.05
1919. 5 ~ 1919. 12	减 32385000	减 17.0	增 3.1
1920. 1 ~ 1920. 12	减 29152000	减 8.9	减 3.0
1921. 1 ~ 1921. 12	减 86961000	减 29.0	减 13.9
1923. 4 ~ 1923. 12	减 34498000	减 19.0	减 4.8
1927. 6 ~ 1927. 12	减 2735000	减 1.8	减 0.3
1928. 1 ~ 1928. 12	减 17435000	减 3.0	减 1.8
1929. 1 ~ 1929. 6	减 19137000	减 14.5	减 1.8

注：此表数目概根据日本国际贸易月别表编成。因为 1927 年与 1928 年均系抵货年份，故 1928 年和 1929 年只能与 1926 年比较。

① 刘百闵：《日本国际贸易之分析》，日本评论社，1933，第 29 页。

表4-3　日本对华贸易月别进出口表（1931年1月～1932年2月）

单位：千日元

月份	1931年进出口贸易		1930年进出口贸易		减少额		减少百分率	
	出口	进口	出口	进口	出口	进口	出口	进口
1931年1～8月	116158	75590	144961	81534	28403	5944	19.0%	7.2%
1931年9月	11556	6663	19246	7192	7890	729	34.8%	9.9%
1931年10月	8473	7497	22764	8818	14291	1311	62.7%	19.0%
1931年11月	3967	6701	18715	8522	14748	1821	78.8%	21.4%
1931年12月	3701	7298	19964	10204	16242	2926	81.4%	28.4%
1932年1月	4049	7666	14320	9470	10271	1804	71.7%	19.0%
1932年2月	5097	5385	12094	9227	66997	3842	57.9%	41.6%
总　计	153001	116800	252064	134967	99063	18167	39.30%	13.46%

资料来源：《从九一八到一二八——日本对华贸易所受的影响》，《国际贸易导报》第4卷第1号，1932年4月。

表4-4　日本商品对华出口额（1911～1933年部分年份）

年份	对中国出口（千海关两）	指数	占当年中国进口商品总值百分比（%）
1912年	91017	100	19.24
1916年	160491	176.34	31.08
1921年	210359	231.12	23.22
1926年	336909	370.17	29.97
1930年	327165	359.45	24.98
1931年	264956	291.11	18.48
1932年	151007	165.91	14.21
1933年上半年	74014		9.31

资料来源：孙怀仁：《中日交涉中三个经济问题》，《申报月刊》第3卷第6期，1934年6月。

表 5 - 1　1926 ~ 1936 年平均进口物量①指数与税准指数

年份	进口物量		税准	
	指数	相比上年度增（＋）减（－）情况	指数	相比上年度增（＋）减（－）情况
1926	100		100	
1927	82. 3	－ 17. 7	99. 8	－ 0. 2
1928	100. 7	＋ 18. 4	100. 2	＋ 0. 4
1929	107. 2	＋ 6. 5	106. 5	＋ 6. 3
1930	98. 2	－ 9	107. 6	＋ 1. 1
1931	99. 1	＋ 0. 9	111. 7	＋ 4. 1
1932	81. 3	－ 17. 8	118. 7	＋ 7
1933	79. 1	－ 2. 2	120. 5	＋ 1. 8
1934	64. 4	－ 14. 7	129	＋ 8. 5
1935	59. 6	－ 4. 8	130	＋ 1
1936	55	－ 4. 6	129. 2	－ 0. 8

资料来源：虞宝棠《国民政府与民国经济》，华东师范大学出版社，1997，第60 页。

表 5 - 2　1926 ~ 1936 年平均进口税率水准

单位：%

年份	应有税准	实际税准
1926	4. 1	3. 8
1927	3. 9	3. 5
1928	4. 3	3. 9
1929	10. 9	8. 5
1930	12. 0	10. 4
1931	16. 3	14. 1
1932	18. 4	15. 8

①　进口物量指数不包括东北商品。

年份	应有税准	实际税准
1933	25.4	21.7
1934	34.3	27.8
1935	35.3	29.9
1936	34.5	29.7

资料来源：郑友揆《中国的对外贸易和工业发展》，上海社会科学出版社，1984，第74页。

表 5-3　各国关税税率

单位：%

国家 年份	日本	美国	英国	法国	德国
1927	6.6	14.1	10.2	4.9	8.6
1928	7.0	13.8	11.2	6.8	8.4
1929	6.6	13.7	10.8	7.6	8.4
1930	7.3	15.6	11.6	8.3	11.1
1931	9.0	17.9	15.2	14.4	16.0
1932	7.5	20.3	23.1	18.3	—

资料来源：高德步主编《世界经济通史》（下卷），高等教育出版社，2005，第371页。

表 5-4　中国水泥进口量表（1932～1935 年）

年份	日本水泥 进口量	进口总量	每桶进口税	
			关金单位	折合当时法币
1932 年	146（千桶）	1306（千桶）	0.39	—
1933 年	221（千桶）	810（千桶）	0.89	2.75 元
1934 年	117（千桶）	280（千桶）	0.89	2.76 元
1935 年	131（千桶）	243（千桶）	0.89	2.62 元

资料来源：徐宗涑：《中国之水泥工业》，《经济建设季刊》第1卷第1期，1943年4月，第108～116页。

表 5-5　广东省水泥进口量表（1926~1936 年）

单位：1933 年以前为"担"，1934 年以后为"公担"

年份	1926 年	1927 年	1928 年	1929 年	1930 年	1931 年
汕头	100.825	107.204	165.680	189.441	212.095	272.794
广州	687.294	480.635	275.130	300.776	442.815	722.014
九龙	25.908	80.538	131.406	149.085	249.028	274.973
广九铁路	1.775	29.389	41.043	41.699	60.922	—
拱北	126.362	411.614	683.649	684.878	918.495	996.762
江门	563	65.335	93.912	221.624	201.451	256.844
三水	1.930	8.335	20.979	29.000	38.309	33.361
合计	944.657	1.183.050	1.411.799	1616503	2123115	2556748

	1932 年	1933 年	1934 年	1935 年	1936 年
汕头	411.276	120.893	12.436	9676	1873
广州	743.792	125.969	22.625	11906	2400
九龙	303.145	116.133	253.998	224204	166508
广九铁路	—	—	—	—	—
拱北	1.006.838	248.764	23.598	1524	251
江门	174.935	42.132	1.541	~ ~	~ ~
三水	11.920	2.705	311	479	10
合计	2651906	656596	314509	247789	171042

资料来源：本表根据中国第二历史档案馆、中国海关总署办公厅编《中国旧海关史料》（1859~1948）（京华出版社，2001）1926~1934 年相关数据资料整理而成。

表 5-6　广东士敏土厂河南厂及西村厂生产统计

单位：吨

年份　　　厂别	河南厂	西村厂	两厂合计
1932 年	33419	34365	67784
1933 年	5238	75802	81040
1934 年 1~8 月	13373	48060	61433

续表

年份 厂别	河南厂	西村厂	两厂合计
合计	52030	158227	210257

总计	公吨	210257
	折合桶	1236311

资料来源：《广东省营士敏土厂概况》，《工商半月刊》，第 7 卷第 5 期，1935 年 3 月 1 日。

表 5 - 7　历年水泥销售价格统计表（1933～1936 年）

	年份	1933	1934	1935	1936	历年平均
每桶销售价格	国内其他品牌（法币元）	5.17	4.84	3.70	3.79	4.38
	广东五羊牌售价	10 元（毫洋）＝8.33 元（法币）				

资料来源：本表数据系根据《刘鸿生企业史料》、《刘鸿记账房档案存卷》和华商上海水泥公司历年股东会、董事会会议记录整理，水泥销售价格系以上海地区为主。另外，在当时的广东省流通货币主要为广东银毫，其对法币的兑换，根据 1935 年广东省政府对省内流通货币有规定，"定毫银加二给值，大洋加四四给值"，即"银毫一元换毫券一元二毫，大洋一元换毫券一元四毫四仙"。（见陈宝芝：《民国二十四年省政设施概况》，第 17 页）

表 6 - 1　日布输入之概况（1932 年 1 月至 5 月合计）

单位：元

货名	日货输入值	我国输入该项货品总值	日货占比（%）
白或染色羽苿	5723760	6138658	93.24
印花粗细斜纹布	2923326	3086733	94.71
漂市布粗布细布竹布	2423927	4800371	50.49
本色市布粗布细布	1274465	2147386	59.35

资料来源：根据中国第二历史档案馆编《中华民国史档案资料汇编》第五辑第一编·财政经济（六）（江苏古籍出版社，1994，第 13 页）及《实业部调查日货在华倾销概况报告书》（选自 1932 年实业部调查日货倾销情形报告书，载《中华民国史档案资料汇编》第五辑第一编·财政经济（八），江苏古籍出版社，1994，第 702 页）相关数据整理而得。

表6-2　中国现时纱布价格之比较

中国纱布价格		日本纱布价格	
16 支纱	150 两折成本 2 两	16 支纱	124 两至 130 两
14 支纱	150 两折成本 8 两	14 支纱	120 两
16 磅细布	6 两 2 钱	12 磅细布	4 两 8 钱
17 磅粗布	7 两 2 钱	17 磅细布	5 两 6 钱
9 磅细布	5 两 4 钱	9 磅细布	3 两 1 钱
12 磅细布	6 两	12 磅细布	4 两 5 钱
12 磅细斜纹布	6 两 1 钱	12 磅细斜纹布	5 两

资料来源：根据《中华民国史档案资料汇编》第五辑第一编·财政经济（六）及《实业部调查日货在华倾销概况报告书》（选自1932年《实业部调查日货倾销情形报告书》，载《中华民国史档案资料汇编》第五辑第一编·财政经济（八），第702页）相关数据整理而得。

表6-3　日布输入之概况

单位：千万码

输入地点	1932 年 （上半年）	1931 年	输入地点	1932 年 （上半年）	1931 年
上海	4796	47203	汉口	2338	2294
天津	45716	19301	东北三省	3618	8691
青岛	26835	13176	香港	9627	15499
大连	43630	25299			

资料来源：《实业部调查日货在华倾销概况报告书》（选自1932年《实业部调查日货倾销情形报告书》，载《中华民国史档案资料汇编》第五辑第一编·财政经济（八），江苏古籍出版社，1994，第702页。

表6-4　武汉纱业概况

十月份日 本输入纱 布数目	日本棉纱 在汉销路	武汉各纱厂受日货倾销后之情形				
		民生公司	裕华公司	第一纱厂	震寰纱厂	申新纱厂
布匹 5 万 6 千余包	布匹 7 百包	存布 5 千包	存布 4 千余包	存布 7 千余包	存布 4 千余包	存布 4 千余包

续表

十月份日本输入纱布数目	日本棉纱在汉销路	武汉各纱厂受日货倾销后之情形				
		民生公司	裕华公司	第一纱厂	震寰纱厂	申新纱厂
棉纱 3 万 3 千余包	棉纱 5 百余包	存纱 4 百包	存纱 2 千余包	存纱 5 千余包	存纱 3 千余包	存纱 1 千余包

资料来源：《中华民国史档案资料汇编》第五辑第一编·财政经济（六），江苏古籍出版社，1994，第 14 页。

表 6-5　全国纺锭及布机停工及减工统计

	台数（枚）	占全国百分率（%）	布机数（枚）	占全国百分率（%）
现已停工锭数	626132	22.50	5134 台	23.60
已停工及已减工锭数	870554	31.28	7323 枚	33.66
已停已减及将停将减共	983452	36.34	7468 台	34.32
全国现有纺锭数	2782936		21757 台	

资料来源：《全国经济委员会棉业统制委员会关于救济棉业提案》（1935 年 6 月 16 日），载《中华民国史档案资料汇编》第五辑第一编·财政经济（六），江苏古籍出版社，1994，第 116～117 页。

表 6-6　日本历年输入硫酸数量

年份	1932	1933	1934	1935	1936
日本输入	30933	30455	11861	7439	5639
总输入	49759	55413	13172	30963	22897
日本酸输入比例（%）	62.16	54.96	90.05	24.03	24.63

资料来源：本表系根据《中国旧海关史料》（1859～1948）历年资料整理。

表 6-7　日本糖输出总量和至各国占比

单位：%，担

年份	中国	关东州	香港	其他	总计	数量
1923	81.1	6.5	——	12.4	100.0	1068098

续表

年份	中国	关东州	香港	其他	总计	数量
1924	93. 4	6. 4	*	0. 2	100. 0	1909107
1925	89. 6	9. 4	0. 1	0. 9	100. 0	2450126
1926	88. 5	9. 2	*	2. 3	100. 0	3063087
1927	84. 0	9. 2	0. 8	5. 9	100. 0	2689498
1928	81. 4	10. 5	2. 0	6. 1	100. 0	3871368
1929	72. 9	17. 9	5. 2	4. 0	100. 0	3200222
1930	85. 4	9. 4	4. 2	1. 0	100. 0	3697731
1931	74. 8	15. 1	7. 9	2. 2	100. 0	2663226

注:" * "代表不及 0.05% 。

资料来源:蔡谦编《近二十年来之中日贸易及其主要商品》,商务印书馆,1936,附表十乙。

表 6 - 8　日本精糖在东京批发售价与输出售价比较

单位：日元

年份	日本精糖在东京每担批发售价 *	日本精糖输出每担售价 +	年份	日本精糖在东京每担批发售价 *	日本精糖输出每担售价 +	日本砂糖生产费	
						期间	费用
1912	20. 68	9. 34	1922	25. 37	13. 50	1921 ~ 1922	12. 988
1913	20. 32	9. 38	1923	29. 16	13. 94	1922 ~ 1923	11. 541
1914	20. 55	9. 43	1924	27. 17	15. 34	1923 ~ 1924	10. 519
1915	21. 45	10. 05	1925	20. 43	13. 51	1924 ~ 1925	10. 385
1916	22. 75	11. 00	1926	23. 84	11. 34	1925 ~ 1926	10. 707
1917	23. 83	11. 84	1927	24. 08	10. 99	1926 ~ 1927	12. 046
1918	26. 65	12. 18	1928	21. 73	10. 11	1927 ~ 1928	9. 870
1919	37. 62	19. 75	1929	22. 17	9. 31	1928 ~ 1929	9. 262
1920	44. 38	20. 48	1930	20. 16	7. 35	1929 ~ 1930	8. 326

续表

年份	日本精糖在东京每担批发售价 *	日本精糖输出每担售价 +	年份	日本精糖在东京每担批发售价 *	日本精糖输出每担售价 +	日本砂糖生产费	
						期间	费用
1921	29.51	19.92	1931	17.95	5.67	1930～1931	
历年平均售价				24.99	12.2215		11.06

注：1. "＊"见历年《日本帝国统计年鉴》。

2. "＋"系用历年《日本外国贸易年表》中的"精糖输出量"除以"精糖输出总值"而得。

3. "日本砂糖生产费"栏数据见"台湾殖产局"编《昭和六年台湾糖业统计》。

资料来源：根据蔡谦《近二十年来之中日贸易及其主要商品》（商务印书馆，1936）第72、73页内容整理。

参考文献

（一）史料部分：

[1] 刘鸿记账房档案存卷，上海社会科学院经济研究所中国企业史资料研究中心藏。

[2] 刘鸿生企业资料（抄档），上海社会科学院经济研究所中国企业史资料研究中心藏。

[3] 中国水泥公司存档，中国水泥公司档案室藏。

[4] 广东西村士敏土厂资料，卷宗号，历字 104 号，广州市档案馆藏。

[5] 南京国民政府实业部藏档，卷宗号：422 号，中国第二历史档案馆藏。

[6] 上海社会科学院经济研究所．刘鸿生企业史料［G］（上、中、下）．上海：上海人民出版社，1981.

[7] 南开大学经济研究所、南开大学经济系．启新洋灰公司史料［G］.天津：南开大学出版社，1983.

[8] 湖北省档案馆．汉冶萍公司档案史料选编［G］.（上、下册）．北京：中国社会科学出版社，1994.

[9] 中国第二历史档案馆、中国海关总署办公厅．中国旧海关史料（1859－1948）［G］.北京：京华出版社，2000.

[10] 中国第二历史档案馆．中华民国史档案资料汇编第五辑第一编·财政经济（1～8 册）［G］.南京：江苏古籍出版社，1994.

[11] 财政部财政科学研究所、中国第二历史档案馆．国民

政府财政金融税收档案史料（1927～1937 年）[G].北京：中国财政经济出版社，1997.

[12] 孙毓棠.中国近代工业史资料 [G].北京：科学出版社，1957.

[13] 汪敬虞.中国近代工业史资料 [G].北京：科学出版社，1957.

[14] 陈真、姚洛、逄先知.中国近代工业史资料 [G].北京：生活·读书·新知三联书店，1961.

[15] 章有义.中国近代农业史资料 [G].北京：生活·读书·新知三联书店，1957.

[16] 严中平.中国近代经济统计资料选辑 [G].北京：科学出版社，1955.

[17] 全国政协文史资料委员会.工商经济史料丛刊（1～4辑）[G].北京：文史资料出版社，1981～1984.

[18] 上海市档案馆.旧中国的股份制（1872 年～1949 年）[G].上海：中国档案出版社，1996.

[19] 潘君祥.中国近代国货运动 [G].上海：中国文史出版社，1996.

[20] 大生系统企业史编写组.大生系统企业史 [G].南京：江苏古籍出版社，1990.

[21] 上海社会科学院经济研究所.茂新、福新、申新系统荣家企业史料 [G].上海：上海人民出版社，1980.

[22] 上海社会科学院经济研究所.南洋兄弟烟草公司企业史料 [G].上海：上海人民出版社，1980.

（二）报纸、期刊：

《工商半月刊》《东方杂志》《申报》《钱业月报》《商业月

报》《银行周报》《国际贸易导报》《中行月刊》《申报月刊》

（三）相关著述：

[1] 朱荫贵. 国家干预经济与中日近代化 [M].北京：东方出版社，1994.

[2] 朱荫贵. 中国近代股份制企业研究 [M].上海：上海财经大学出版社，2008.

[3] 蔡谦. 近二十年来之中日贸易及其主要商品 [M].上海：商务印书馆，1936.

[4] 戴一峰. 近代中国海关与中国财政 [M].厦门：厦门大学出版社，1993.

[5] 国民政府外交部. 十年来的中国 [M].上海：商务印书馆，1939.

[6] 华民. 中国海关之实际状况 [M].上海：神州国光社，1933.

[7] 江恒源. 中国关税史料 [M].上海：中华书局，1931.

[8] 李权时. 中国关税问题 [M].上海：商务印书馆，1936.

[9] 蔡镇顺、范利平、帅海燕. 反倾销与反补贴法研究 [M].广州：中山大学出版社，2005.

[10] 刘惠吾、刘学照. 日本帝国主义侵华史略 [M].上海：华东师范大学出版社，1984.

[11] 王芸生. 六十年来中国和日本（第八卷） [M].上海：上海三联书店，1982.

[12] 武堉干. 中国关税问题 [M].上海：商务印书馆，1938.

[13] 汪敬虞. 十九世纪西方资产阶级对中国的经济侵略 [M].北京：人民出版社，1983.

［14］杜恂诚 . 民族资本主义与旧中国政府（1840～1937）
　　　［M］. 上海：上海社会科学院出版社，1991.

［15］马寅初演讲集（第 2 卷）［M］. 上海：商务印书馆，1925.

［16］马寅初演讲集（第 4 卷）［M］. 上海：商务印书馆，1928.

［17］〔法〕白吉尔 .（1911－1937）中国资产阶级的黄金时
　　　代［M］. 上海：上海人民出版社，1994.

［18］叶松年 . 中国近代海关税则史［M］. 上海：上海三联
　　　书店，1991.

［19］于应详 . 中日通商条约问题［M］. 日本评论社，1934.

［20］赵淑敏 . 中国海关史［M］. 北京：中央文物供应社，
　　　1982.

［21］郑友揆 . 中国的对外贸易和工业发展（1840～1948）
　　　［M］. 上海：上海社会科学院出版社，1984.

［22］郑友揆 . 中国近代对外经济关系研究［M］. 上海：上
　　　海社会科学院出版社，1991.

［23］〔美〕小科布尔，杨希孟译 . 上海资本家与国民政府
　　　(1927～1937)［M］. 北京：中国社会科学出版社，1988.

［24］〔日〕久保亨，王小嘉、朱荫贵译 . 走向自立之路［M］.
　　　北京：中国社会科学出版社，2004.

［25］〔日〕中村隆英、尾高煌之助 . 双重结构［M］. 北京：
　　　生活·读书·新知三联书店，1997.

［26］虞宝棠 . 国民政府与民国经济［M］. 上海：华东师范
　　　大学出版社，1997.

［27］国货事业出版社编辑部 . 国货年鉴［M］. 上海：国货
　　　事业出版社，1934.

［28］日本评论社 . 新税率与日货［M］. 南京：正中书局，
　　　1934.

［29］日本评论社．日本之工业［M］．南京：日本评论社，1933．

［30］日本评论社．日本金融恐慌的新局面［M］．南京：日本评论社，1933．

［31］日本评论社．日本之通货膨胀［M］．南京：日本评论社，1934．

［32］刘秉麟、潘源来．世界倾销问题［M］．上海：商务印书馆，1935．

［33］上田贞次郎，陈城译．最近各国关税政策［M］．上海：商务印书馆，1935．

［34］日本三菱经济研究所，郑君平译．日本之产业（一）（二）（三）（四）（五）［M］．上海：商务印书馆，1936．

［35］南京国民政府实业部．日本在华经济势力［M］．上海：中华书局，1933．

［36］杨正宇．日本在华各种经济侵略实况［M］．上海：华风出版社，1932．

［37］中华民国水泥工业同业工会．中华民国水泥工业同业公会年刊［M］．1948．

［38］查士骥．关税政策与倾销［M］．上海：上海华通书局，1933．

［39］方显廷．中国工业资本问题［M］．上海：商务印书馆发行，1938．

［40］上海机制国货工厂联合会．十年来之机联会［M］．上海：上海机制国货工厂联合会，1937．

［41］中国银行总管理处经济研究室．海关进口新税则之研究［M］．上海：新业印书馆，1934．

［42］孙怀仁、娄壮行．日货在世界市场［M］．上海：上海

黑白丛书社，1937.

[43]〔德〕史泰因，陈克文译．日本工业和对外贸易［M］．
上海：商务印书馆，1939.

[44] 刘百闵．日本国际贸易之分析［M］．南京：日本评论
社，1933.

[45]〔日〕青野健夫，程文蔼译．最近日本之经济概况［M］．
上海：上海民智书局，1931.

[46] 孔志澄．最近日本之国际收支［M］．上海：商务印书
馆，1938.

[47] 邵德厚．抵制日货之考察［M］．南京：日本评论社，
1933.

[48] 实业部总务、商业司．全国工商会议汇编［M］．南京：
实业部总务司，1931.

[49]〔澳〕蒂姆·赖特，丁长清译．中国经济和社会中的煤
矿业（1895～1937）［M］．上海：东方出版社，1991.

[50] 朱斯煌．民国经济史［M］．上海：银行学会，1948.

[51] 宋则行、樊亢．世界经济史［M］．北京：经济科学出
版社，1989.

[52] 高德步、王钰．世界经济史［M］．北京：中国人民大
学出版社，2001.

[53] 郭羽诞．反倾销与中国产业安全［M］．上海：上海财
经大学出版社，2006.

[54] 刘重．反倾销［M］．天津：天津社会科学院出版社，
2003.

[55] 屈广清．反倾销法律问题研究［M］．北京：法律出版
社，2004.

[56] 尚明．反倾销——WTO 规则及中外法律与实践［M］．

北京：法律出版社，2003.

[57] 陈明聪. 经济全球化趋势下反倾销的法律问题［M］. 厦门：厦门大学出版社，2006.

[58] 程莉. 近代实业家周学熙研究［M］. 合肥：合肥工业大学出版社，2006.

[59] 陶宏伟. 民国时期统制经济思想与实践［M］. 北京：经济管理出版社，2008.

[60] 丁身尊. 广东民国史［M］. 广州：广东人民出版社，2004.

[61] 徐百齐，中华民国法规大全（第三册）［M］. 上海：商务印书馆，1936.

[62] 侯德封. 中国矿业纪要（三）［M］. 南京：实业部地质调查所，1929.

[63] 侯德封. 中国矿业纪要（四）［M］. 南京：实业部地质调查所，1933.

[64] 白家驹. 中国矿业纪要（七）［M］. 南京：经济部地质调查所，1945.

[65] 高德步. 世界经济通史［M］. 北京：高等教育出版社，2005.

[66] 有泽广巳，鲍显铭等译. 日本的崛起：昭和经济史［M］. 哈尔滨：黑龙江人民出版社，1987.

[67] 上海社会科学经济研究所. 中国近代造纸工业史［M］. 上海：上海社会科学院出版社，1989.

[68] 南开大学日本研究中心. 日本研究论集［M］. 天津：南开大学出版社，1996.

[69] 陈诗启. 中国近代海关史问题初探［M］. 北京：中国展望出版社，1987.

［70］ 杨栋梁、江瑞平 . 近代以来日本经济制度变革研究 ［M］. 北京：人民出版社，2003.

［71］ 查士骥 . 六十年来日本经济发达史 ［M］. 上海：上海 华通书局，1931.

［72］ 杨栋梁 . 国家权力与经济发展：日本战后产业合理化 政策研究 ［M］. 天津：天津人民出版社，1998.

［73］ 杜恂诚 . 日本在旧中国的投资 ［M］. 上海：上海社会 科学院出版社，1984.

［74］ 上海水泥厂 . 上海水泥厂七十年（1920～1990）［M］. 上海：同济大学出版社，1990.

［75］ 王桧林 . 中国现代史 ［M］. 北京：北京师范大学出版 社，1991.

［76］ 四川大学经济系五六级同学 . 外国国民经济史讲稿（近 代、现代部分）［M］. 北京：高等教育出版社，1959.

［77］ 陈本善 . 日本侵略中国东北史 ［M］. 长春：吉林大学 出版社，1989.

［78］ 曾广勋 . 世界经济与产业合理化（下编）［M］. 上海： 上海社会书店出版社，1932.

［79］ 侯厚培、吴觉农 . 日本帝国主义对华经济侵略 ［M］. 上海：黎明书局，1931.

［80］ 章勃 . 日本对华之交通侵略 ［M］. 上海：商务印书馆， 1931.

［81］ 王燕谋 . 中国水泥发展史 ［M］. 北京：中国建材工业 出版社，2005.

［82］ 赵友良 . 中国近代会计审计史 ［M］. 上海：上海财经 大学出版社，1996.

［83］ 郭庠林、张立英 . 近代中国市场经济研究 ［M］. 上海：

上海财经大学出版社，1999.

[84] 黄汉民、陆兴龙. 近代上海工业企业发展史论 [M].
上海：上海财经大学出版社，2000.

[85] 戴逸、史全生. 中国近代史通鉴（1840～1949）[M].
北京：红旗出版社，1997.

[86] 蔡渭洲. 中国海关简史 [M]. 北京：中国展望出版社，
1987.

[87] 许涤新、吴承明. 中国资本主义发展史 [M]. 北京：
人民出版社，2003.

[88] 严中平. 中国棉纺织史稿 [M]. 北京：科学出版社，
1955.

[89] 〔美〕杨格，陈泽宪、陈霞飞译.1927～1937年中国财政
经济情况 [M]. 北京：中国社会科学出版社，1981年.

[90] 潘君祥. 中国近代国货运动研究 [M]. 上海：上海社
会科学院出版社，1998.

（四）论文：

[1] 徐宗涑. 中国之水泥工业 [J]. 经济建设季刊，1943，1
（4）.

[2] 赵兰坪. 日货何以低廉 [J]. 日本评论，1935，7（1）.

[3] 李宇平.1930年代初期东亚区域经济重心的变化 [J].
近代史集刊，2004（43）.

[4] 余捷琼. 国际货币政策压迫下中国国际贸易的危机 [J].
国际贸易导报，7（12）.

[5] 何炳贤. 一年来的中国工商业 [J]. 国际贸易导报，
1935，7（1）.

[6] 陈庚苏. 转换期的世界贸易大势 [J]. 国际贸易导报，

1936，8（4）.

[7] 吴小甫 . 日本对外贸易之研究 ［J］. 国际贸易导报，1935，7（9）.

[8] 何炳贤 . 中国贸易问题的研究 ［J］. 国际贸易导报，1933，5（8）.

[9] 叶祖鸿 . 贸易统制的方法 ［J］. 国际贸易导报，1935，7（7）.

[10] 冯和法 . 论中国国内贸易 ［J］. 国际贸易导报，1933，5（8）.

[11] 沈瑶 . 倾销与反倾销的历史起源 ［J］. 世界经济，2002（8）.

[12] 何炳贤 . 民国二十二年我国工商业的回顾 ［J］. 工商半月刊，1934，6（1）.

[13] 何炳贤 . 民国二十三年中国工商业的回顾 ［J］. 工商半月刊，1935，7（1）.

[14] 葛豫夫 . 中国实施统制经济政策之商榷 ［J］. 银行周报，1935，19（1）

[15] 穆藕初 . 统制经济与中国 ［J］. 银行周报，1933，17（37）.

[16] 吴达铨 . 统制经济问题 ［J］. 银行周报，1933，17（37）.

[17] 马寅初 . 中国抵抗洋货倾销方策之我见 ［J］. 银行周报，1934，18（37）.

[18] 刘鸿生 . 我为什么注重成本会计 ［J］. 银行周报，1933，17（14）.

[19] 杜严双 . 一年中央税制之变动 ［J］. 申报月刊，1934，3（2）.

［20］董家溁. 欧美各国之取缔倾销［J］. 申报月刊，1933，2（7）.

［21］孙怀仁. 中日交涉中三个经济问题［J］. 申报月刊，1934，3（6）.

［22］郑会欣. 战前"统制经济"学说的讨论及其实践［J］. 南京大学学报（哲学·人文科学·社会科学版），2006（1）.

［23］李紫翔. 外煤倾销与我国煤工业之前途［J］. 申报月刊，1933，2（11）.

［24］吴半农. 日煤倾销中之国煤问题［J］. 社会科学杂志，1932（12）.

［25］陈慈玉. 抚顺煤矿的发展，1907～1931［J］. 近代史研究所集刊，1996（26）.

［26］李紫翔. 中国基本工业之概论与其前途［J］. 东方杂志，1933，30（13）.

［27］顾毓璓. 修改商约与中国的工商业［J］. 东方杂志，1934，31（12）.

［28］凌宇、方强. 启新洋灰公司发展策略浅论［J］. 唐山师范学院学报，2006（3）.

（五）日文相关文献：

［1］〔日〕井田幸治. 創業五十年史［M］. 東京：小野田セメント制造株式会社，1931.

［2］〔日〕和田寿次郎. 浅野セメント沿革史［M］. 東京：浅野セメント株式会社，1940.

［3］〔日〕大阪商船株式會社. 大阪商船株式會社五十年史［M］. 大阪市：大阪商船株式會社，1935.

［4］〔日〕中川敬一郎 . 两大战间の日本海事产业 ［M］. 東京：中央大学出版部，1985.

［5］〔日〕日本经营史研究所编 . 日本邮船百年史资料 ［M］. 日本邮船株式会社，1988

凹 阅 读

| 独到的视角·独立的思想 |

英国金融组织变迁 | 马金华

近代日本在华交易所（1906－1945年） | 孙建华

中苏（俄）银行体制演变史：从"大一统"到市场化 | 肖　翔

商镇兴衰：洪江的商业历史与地域社会建构 | 吴晓美

满族经济史 | 杨思远

图书在版编目（CIP）数据

东洋之灰：中日水泥战：1927－1937 / 卢征良著
. －－ 北京：社会科学文献出版社，2023.5
ISBN 978－7－5228－0491－0

Ⅰ.①东⋯　Ⅱ.①卢⋯　Ⅲ.①水泥工业－工业史－研
究－中国－1927－1937②水泥工业－工业史－研究－日本
－1927－1937　Ⅳ.①F426.7②F431.367

中国版本图书馆 CIP 数据核字（2022）第 135552 号

东洋之灰：中日水泥战（1927～1937）

著　　者 / 卢征良

出 版 人 / 王利民
责任编辑 / 陈凤玲　武广汉
责任印制 / 王京美

出　　版 / 社会科学文献出版社·经济与管理分社（010）59367226
　　　　　地址：北京市北三环中路甲 29 号院华龙大厦　邮编：100029
　　　　　网址：www.ssap.com.cn
发　　行 / 社会科学文献出版社（010）59367028
印　　装 / 三河市龙林印务有限公司

规　　格 / 开　本：889mm × 1194mm　1/32
　　　　　印　张：12.125　字　数：280 千字
版　　次 / 2023 年 5 月第 1 版　2023 年 5 月第 1 次印刷
书　　号 / ISBN 978－7－5228－0491－0
定　　价 / 98.00 元

读者服务电话：4008918866